Kreditsicherungsrecht

Hemmer/Wüst/Tyroller/d'Alquen

Juristisches Repetitorium hemmer

KURSORTE IM ÜBERBLICK

AUGSBURG
Wüst
Mergentheimer Str. 44
97082 Würzburg
Tel.: (0931) 79 78 230
Fax: (0931) 79 78 234
Mail: augsburg@hemmer.de

BAYREUTH
Daxhammer/d´Alquen
Parkweg 7
97944 Boxberg
Tel.: (07930) 99 23 38
Fax: (07930) 99 22 51
Mail: bayreuth@hemmer.de

BERLIN-DAHLEM
Gast
Schumannstraße 18
10117 Berlin
Tel.: (030) 240 45 738
Fax: (030) 240 47 671
Mail: mitte@hemmer-berlin.de

BERLIN-MITTE
Gast
Schumannstraße 18
10117 Berlin
Tel.: (030) 240 45 738
Fax: (030) 240 47 671
Mail: mitte@hemmer-berlin.de

BIELEFELD
Lück
Salzstr. 14/15
48143 Münster
Tel.: (0251) 67 49 89 70
Fax.: (0251) 67 49 89 71
Mail: bielefeld@hemmer.de

BOCHUM
Schlömer/Sperl
Salzstr. 14/15
48143 Münster
Tel.: (0251) 67 49 89 70
Fax.: (0251) 67 49 89 71
Mail: bochum@hemmer.de

BONN
Ronneberg/Clobes/Geron
Meckenheimer Allee 148
53115 Bonn
Tel.: (0228) 91 14 125
Fax: (0228) 91 14 141
Mail: bonn@hemmer.de

BREMEN
Hemmer/Wüst
Mergentheimer Str. 44
97082 Würzburg
Tel.: (0931) 79 78 257
Fax: (0931) 79 78 240
Mail: bremen@hemmer.de

DRESDEN
Weber
Täubchenweg 83
04317 Leipzig
Tel.: (0175) 93 13 967
Mail: leipzig@hemmer.de

DÜSSELDORF
Ronneberg/Clobes/Geron
Meckenheimer Allee 148
53113 Bonn
Tel.: (0228) 91 14 125
Fax: (0228) 91 14 141
Mail: duesseldorf@hemmer.de

ERLANGEN
Grieger/Tyroller
Mergentheimer Str. 44
97082 Würzburg
Tel.: (0931) 79 78 230
Fax: (0931) 79 78 234
Mail: erlangen@hemmer.de

FRANKFURT/M.
Geron/Hahn/Bold
Dreifaltigkeitsweg 49
53489 Sinzig
Tel.: (02642) 61 44
Fax: (02642) 61 44
Mail: frankfurt.main@hemmer.de

FRANKFURT/O.
Gast
Schumannstraße 18
10117 Berlin
Tel.: (030) 240 45 738
Fax: (030) 240 47 671
Mail: mitte@hemmer-berlin.de

FREIBURG
Behler/Rausch
Rohrbacher Str. 3
69115 Heidelberg
Tel.: (06221) 65 33 66
Fax: (06221) 65 33 30
Mail: freiburg@hemmer.de

GIEßEN
Sperl
Parkweg 7
97944 Boxberg
Tel.: (07930) 99 23 38
Fax: (07930) 99 22 51
Mail: giessen@hemmer.de

GÖTTINGEN
Schlömer/Sperl
Kirchhofgärten 22
74635 Kupferzell
Tel.: (07944) 94 11 05
Fax: (07944) 94 11 08
Mail: goettingen@hemmer.de

GREIFSWALD
Lück
Knieperstraße 20
18439 Stralsund
Tel.: (03831) 26 27 17
Fax: (03831) 26 27 28
Mail: greifswald@hemmer.de

HALLE
Weber
Täubchenweg 83
04317 Leipzig
Tel.: (0175) 93 13 967
Mail: halle@hemmer.de

HAMBURG
Schlömer/Sperl
Steinhöft 5-7
20459 Hamburg
Tel.: (040) 317 669 17
Fax: (040) 317 669 20
Mail: hamburg@hemmer.de

HANNOVER
Daxhammer/Sperl
Matzenhecke 23
97204 Höchberg
Tel.: (0931) 400 337
Fax: (0931) 404 3109
Mail: hannover@hemmer.de

HEIDELBERG
Behler/Rausch
Rohrbacher Str. 3
69115 Heidelberg
Tel.: (06221) 65 33 66
Fax: (06221) 65 33 30
Mail: heidelberg@hemmer.de

JENA
Weber
Täubchenweg 83
04317 Leipzig
Tel.: (0175) 93 13 967
Mail: halle@hemmer.de

KIEL
Onoszko/Lück
Knieperstraße 20
18439 Stralsund
Tel.: (03831) 26 27 17
Fax: (03831) 26 27 28
E-Mail: kiel@hemmer.de

KÖLN
Ronneberg/Clobes/Geron
Meckenheimer Allee 148
53113 Bonn
Tel.: (0228) 91 14 125
Fax: (0228) 91 14 141
Mail: koeln@hemmer.de

KONSTANZ
Kaiser
Hindenburgstr. 15
78467 Konstanz
Tel.: (07531) 69 63 63
Fax: (07531) 69 63 64
Mail: konstanz@hemmer.de

LEIPZIG
Weber
Täubchenweg 83
04317 Leipzig
Tel.: (0175) 93 13 967
Mail: leipzig@hemmer.de

MAINZ
Geron
Dreifaltigkeitsweg 49
53489 Sinzig
Tel.: (02642) 61 44
Fax: (02642) 61 44
Mail: mainz@hemmer.de

MANNHEIM
Behler/Rausch
Rohrbacher Str. 3
69115 Heidelberg
Tel.: (06221) 65 33 66
Fax: (06221) 65 33 30
Mail: mannheim@hemmer.de

MARBURG
Sperl
Parkweg 7
97944 Boxberg
Tel.: (07930) 99 23 38
Fax: (07930) 99 22 51
Mail: marburg@hemmer.de

MÜNCHEN
Wüst
Mergentheimer Str. 44
97082 Würzburg
Tel.: (0931) 79 78 230
Fax: (0931) 79 78 234
Mail: muenchen@hemmer.de

MÜNSTER
Schlömer/Sperl
Salzstr. 14/15
48143 Münster
Tel.: (0251) 67 49 89 70
Fax.: (0251) 67 49 89 71
Mail: muenster@hemmer.de

OSNABRÜCK
Fethke
Liebknechtstr. 35
99086 Erfurt
Tel.: (0541) 18 55 21 79
Mail: osnabrueck@hemmer.de

PASSAU
Rath/Wenzl
Mergentheimer Str. 44
97082 Würzburg
Tel.: (0931) 79 78 247
Fax: (0931) 79 78 260
Mail: passau@hemmer.de

POTSDAM
Gast
Schumannstraße 18
10117 Berlin
Tel.: (030) 240 45 738
Fax: (030) 240 47 671
Mail: mitte@hemmer-berlin.de

REGENSBURG
Daxhammer/d´Alquen
Parkweg 7
97944 Boxberg
Tel.: (07930) 99 23 38
Fax: (07930) 99 22 51
Mail: regensburg@hemmer.de

ROSTOCK
Burke/Lück
Knieperstraße 20
18439 Stralsund
Tel.: (03831) 26 27 17
Fax: (03831) 26 27 28
Mail: rostock@hemmer.de

SAARBRÜCKEN
Bold/Hein/Issa
Preslesstraße 2
66987 Thaleischweiler-Fröschen
Tel.: (06334) 98 42 83
Fax: (06334) 98 42 83
Mail: saarbruecken@hemmer.de

TRIER
Geron
Dreifaltigkeitsweg 49
53489 Sinzig
Tel.: (02642) 61 44
Fax: (02642) 61 44
Mail: trier@hemmer.de

TÜBINGEN
Kaiser
Hindenburgstr. 15
78465 Konstanz
Tel.: (07531) 69 63 63
Fax: (07531) 69 63 64
Mail: tuebingen@hemmer.de

WÜRZBURG - ZENTRALE -
Mergentheimer Str. 44
97082 Würzburg
Tel.: (0931) 79 78 230
Fax: (0931) 79 78 234
Mail: wuerzburg@hemmer.de

Vorbereitung auf das Zweite Staatsexamen

Vorwort

Kreditsicherungsrecht mit der **hemmer-Methode**

Wer in vier Jahren sein Studium abschließen will, kann sich einen Irrtum in Bezug auf Stoffauswahl und -aneignung nicht leisten. Hoffen Sie nicht auf leichte Rezepte und den einfachen Rechtsprechungsfall. Hüten Sie sich vor Übervereinfachung beim Lernen. Stellen Sie deswegen frühzeitig die Weichen richtig.

„Wettlauf der Sicherungsgeber“, Verhältnis Hypothek zur Grundschuld“, „Verlängerter Eigentumsvorbehalt und Globalzession/Factoring“ sind häufig Prüfungsgegenstand. Lernen Sie mit dem Skript **Kreditsicherungsrecht** das, was zusammengehört, als zusammengehörend zu betrachten: Wie sichere ich neben dem bestehenden Rückzahlungsanspruch einen Kredit? Unterschieden werden Personalsicherheiten (Bürgschaft, Schuldbeitritt, Schuldmitübernahme und Garantievertrag), Mobiliarsicherheiten (Sicherungsübereignung, Sicherungsabtretung, Eigentumsvorbehalt und Pfandrecht) sowie Immobiliarsicherheiten (Grundschuld und Hypothek). Nur wer die Unterscheidung zwischen akzessorischen und nicht-akzessorischen Sicherungsmitteln verstanden hat, geht unbesorgt in die Prüfung. Das führende Recht ist bei akzessorischen Sicherungsmitteln die Forderung. Nur wenn z.B. die Forderung besteht, entsteht die Bürgschaft oder das Pfandrecht.

Die **hemmer-Methode** vermittelt Ihnen die **erste richtige Einordnung** und das **Problembewusstsein**, welches Sie brauchen, um an einer Klausur bzw. dem Ersteller nicht vorbeizuschreiben. Häufig ist dem Studierenden nicht klar, warum er schlechte Klausuren schreibt. Wir geben Ihnen **gezielte Tipps**! Vertrauen Sie auf unsere **Expertenkniffe**.

Durch die ständige Diskussion mit unseren Kursteilnehmerinnen und Kursteilnehmern ist uns als erfahrenen Repetitoren klar geworden, welche **Probleme** die Studierenden haben, ihr **Wissen anzuwenden**. Wir haben aber auch von unseren Kursteilnehmerinnen und Kursteilnehmern profitiert und von ihnen erfahren, welche **Argumentationsketten** in der Prüfung zum Erfolg geführt haben.

Die **hemmer-Methode** gibt **jahrelange Erfahrung** weiter, erspart Ihnen viele schmerzliche Irrtümer, setzt richtungsweisende Maßstäbe und begleitet Sie als **Gebrauchsanweisung** in Ihrer Ausbildung:

1. Grundwissen:

Die **Grundwissenskripten** sind für die Studierenden in den ersten Semestern gedacht. In den Theoriebänden Grundwissen werden leicht verständlich und kurz die wichtigsten Rechtsinstitute vorgestellt und das notwendige Grundwissen vermittelt. Die Skripten werden durch den jeweiligen Band unserer **Reihe „Die wichtigsten Fälle“** ergänzt.

2. Basics:

Das Grundwerk für Studium und Examen. Es schafft schnell **Einordnungswissen** und mittels der hemmer-Methode richtiges Problembewusstsein für Klausur und Hausarbeit. Wichtig ist, **wann und wie** Wissen in der Klausur angewendet wird.

3. Skriptenreihe:

Vertiefendes Prüfungswissen: Über 1.000 Klausuren wurden auf ihre „essentials" abgeklopft.

Anwendungsorientiert werden die für die Prüfung nötigen Zusammenhänge umfassend aufgezeigt und wiederkehrende Argumentationsketten eingeübt.

Gleichzeitig wird durch die **hemmer-Methode** auf **anspruchsvollem Niveau** vermittelt, nach welchen Kriterien Prüfungsfälle beurteilt werden. Mit dem Verstehen wächst die Zustimmung zu Ihrem Studium. Spaß und Motivation beim Lernen entstehen erst durch Verständnis.

Lernen Sie, durch Verstehen am juristischen Sprachspiel teilzunehmen. Wir schaffen den „background“, mit dem Sie die innere Struktur von Klausur und Hausarbeit erkennen: **„Problem erkannt, Gefahr gebannt“**. Profitieren Sie von unserem **strategischen Wissen**. Wir werden Sie mit unserem know-how auf das Anforderungsprofil einstimmen, das Sie in Klausur und Hausarbeit erwartet.

Die Theoriebände Grundwissen, die Basics, die Skriptenreihe und der Hauptkurs sind als **modernes, offenes und flexibles Lernsystem** aufeinander abgestimmt und ergänzen sich ideal. Die **studentenfreundliche Preisgestaltung** ermöglicht den **Erwerb als Gesamtwerk**.

4. Hauptkurs:

Schulung am examenstypischen Fall mit der Assoziationsmethode. Trainieren Sie unter professioneller Anleitung, was Sie im Examen erwartet und wie Sie bestmöglich mit dem Examensfall umgehen.

Nur wer die Dramaturgie eines Falles verstanden hat, ist in Klausur und Hausarbeit auf der sicheren Seite! Häufig hören wir von unseren Kursteilnehmenden: **„Erst jetzt hat Jura richtig Spaß gemacht“**.

Die Ergebnisse unserer Kursteilnehmerinnen und Kursteilnehmer geben uns Recht. Maßstab ist der Erfolg. Die Examensergebnisse zeigen, dass unsere Kursteilnehmenden überdurchschnittlich abschneiden.

Die Examensergebnisse unserer Kursteilnehmerinnen und Kursteilnehmer können auch Ansporn für Sie sein, intelligent zu lernen: Wer nur auf vier Punkte lernt, landet leicht bei drei.
Lassen Sie sich aber nicht von diesen Supernoten verschrecken, sehen Sie dieses Niveau als Ansporn für Ihre Ausbildung.

Wir hoffen, mit unserem Gesamtangebot bei der Konkretisierung des Rechts mitzuwirken und wünschen Ihnen **viel Spaß beim Durcharbeiten** unserer Skripten.

Wir würden uns freuen, mit Ihnen in unserem Hauptkurs und mit der **hemmer-Methode** gemeinsam Verständnis an der Juristerei zu trainieren. Nur wer erlernt, was ihn im Examen erwartet, lernt richtig!

So leicht ist es, uns kennenzulernen: Probehören ist jederzeit in den jeweiligen Kursorten möglich.

Karl-Edmund Hemmer & Achim Wüst

Kreditsicherungsrecht

Hemmer/Wüst/Tyroller/d'Alquen

Hemmer/Wüst Verlagsgesellschaft
Hemmer/Wüst/Tyroller/d'Alquen, Kreditsicherungsrecht

ISBN 978-3-86193-957-3
14. Auflage 2020

gedruckt auf chlorfrei gebleichtem Papier
von Schleunungdruck GmbH, Marktheidenfeld

Kommentare:

Münchner Kommentar	zum Bürgerlichen Gesetzbuch
Palandt	Bürgerliches Gesetzbuch

Lehrbücher:

Medicus	Bürgerliches Recht
Reinicke/Tiedtke	Kreditsicherung
Reinicke/Tiedtke	Kaufrecht

Weitere Literatur: siehe Fußnoten

§ 1 EINLEITUNG

A) Die verschiedenen Sicherungsmittel

Rückzahlungsanspruch des Kreditgebers

Im Rechtsverkehr wird häufig einer Vertragspartei durch eine andere 1
ein Kredit eingeräumt. Dies kann durch zeitweilige Überlassung von Geldmitteln in Form eines Darlehens geschehen, §§ 488 ff. BGB, oder auch dadurch, dass der Kreditgeber eine ihm zustehende Forderung vorerst nicht einfordert, also stundet. Er hofft darauf, dass der Kreditnehmer das Darlehen später zurückzahlen kann, die gestundete Forderung später erfüllt. Bis dahin ist der Kreditgeber lediglich Inhaber eines schuldrechtlichen (Rück-)Zahlungsanspruchs gegen den Kreditnehmer.

Sicherheit als Schutz vor mittellosen Kreditnehmern

Wenn dieser seinen Verpflichtungen nicht nachkommt, so kann der Anspruch gerichtlich geltend gemacht und im Wege der Zwangsvollstreckung befriedigt werden. Ist der Schuldner zu diesem Zeitpunkt aber bereits mittellos, dann setzt sich der Gläubiger (Gl) der Gefahr aus, mit seiner Forderung auszufallen, weil die Befriedigung vorrangiger Gl das Vermögen des Schuldners erschöpft hat. Um einem solchen - häufig unvorhersehbaren - Fall der nachträglich eingetretenen Leistungsunfähigkeit des Schuldners (S) vorzubeugen, kann sich der Gl bei Gewährung des Kredites eine Sicherheit bestellen lassen. Darunter ist ein vertraglich begründetes Recht zu verstehen, das der Gl in Anspruch nehmen darf, wenn die durch dieses Recht gesicherte Forderung nicht befriedigt wird.

hemmer-Methode: Machen Sie sich den Unterschied zwischen gesicherter Forderung und Sicherungsmittel klar! Im Verlauf dieses Skripts werden Sie viele Problemfelder kennenlernen, die sich z.B. ergeben, wenn S und Sicherungsgeber (SG) verschiedene Personen sind, oder wenn Forderung und Sicherungsmittel sich in ihrer wirksamen Entstehung unterscheiden. Achten Sie genau auf die klassische Fragestellung: „Wer" verlangt von „wem" „was" „woraus". Dieser Fragestellung kommt gerade im Kreditsicherungsrecht besondere Bedeutung zu. Am besten veranschaulichen Sie sich die Rechtsbeziehungen der Beteiligten untereinander durch eine Skizze. Kreditsicherungsrecht ist insoweit immer eine Ordnungsaufgabe.

Dabei sind mehrere Sicherungsmittel gebräuchlich, die sich folgendermaßen einteilen lassen:

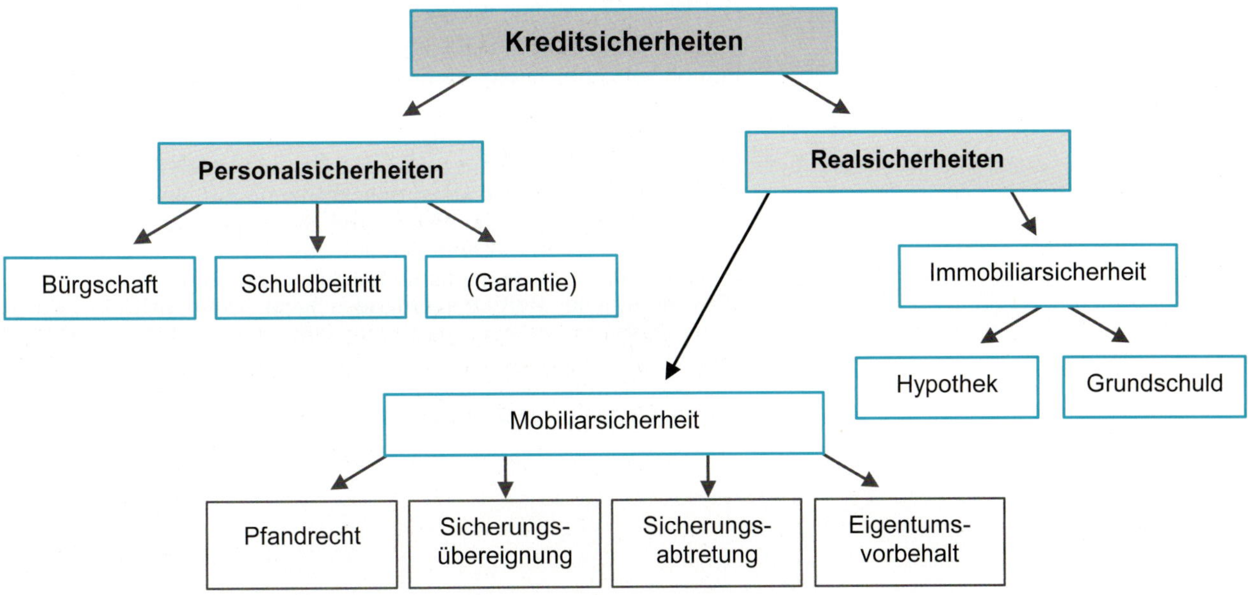

I. Personalsicherheiten

Personalsicherheiten: Zugriff auf Vermögen

Die Personalsicherheiten verschaffen dem Gl einen zusätzlichen schuldrechtlichen Anspruch gegen einen Dritten. Die Sicherheit für den Gl besteht hier darin, dass ihm der Zugriff auf das Vermögen und die Leistungsfähigkeit eines Dritten eröffnet wird. Er erhält nur eine relativ geschützte Rechtsstellung, da auch der Dritte vermögenslos werden kann. Zu nennen sind Bürgschaft, Schuldbeitritt (auch: Schuldmitübernahme) und der Garantievertrag. Von diesen drei Sicherungsmitteln werden insbesondere die Bürgschaft und der Schuldbeitritt näher dargestellt. 2

II. Realsicherheiten

Die Realsicherheiten gewähren dem Gl ein dingliches Recht (Eigentum/Pfandrecht) an einem bestimmten Vermögensgegenstand des SG. 3

Realsicherheiten: Übertragung eines absolut geschützten Rechts; Ausnahme: Sicherungszession

Der Gl erhält hier im Gegensatz zur Personalsicherheit ein absolut geschütztes Recht, das er im Sicherungsfall verwerten kann. Dazu zählen das Pfandrecht an beweglichen Sachen und Rechten, die Grundpfandrechte und die Sicherungsübereignung. Außerdem wird auch die Sicherungszession zu den Realsicherheiten gerechnet. Zwar erhält der Sicherungsnehmer (= SN) nur einen schuldrechtlichen Anspruch gegen einen Dritten, er ist dann aber verfügungsberechtigter Forderungsinhaber. Insofern entspricht die Interessenlage derjenigen bei der Sicherungsübereignung. Einen Sonderfall stellt der Eigentumsvorbehalt dar. Hier gewährt der Vorbehaltskäufer dem Verkäufer nicht sicherheitshalber Zugriff auf einen Gegenstand aus seinem Vermögen, vielmehr braucht der Verkäufer solange seine Leistungspflicht nicht zu erfüllen, bis der Käufer vollständig geleistet hat. Das Eigentum an der Vorbehaltssache sichert damit letztendlich den Kaufpreisanspruch. Die Interessenlage ist auch hier eine ähnliche wie bei der Sicherungsübereignung.

Sonderfall Vormerkung

Teilweise wird auch die Vormerkung als Sicherungsmittel verstanden. Sie stellt aber insofern einen Sonderfall dar, als sie ausschließlich dazu bestimmt ist, einen „Anspruch auf Einräumung oder Aufhebung eines Rechtes an einem Grundstück“ etc. zu sichern (vgl. § 883 I S. 1 BGB). Die Vormerkung als Sicherungsmittel i.w.S. soll daher in diesem Skript außer Betracht bleiben.[1] 4

Die Realsicherheiten lassen sich nach dem Sicherungsgegenstand weiter untergliedern in Mobiliarsicherheiten (an beweglichen Sachen), Immobiliarsicherheiten (an Grundstücken) und Sicherheiten an Rechten. 5

hemmer-Methode: Bedenken Sie: Der Vorteil bei den Personalsicherheiten liegt darin, dass sie keine Beschränkung auf einen bestimmten Sicherungsgegenstand beinhalten. Bei Hypothek und Grundschuld z.B. erstreckt sich die Haftung nur auf das Grundstück bzw. auf die in §§ 1120, 1123 ff. BGB genannten Gegenstände und Forderungen (sog. „Erweiterung des Haftungsverbandes“), vgl. § 1147 BGB. Der Bürge dagegen haftet mit seinem gesamten Vermögen. Von daher ist der Satz „wer bürgt, wird erwürgt“ verständlich. Für die Grundschuld und Hypothek als Haftungsmittel spricht aber die Wertbeständigkeit des Grundstücks, während der Bürge verarmen kann.

1 Vgl. aber dazu Hemmer/Wüst, Sachenrecht III, Rn. 98 - 132.

B) Die verschiedenen Beteiligten und ihre Beziehungen untereinander

vier Beteiligtenrollen, zwei rechtliche Beziehungen

Wenn eine Forderung durch ein Sicherungsmittel abgesichert wird, können zwei rechtliche Beziehungen und drei Beteiligtenrollen unterschieden werden: das Schuldverhältnis, das die zu sichernde Forderung des Gl gegen den S begründet, und das Verhältnis zwischen SN und SG. In diesem Verhältnis ist zwischen Personal- und Realsicherheiten zu differenzieren. 6

Bei den **Realsicherheiten** verpflichtet sich der SG gegenüber dem SN in einem Sicherungsvertrag (auch Sicherungsabrede) zur Bestellung der Sicherheit. Die Bestellung der Sicherheit erfolgt daraufhin durch einen dinglichen Vertrag (z.B. Einigung gem. §§ 873, 929 S. 1 BGB; bei der Sicherungszession der Verfügungsvertrag gem. § 398 BGB).

Beide Geschäfte sind voneinander abstrakt. Der Sicherungsvertrag ist das Kausalgeschäft, das durch das Verfügungsgeschäft bei der Bestellung der Sicherheit erfüllt wird.

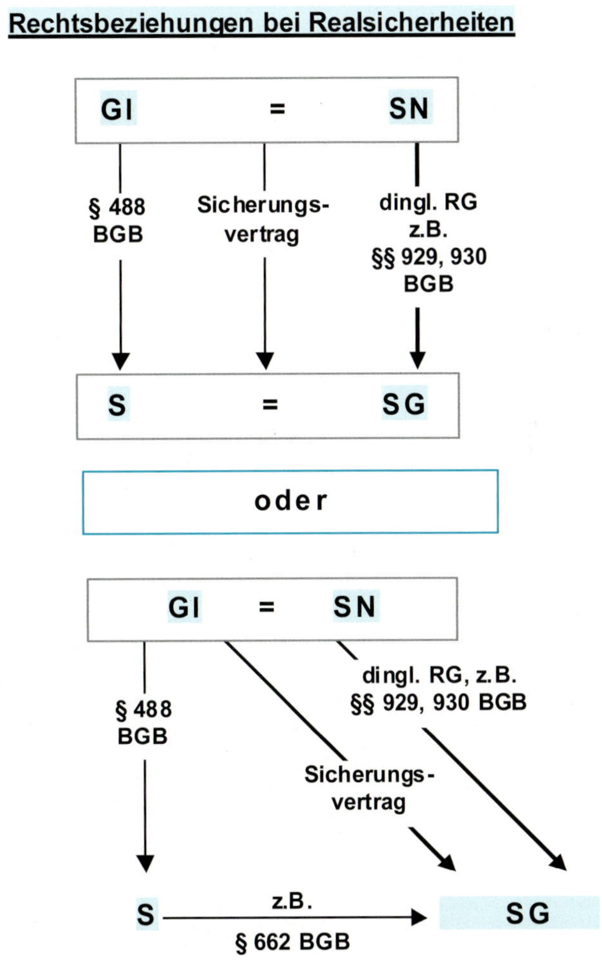

hemmer-Methode: Beachten Sie bitte, dass die zu sichernde Forderung nicht die causa für die Bestellung der Sicherheit ist.
Diese zu sichernde Forderung ist aber erforderlich, weil ansonsten die akzessorischen Sicherungsrechte nicht entstehen bzw. die nicht akzessorischen Sicherheiten wegen Auslegung der Sicherungsabrede nicht verwertet werden dürfen (vgl. sogleich Rn. 7)!

Bei den Realsicherheiten kann SG mit S identisch sein. Das muss aber nicht so sein, wie obige Grafik zeigt. Dann kommt als drittes Schuldverhältnis das zwischen S und SG hinzu, z.B. Auftrag oder Geschäftsbesorgung. Dieses Schuldverhältnis ist insbesondere von Bedeutung bei der Regressfrage (siehe dazu im dortigen Abschnitt).

Bei den **Personalsicherheiten** begründet nur ein schuldrechtlicher Vertrag zwischen SN und SG die Sicherheit. Es ist also nur ein Rechtsgeschäft notwendig, das einerseits als Sicherungsvertrag fungiert und andererseits für die Sicherheit konstitutiv ist. Die Bürgschaft bspw. trägt im Verhältnis zwischen Bürge und Gläubiger ihren Rechtsgrund in sich.[2]

Rechtsbeziehungen bei Personalsicherheiten

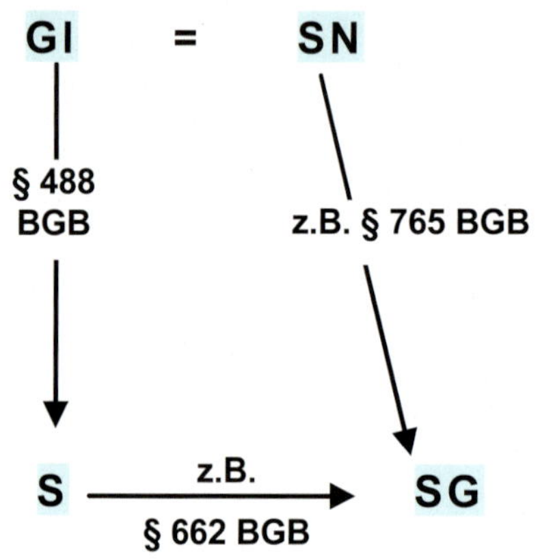

Hinzu kommt bei den Personalsicherheiten zwingend das dritte Schuldverhältnis zwischen S und SG. Denn hier sind diese beiden nie identisch. Das würde ja dem SN nichts bringen, denn dem SN = G haftet bereits das gesamte Vermögen des S; das Vermögen eines anderen soll ja gerade diesen Anspruch abdecken.

C) Akzessorische und nicht-akzessorische Sicherungsmittel

trennen:
akzessorische u. nicht-akzessorische Sicherungsmittel

Bezüglich des Verhältnisses zwischen der zu sichernden Forderung 7
und der Sicherheit ist zwischen akzessorischen und nicht-akzessorischen Sicherungsmitteln zu differenzieren. Die akzessorischen Sicherungsmittel sind in ihrem Entstehen, Umfang und Fortbestehen von der gesicherten Forderung abhängig. Die wichtigsten akzessorischen Sicherungsmittel sind Bürgschaft, Hypothek und Pfandrecht. Bürgschaft und Pfandrecht sind streng akzessorisch, während bei der Hypothek der Grundsatz der Akzessorietät zugunsten der Verkehrsfähigkeit teilweise durchbrochen wird (§§ 1138, 1156 BGB). Die nicht-akzessorischen Sicherungsmittel sind dagegen von der zu Grunde liegenden Forderung unabhängig. Eine Verbindung zwischen gesicherter Forderung und Sicherungsmittel wird nur schuldrechtlich durch den Sicherungsvertrag hergestellt. Hierzu zählen Schuldbeitritt, Sicherungsgrundschuld, Sicherungsübereignung und Sicherungszession.

2 Instruktiv hierzu Lorenz, JuS 1999, 1145 ff.

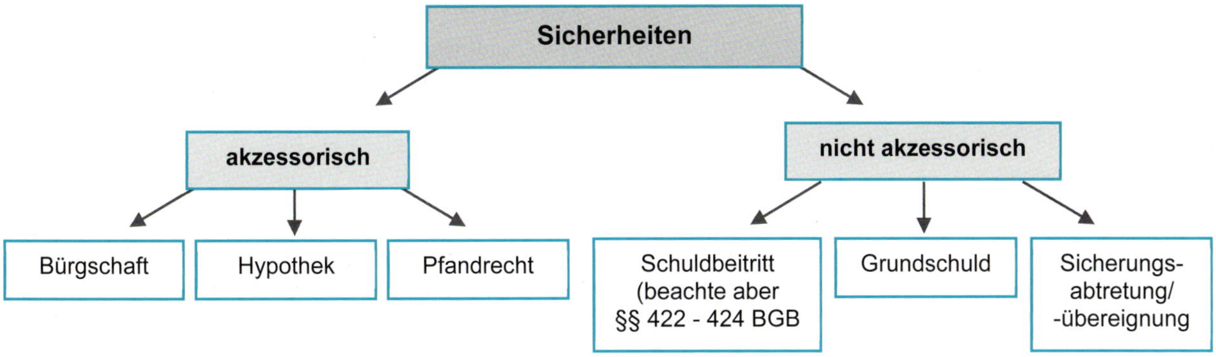

hemmer-Methode: Die Unterscheidung zwischen akzessorischen und nicht-akzessorischen Sicherungsmitteln ist sehr wichtig. Hier ein Vorgriff zum Verständnis. Für die akzessorischen Sicherungsmittel gilt: Die Sicherungsrechte sind unselbstständige Nebenrechte der Forderung. Sie entstehen nur, wenn das führende Recht (Forderung) entsteht, vgl. §§ 765, 1204 BGB. Weiterhin bestimmt das führende Recht den Umfang des geführten, vgl. §§ 767 I S. 1, 1210 BGB. Auch geht das geführte Recht mit der Abtretung des führenden Rechts mit über, vgl. § 401 BGB allgemein und § 1153 BGB für die Hypothek.
Desgleichen besteht Akzessorietät in der Durchsetzung, vgl. §§ 768, 1137, 1211 BGB, und Akzessorietät im Erlöschen, vgl. §§ 765 I, 767 I S. 1, 1252, 1163 I S. 2, 1177 I S. 1 BGB. Die nicht-akzessorischen Sicherungsmittel sind zum Teil im Gesetz nicht geregelt, wie z.B. die Sicherungsübereignung, oder sind nicht (nur) zur Kreditsicherung gedacht, wie z.B. die Grundschuld. Gleichwohl gibt es auch hier einen Zusammenhang von der zu sichernden Forderung und dem entstandenen Sicherungsmittel. Da das nicht-akzessorische Sicherungsrecht aber abstrakt wirksam ist und bleibt, werden z.B. Rückgewähransprüche und Einreden über den Sicherungsvertrag realisiert.

D) Die Problemkreise

Im Folgenden werden die Sicherungsmittel nicht getrennt dargestellt, 8
sondern jeweils in Bezug zu einem Problemkreis. Innerhalb des Problemkreises wird die Einteilung in **akzessorische** und **nicht-akzessorische** Sicherungen vorgenommen, um die rechtlichen Ähnlichkeiten innerhalb dieser beiden Gruppen deutlich zu machen, die von den äußeren Unterschieden oft verdeckt werden. Umgekehrt wird so die Unterscheidung äußerlich ähnlicher Sicherheiten klarer.

> ***Bsp.:*** *Die Grundpfandrechte Hypothek und Grundschuld gleichen sich zwar bezüglich der Entstehung und des Sicherungsgegenstandes, des Grundstücks. Bezüglich des Erlöschens ähnelt die Hypothek aber mehr dem Pfandrecht, die Grundschuld mehr dem Sicherungseigentum.*

Innerhalb dieser beiden Gruppen werden jeweils erst die Personal-, dann die Immobiliar- und schließlich die anderen Realsicherheiten behandelt. Abschließend wird jeweils der Eigentumsvorbehalt dargestellt, der zwar z.T. nicht als Sicherungsmittel i.e.S. verstanden wird, aber im Prinzip eine ähnliche Funktion erfüllt.

Das Skript handelt der Reihe nach folgende Problemkreise ab: 9

⇨ Zunächst wird auf die Entstehung der Sicherungsmittel eingegangen und es werden deren Voraussetzungen dargestellt. Die Frage lautet also: Ist das Sicherungsmittel wirksam entstanden?

⇨ Wie kann sich der SG gegen die Inanspruchnahme aus der Sicherheit zur Wehr setzen (Einwendungen/Einrede)?

⇨ Wie kann der SG, der vom Gl aus der Sicherheit in Anspruch genommen worden ist, vom S Ersatz verlangen?

hemmer-Methode: Lernen Sie die Sicherungsmittel nicht isoliert, es besteht sonst die Gefahr, dass Sie Ihren Kopf als Festplatte missbrauchen. Versuchen Sie, Verständnis für die wichtigsten Konstellationen zu gewinnen, die im Zusammenhang mit einem Sicherungsgeschäft in der Examensklausur eine Rolle spielen könnten. Damit wird es Ihnen auch eher gelingen, die Interessenlage im konkreten Klausurfall auszuloten und ansprechend zu argumentieren.
Schulen Sie Ihr Abstraktionsvermögen! Nur wer diese Fragestellungen verstanden hat, lernt problemorientiert. Es gilt: Problem erkannt, Gefahr gebannt. Gehen Sie obige Problemfelder in der Fragestellung nochmals im Kopf durch. Verlangsamen Sie an dieser Stelle den Lernprozess, es handelt sich um eine wichtige Weichenstellung. Nur wenn Sie verstanden haben, welche Problemfelder bei der Kreditsicherung im Fall in Betracht kommen, schreiben Sie die gute Klausur!

§ 2 DIE ENTSTEHUNG DER SICHERUNGSMITTEL

A) Die Bürgschaft, §§ 765 ff. BGB

Bürgschaft: vom Schuldner verschiedener Sicherungsgeber

Durch den **Bürgschaftsvertrag** verpflichtet sich der Bürge gegenüber dem Gl eines Dritten, den das Gesetz „Hauptschuldner" nennt, für die Erfüllung der Verbindlichkeit dieses Dritten einzustehen, § 765 I BGB. Der Bürge ist hier der immer vom Hauptschuldner S verschiedene SG. Der Gl ist mit dem SN identisch. 10

Das Gesetz nennt auch die beiden Voraussetzungen für eine wirksame Bürgschaft: den wirksamen Abschluss eines Bürgschaftsvertrages zwischen SG und SN und das Bestehen einer zu sichernden Forderung, § 765 BGB.

I. Der Bürgschaftsvertrag

Voraussetzung: Bürgschaftsvertrag

Der Bürgschaftsvertrag wird zwischen dem SG und dem SN geschlossen.[3] Er stellt die Sicherungsabrede dar, in der eine primäre Schuldverpflichtung des SG begründet wird, das heißt: Der Bürge erfüllt dem Gl gegenüber eine eigene Pflicht, die von der des Hauptschuldners zu unterscheiden ist. 11

1. Form

Für die **Bürgschaftserklärung** (also nicht für den gesamten Bürgschaftsvertrag!) ist die Schriftform vorgeschrieben, §§ 766 S. 1, 126 I BGB. Eine ohne Beachtung der Schriftform abgegebene Bürgschaftserklärung ist nichtig, § 125 S. 1 BGB. Die Schriftform soll den SG vor Übereilung schützen, nicht den SN, der nur Vorteile daraus zieht. 12

Schriftform, § 766 S. 1 BGB

Daher ist auch nur die Erklärung des Bürgen, nicht aber die Annahme durch den Gl formbedürftig. Vom Schriftformerfordernis erfasst werden auch alle Nebenabreden, die den Bürgen über das gesetzlich vorgesehene Maß hinaus belasten. Nicht betroffen sind die Haftung beschränkende Abreden, da hier die Schutzfunktion der Formvorschrift nicht in Betracht kommt.[4] Freilich bleibt in solchen Fällen die Frage, ob die Klausel überhaupt vom Rechtsbindungswillen der Parteien erfasst war, und (zumindest in der Praxis) das Beweisproblem. Weniger schutzbedürftig ist der Kaufmann des Handelsrechts, wenn er sich verbürgt: Für ihn gilt das Formerfordernis gem. § 350 HGB nicht, soweit die Bürgschaftserklärung für ihn ein Handelsgeschäft ist (§ 343 HGB).[5]

hemmer-Methode: Die Form eröffnet für die Klausur verschiedenste Problemfelder: Es kann z.B. wegen des Formmangels eine Abgrenzung zum (formlosen) Schuldbeitritt erforderlich werden (vgl. Rn. 17), es kann sich die Frage stellen, ob ein Telefax dem Schriftformerfordernis genügt. Dies wird von der Rspr. verneint, da hier das Erfordernis der eigenhändigen Unterschrift nicht erfüllt ist.[6] Streitig ist, ob § 350 HGB für Rechtsscheinkaufleute und persönlich haftende Gesellschafter gilt.
Beachten Sie zudem, dass ein Bürgschaftsvertrag nicht in elektronischer Form geschlossen werden kann, § 766 S. 2 BGB!

---

3 Möglich, aber praxisfern, ist auch ein Vertrag zugunsten Dritter, §§ 328 ff. BGB, zwischen Bürgen und S.

4 Vgl. BGH, WM 1994, 784-786 (785) = **juris**byhemmer; BGH, NJW 1997, 3169-3171 = **juris**byhemmer **(Wenn dieses Logo hinter einer Fundstelle abgedruckt wird, finden Sie die Entscheidung online unter „juris by hemmer": www.hemmer.de).**

5 S. dazu **Life&Law 01/1998, 11 ff.** (diese Entscheidung ist nicht mehr im online-Archiv verfügbar).

6 BGH, NJW 1997, 3169-3171 = **juris**byhemmer. Demgegenüber genügt im prozessualen Bereich die Übermittlung per Fax, vgl. § 130 Nr. 6 ZPO.

2. Erklärungsinhalt

hinsichtlich aller Essentialia

Die Schriftform macht nicht nur die eigenhändige Unterschrift des Bürgen notwendig (§ 126 I BGB), sie betrifft alle Essentialia der Bürgschaftserklärung. Die Erklärung muss beinhalten: den Gl - den Hauptschuldner - die zu sichernde Forderung - den Bürgen - dessen Erklärung, er verbürge sich für die Forderung. Ist auch nur eines dieser Elemente der Bürgschaftserklärung nicht schriftlich fixiert worden, sondern einer (späteren) mündlichen Absprache vorbehalten worden, so ist die gesamte Bürgschaft formnichtig.[7] 13

auslegungsbedürftige Erklärung

Probleme ergeben sich, wenn die Bürgschaftserklärung zwar nicht unvollständig, aber auslegungsbedürftig ist. 14

Bsp.:[8] *Der SG erteilt dem S eine Bürgschaftsurkunde, in der er erklärt, er „verbürge sich demjenigen Kaufmann oder Kapitalisten oder derjenigen Firma", die dem S einen Kredit über 10.000,- € geben würde, für alle dem S aus dieser Darlehensaufnahme entstehenden Verbindlichkeiten.*

S geht zu Gl und erhält das Darlehen, nachdem er die Bürgschaftserklärung vorgelegt hat. Als S später das Geld nicht zurückzahlen kann, will Gl den SG als Bürgen in Anspruch nehmen. Der beruft sich darauf, dass die Bürgschaftserklärung formnichtig sei.

SG wäre dem Gl nicht aus § 765 I BGB verpflichtet, wenn die Bürgschaftsurkunde unvollständig und deshalb gemäß §§ 766 S. 1, 125 S. 1, 126 I BGB formnichtig wäre.

SG hat in der Urkunde die Person des Gl nicht ausdrücklich genannt. Sie ergibt sich erst aus dem Zusammenhang mit der Darlehenshingabe.

Andeutungstheorie beachten

Die Rspr. vertritt bei der Auslegung formbedürftiger Willenserklärungen die Andeutungstheorie: Danach können zwar auch Tatsachen außerhalb der Urkunde zur Auslegung des Erklärten herangezogen werden. Sie müssen aber in der schriftlichen Erklärung einen, wenn auch unvollkommenen, Ausdruck gefunden haben. Daraus ergibt sich ein zweistufiges Vorgehen: Zunächst ist die Willenserklärung unter Berücksichtigung aller Umstände auszulegen. Daraufhin ist zu fragen, wieweit sie in der Urkunde verkörpert ist.[9] 15

hemmer-Methode: Eine wichtige Ausnahme hiervon macht die Rspr. i.R.d. § 311b I S. 1 BGB bei versehentlicher Falschbezeichnung des Grundstücks nach dem Grundsatz „falsa demonstratio non nocet".[10]

Gegen die Andeutungstheorie wird eingewandt, dass es gerade in den strittigen Grenzfällen keine objektiven Kriterien gebe, um zu entscheiden, wann nun ein Umstand keinen oder einen nur unvollkommenen Ausdruck in der schriftlichen Erklärung gefunden hat.[11] Dabei wird i.d.R. vorgeschlagen, das formale Abgrenzungskriterium der Andeutung in der Urkunde aufzugeben. Stattdessen solle es genügen, wenn in ihr der durch Auslegung zu ermittelnde Sinn gerade für die Parteien einen hinreichenden Ausdruck gefunden habe, obwohl das objektiv Erklärte das übereinstimmend Gewollte nicht zum Ausdruck bringt. Für diese Ansicht spricht, dass es häufig zufällig ist, ob eine wesentliche Tatsache angedeutet worden ist oder nicht. 16

7 Palandt, § 766; Rn. 3 und 5.

8 Nach RGZ 76, 195.

9 RGZ 95, 125; BGHZ 26, 142-152; BGH, WM 1980, 372-374.

10 BGHZ 87, 150-156 (152) = **juris**byhemmer; Palandt, § 311b BGB, Rn. 37.

11 Reinicke/Tiedtke, Kreditsicherung, S. 40 ff.

Eine a.A. differenziert nach dem Schutzzweck der Formvorschrift: Dient der Formzwang der Warnung vor allgemeinen Gefahren des Rechtsgeschäfts (z.B. bei § 311b I S. 1 BGB), muss der konkrete Inhalt nicht in der Urkunde enthalten sein. Soll jedoch vor den Gefahren des konkreten Rechtsgeschäfts gewarnt werden, muss in der Urkunde der Vertragsinhalt zumindest angedeutet sein.[12]

Im vorliegenden Fall ist die Bürgschaftserklärung nach allen Auffassungen wirksam abgegeben worden: Die Umstände der Darlehenshingabe, aus denen sich die Person des Gl ergibt, klingen im Schriftstück an. Die Parteien des Bürgschaftsvertrages waren auch bei dessen Abschluss übereinstimmend davon ausgegangen, dass die in der Urkunde benutzte Formulierung den Gl hinreichend genau beschreiben würde. Dementsprechend ist dem Formerfordernis des § 766 S. 1 BGB genügt. Denn das Argument des SG, der Gl sei nicht namentlich genannt, kann nur als ein formales angesehen werden.

auch Vorvertrag formbedürftig

Schon die Verpflichtung des SG zum Abschluss des Bürgschaftsvertrages, der Vorvertrag, unterliegt dem Formerfordernis des § 766 S. 1 BGB. Der Vorvertrag ist ein schuldrechtlicher Vertrag, durch den nur die Verpflichtung zum späteren Abschluss eines Hauptvertrages begründet wird. Hauptsächlich wird diese Problematik der Formbedürftigkeit des Vorvertrages beim Grundstückskauf erörtert.[13] *17*

hemmer-Methode: In der Klausur kann die Abgrenzung des Vorvertrages vom Vertrag mit aufschiebender Bedingung eine Rolle spielen. Wird durch einen aufschiebend bedingten Vertrag ein Optionsrecht begründet, so gelten etwaige Formvorschriften (§ 311b I S. 1 BGB) nur für den bedingten Vertragsschluss, nicht dagegen für die Optionserklärung. Das Optionsrecht ist das Recht, durch einseitige Erklärung einen Vertrag zu Stande zu bringen.

Heilung nach § 766 S. 3 BGB

Nach § 766 S. 3 BGB wird die Formnichtigkeit einer Bürgschaftserklärung durch Leistung des Bürgen an den Gl geheilt. Ausreichend sind auch Erfüllungssurrogate: Leistung an Erfüllungs Statt (§§ 364 I, 365 BGB), unwiderrufliche Hinterlegung (§§ 372, 378 BGB), Aufrechnung (§§ 387 ff. BGB). *18*

3. Blankobürgschaft und Ausfüllungsermächtigung

Sonderproblem Blankobürgschaft

Häufig gibt der SG dem S eine von ihm unterschriebene, aber noch unvollständige Urkunde mit, wenn die Person des Gl oder die Forderungshöhe noch nicht feststeht. Hat der S, so ausgestattet, einen Geldgeber gefunden, so ist er vom SG ermächtigt, die Urkunde entsprechend dem Willen des Bürgen zu vervollständigen. Grds. entspricht eine blankettunterzeichnete Urkunde dem Schriftformerfordernis des § 126 I BGB.[14] Für die Bürgschaft ist dies indes umstritten aufgrund der erhöhten Anforderungen des § 766 S. 1 BGB. Probleme ergeben sich vor allem, wenn der S die Bürgschaftserklärung nicht abredegemäß ausfüllt. *19*

Bsp.: *Der Onkel SG gibt seinem Neffen S eine unterschriebene Blanko-Bürgschaftsurkunde. S soll damit einen Kredit bis i.H.v. 10.000,- € aufnehmen dürfen. S nutzt die günstige Gelegenheit, an Geld zu kommen, füllt das Blankett auf 50.000,- € aus und erhält unter Vorlage der Bürgschaftsurkunde bei Gl ein Darlehen in dieser Höhe. Gl nimmt SG in Anspruch, als die Rückzahlung gefährdet ist. SG will so viel Geld nun auch wieder nicht zahlen.*

12 Vgl. Palandt, § 766 BGB, Rn. 3.

13 Vgl. Palandt, § 125 BGB, Rn. 11 und Einf. v. § 145 BGB, Rn. 20.

14 Vgl. Palandt, § 126 BGB, Rn. 7.

SG könnte dem Gl gemäß § 765 I BGB zur Zahlung verpflichtet sein, wenn zwischen beiden ein wirksamer Bürgschaftsvertrag geschlossen worden wäre. Das könnte bei der Übergabe der abredewidrig ausgefüllten Urkunde durch S geschehen sein.

Fraglich ist hier die Rechtsstellung des S. Er war kein Bote. Seine Funktion ging über die bloße Übermittlung einer fremden Willenserklärung hinaus, die zu vervollständigen ihm ja noch oblag. Er war aber auch nicht Vertreter. Er gab keine eigene Willenserklärung in fremdem Namen ab, sondern überbrachte die des Bürgen.

Ausfüllungsbefugnis

Der S handelte hier vielmehr aufgrund einer gesetzlich nicht geregelten Ausfüllungsbefugnis. Dieses Rechtsinstitut ist inzwischen allgemein anerkannt.[15] Die Ausfüllungsermächtigung hat eine Mitwirkung an der Verpflichtung des Bürgen selbst zum Inhalt und ist ähnlich einer Vollmacht zu behandeln. Dementsprechend könnte ein Angebot des SG zum Abschluss eines Bürgschaftsvertrages vorliegen, das durch Gl nach § 151 S. 1 BGB angenommen werden konnte. Ein Vertragsschluss könnte aber am Formerfordernis des § 766 S. 1 BGB scheitern.

Rechtsprechungsänderung: bei mündlicher Ermächtigung Bürgschaftserklärung nichtig

Nach früherer Rspr. war durch die Blanketturkunde dem Formerfordernis Genüge getan. Schon die Unterschrift auf dem Blankett sollte ausreichen, um den Bürgen von einer übereilten Bürgschaftserklärung abzuhalten. Rechtsfolge war, dass der Bürge auch bei abredewidrig ausgefülltem Blankett verpflichtet wurde. Teilweise wurde dem Bürgen ein Anfechtungsrecht nach § 119 I BGB zugestanden, da Wille und Erklärung des Bürgen auseinander fielen.[16] Er schuldete dem Gl dann aber Ersatz des Vertrauensschadens gemäß § 122 I BGB, wodurch er zumeist auch nicht besser stand. Die h.M. hielt den Bürgen analog § 172 II BGB an seiner Erklärung fest. 20

Nach neuerer Rspr. genügt eine blankettunterschriebene Urkunde nicht mehr den Anforderungen des § 766 S. 1 BGB.[17] Die Formenstrenge des Bürgschaftsrechts erlaube es nicht, die essentialia negotii einer formfreien Abrede zwischen Bürgen und ausfüllungsermächtigtem Dritten zu überlassen. Eine so zustande gekommene Bürgschaftserklärung sei nach §§ 766 S. 1, 125 S. 1 BGB nichtig. Dies könne nur vermieden werden, wenn die Ausfüllungsermächtigung entgegen § 167 II BGB schriftlich erteilt werde.[18]

Im Fall liegt eine schriftliche Ermächtigung nicht vor. Rechtsfolge ist jedoch nicht die schwebende Unwirksamkeit der Erklärung nach §§ 177 ff. BGB. Vielmehr ist die Bürgschaftserklärung nach § 125 S. 1 BGB nichtig.

Dies ergibt sich daraus, dass die Rechtsfolge nicht an den Erklärungsteil des Ermächtigten anknüpft, sondern an den des Bürgen, und dieser genügt wegen Unvollständigkeit nicht dem Formerfordernis.[19] Es ist also kein Bürgschaftsvertrag zwischen SG und Gl zustande gekommen.

hemmer-Methode: Unterscheiden Sie diesen Fall von dem Fall des Zustandekommens des Vertrages im Zuge eines Vertretungsgeschäftes. Wird einem Vertreter durch den Bürgen mündlich eine Vollmacht erteilt, ist diese entgegen § 167 II BGB unwirksam. Folge für den Bürgschaftsvertrag ist die schwebende Unwirksamkeit, da die Vollmacht gem. § 125 S. 1 BGB nichtig ist und der Vertreter daher ohne Vertretungsmacht gehandelt hat, § 177 I BGB. Der Bürge kann den Vertrag jedoch formlos gem. § 182 II BGB genehmigen.

15 BGHZ 40, 65-71 = **juris**byhemmer; BGHZ, 40, 297-305 = **juris**byhemmer.

16 Reinicke/Tiedtke, Kreditsicherung, S. 52 ff.

17 BGHZ 132, 119-132 = **juris**byhemmer.

18 Vgl. BGHZ 132, 119-132 (125) = **juris**byhemmer.

19 Fischer, JuS 1998, 205 (208).

Rechtsscheinhaftung, § 172 II BGB analog

Es könnte aber eine Rechtsscheinhaftung analog § 172 II BGB in Frage kommen. Dies wird vom BGH in Anknüpfung an die frühere Rspr. bejaht.[20] Der Bürge müsse den durch eine abredewidrige Ausfüllung geschaffenen Inhalt der Urkunde im Verhältnis zu einem gutgläubigen Dritten als unanfechtbare Willenserklärung gegen sich gelten lassen. Das erfordere der Schutz des Gl, der regelmäßig das Innenverhältnis zwischen S und SG nicht kennt und den Kredit nur im Hinblick auf die Sicherheit erteile. Grenze dieser Risikoverteilung muss aber die Kenntnis des Vertragspartners sein, vgl. § 173 BGB. 21

a.A.: Schutzzweck des § 766 BGB

Dagegen wird eingewandt, dass die Voraussetzungen einer Rechtsscheinhaftung gar nicht vorliegen. Maßgeblich für eine Zurechnung des Rechtsscheins sei der Schutzzweck der Nichtigkeitsnorm. Das Formerfordernis des § 766 BGB bezwecke den Schutz des Erklärenden. Dieser könne, auch wenn er wollte, keine formlose Bürgschaft abgeben. Dann komme aber auch keine Zurechnung der nichtigen Willenserklärung in Betracht.[21]

Diese Ansicht verkennt jedoch, dass der Grund der Rechtsscheinhaftung nicht im Vertrauen auf die wirksame Ausfüllungsermächtigung liegt, sondern im Vertrauen auf den vom Blankettzeichner zurechenbar gesetzten objektiven Erklärungstatbestand der vollständigen Erklärung.[22]

hemmer-Methode: Der BGH differenziert daher:
1. **Füllt der Schuldner bzw. ein Dritter das Blankett abredewidrig aus und kann dies der Gläubiger nicht erkennen, so muss dies der Bürge analog § 172 II BGB gegen sich gelten lassen.**
2. **Bei abredewidriger Ausfüllung durch den Gläubiger selbst gilt § 172 II BGB dagegen nicht.**

Der Rspr. ist insofern zuzustimmen. Für den Fall bedeutet das, dass SG dem Gl zur Zahlung der gesamten 50.000,- € aus § 765 I BGB i.V.m. § 172 II BGB verpflichtet ist.[23]

hemmer-Methode: § 166 I BGB gilt entsprechend, wenn der Ausfüllungsbefugte sich in obiger Konstellation verschreibt. Der Ermächtigende (Befugnisgeber) kann anfechten, wenn sich der Ermächtigte in einem nach § 119 BGB beachtlichen Irrtum befunden hat.

4. Eingeschränkte Anfechtbarkeit des Vertrages

Täuschung des S über Vermögensverhältnisse

In einem weiteren Fall ist die Anfechtbarkeit der Bürgschaftserklärung durch den SG eingeschränkt. 22

Bsp.: Der S täuscht den SG über seine Vermögensverhältnisse, sodass dieser sich für ihn gegenüber Gl verbürgt. Als SG von der Täuschung erfährt, möchte er seine Bürgschaftserklärung anfechten.[24]

SG könnte ein Anfechtungsrecht entweder aus § 119 II BGB oder aus § 123 I BGB haben.

Anfechtung nach § 119 II BGB (-), da typisches Risiko

SG hat sich bei Abschluss des Bürgschaftsvertrages über die Kreditwürdigkeit des S geirrt. Zwar kann ein Rechtsgeschäft auch mit der Begründung angefochten werden, dass sich der Anfechtende in einem Irrtum über Eigenschaften eines Dritten, hier des S, befand. Das kann aber nicht für die Bürgschaft gelten, denn sonst würde der Sicherungszweck der Bürgschaft in Frage gestellt. Der Bürge übernimmt durch die Bürgschaft gerade das Risiko, dass der Hauptschuldner seine Verbindlichkeiten nicht erfüllt.

20 BGHZ 132, 119-132 (127) = **juris**byhemmer.

21 Bülow, ZIP 1996, 1694 (1695).

22 Fischer, JuS 1998, 205 (208).

23 Vgl. auch Fehrenbacher, Übungsklausur Bürgerliches Recht, JuS 2005, 427 ff.

24 Vgl. Medicus, Bürgerliches Recht, Rn. 149.

auch § 123 BGB (-), da kein „Nicht-dritter“

Eine Anfechtung wegen arglistiger Täuschung kommt nicht in Betracht, da der Hauptschuldner, als nicht am Bürgschaftsvertrag Beteiligter, Dritter i.S.v. § 123 II S. 1 BGB ist. Jede andere Auslegung bei dem Begriff des „Dritten“ i.S.v. § 123 II S. 1 BGB würde dem Sicherungszweck der Bürgschaft widersprechen.

5. Störung der Geschäftsgrundlage, § 313 BGB

Aus demselben Grund entfällt auch der Einwand des Bürgen, die Geschäftsgrundlage sei deswegen gestört, weil sich die Vermögensverhältnisse des S nach Abschluss des Vertrages erheblich verschlechtert haben. Die Verschlechterung fällt allein in den Risikobereich des Bürgen.[25] Der Einwand der Störung der Geschäftsgrundlage hat deshalb bei der Bürgschaft kaum praktische Relevanz. Auch Umstände aus dem Verhältnis zwischen Bürge und Schuldner (z.B. die Beendigung einer nichtehelichen Lebensgemeinschaft[26]) können nicht geltend gemacht werden. Relevant werden können aber z.B. Vereinbarungen zwischen Gl und S bzgl. der Hauptschuld, die mittelbar Einfluss auf die Inanspruchnahme des Bürgen haben.[27] 23

hemmer-Methode: Es handelt sich um eine klassische examens-typische Fallkonstellation, die Sie kennen müssen.
Argumentieren Sie in der Klausur mit dem Zweck der Bürgschaft: Sie soll gerade dann eingreifen, wenn beim S „nichts mehr zu holen ist“. Schlagwort ist dann die Vereitelung des Sicherungszwecks. Diese Wertung liegt auch der gesetzlichen Vorschrift des § 768 I S. 2 BGB zu Grunde. Denken Sie auch praktisch: Gerade dieses typische Risiko soll die Bürgschaft abdecken.

6. Sittenwidrigkeit des Bürgschaftsvertrages[28]

Von besonderer Bedeutung und Gegenstand heftiger Diskussionen war die Frage nach der Sittenwidrigkeit i.S.d. § 138 BGB einer Bürgschaft in Fällen wie dem folgenden: 24

Bsp.: *Vater S hat bei der Gl-Bank einen Kredit in Höhe von 750.000,- € für ein - wie der Gl klar war - nicht ganz unriskantes Bauprojekt erhalten. Zur Sicherung des Kredits erbittet ein Mitarbeiter der Gl von der gerade achtzehnjährigen Tochter SG des S die Übernahme einer Bürgschaft. SG, die über kein Vermögen und als Floristinnenlehrling über keinerlei Erfahrung in wirtschaftlichen Dingen verfügt, erteilt die Bürgschaftserklärung, nachdem der Mitarbeiter hinzugefügt hatte, es „handle sich um eine bloße Formalie, er brauche das nur für die Akten“. Ist der Bürgschaftsvertrag wirksam?*

BGH früher: keine Sittenwidrigkeit

Die Bürgschaftserklärung wurde formgerecht erteilt, es bestand auch eine zu sichernde Forderung. Allerdings könnte der Vertrag gegen die guten Sitten verstoßen und damit nach § 138 BGB nichtig sein.[29]

Risiko als Kehrseite der Privatautonomie

Der BGH hatte dies entgegen der Kritik, die z.T. in der Literatur geäußert wurde,[30] in der Mehrzahl von ähnlich liegenden Fällen verneint:[31] Jeder Volljährige könne sich so hoch verschulden, wie er wolle, die Privatautonomie gelte uneingeschränkt auch für Bürgen.

---

25 BGHZ 107, 92-104 (103 f.) = **juris**byhemmer.

26 OLG Köln, NJW-RR 1997, 1067 = **juris**byhemmer.

27 Geißler, NJW 1988, 3184-3189 (3186).

28 Vgl. **Life&Law 04/2001, 242 ff.; 05/2002, 285 ff.**; Vgl. zur entsprechenden Anwendung dieser Grundsätze auf den Schuldbeitritt Rn. 80.) **Unser Service-Angebot an Sie: kostenlos hemmer-club-Mitglied werden (www.hemmer-club.de) und Entscheidungen der Life&Law lesen und downloaden.**

29 Vgl. dazu auch Hemmer/Wüst, BGB AT II, Rn. 134.

30 Vgl. Honsell, JZ 1989, 495; Tiedtke, ZIP 1990, 413 (415).

31 Vgl. BGHZ 106, 269-273; BGHZ 107, 92-104; BGH, ZIP 1989, 629-630: **alle Entscheidungen = juris**byhemmer.

BVerfG: bei „strukturell ungleicher Verhandlungsstärke" Art. 2 I GG zu beachten

Dem ist das BVerfG entgegengetreten. Die Zivilgerichte müssten bei Konkretisierung der Generalklauseln §§ 138, 242 BGB die grundrechtliche Gewährleistung der Privatautonomie in Art. 2 I GG beachten. Daraus ergebe sich die Pflicht zur Inhaltskontrolle von Verträgen, die einen der beiden Vertragspartner ungewöhnlich hoch belasten und das Ergebnis strukturell ungleicher Verhandlungsstärke sind.[32] Im konkreten Fall ist (neben der hohen Summe) zu beachten, dass SG erst achtzehn Jahre alt und geschäftlich völlig unerfahren ist, während die Gl das Risiko, das SG einging, überblicken konnte: Konkret droht der SG nämlich bei Realisierung des Bürgschaftsrisikos eine lebenslange Existenz an der Grenze der Pfändungsfreibeträge. Außerdem ist zu berücksichtigen, dass SG sich in einer (zumindest seelischen) Zwangslage befand und ihren Vater S nicht „hängen lassen wollte", während die Gl die Situation noch verharmloste, wenn sie erklärte, es handle sich um eine reine Formalie. Aus einer Gesamtbetrachtung dieser Umstände ergibt sich die Sittenwidrigkeit des Bürgschaftsvertrages und dessen Nichtigkeit nach § 138 I BGB.[33] 25

BGH seit dem Urteil des BVerfG

Der BGH hat seitdem in einer Vielzahl von Urteilen versucht, die Voraussetzungen für die Annahme der Sittenwidrigkeit von Bürgschaftsverträgen naher Angehöriger zu präzisieren.[34] 26

hemmer-Methode: „Der BGH" ist etwas ungenau. Denn bei der Umsetzung der verfassungsgerichtlichen Vorgaben verfolgten seither der IX. Senat und der XI. Senat unterschiedliche Wege.[35] Diese Divergenz in der Rspr. hatte dazu geführt, dass die Frage der Sittenwidrigkeit der Bürgenhaftung dem Großen Senat vorgelegt werden musste.[36] In der Sache wurde aber wegen Rücknahme der Revision nie entschieden.[37] In der Folgezeit hatten sich die miteinander „streitenden" Senate einander sehr stark angenähert. Nachdem schließlich eine Änderung in der Geschäftsverteilung zu einer alleinigen Zuständigkeit des XI. Senats geführt hat, scheint sich die Problematik nun endlich zu konsolidieren. Dies insbesondere aufgrund klärender Entscheidungen des XI. Senats aus dem Jahr 2002 (dazu sogleich).

Auf der Grundlage der aktuellen Rechtsprechung empfiehlt es sich für die Klausur, anhand folgender Prüfungsschritte die Sittenwidrigkeit einer Bürgschaft zu überprüfen. Dabei soll die Einfachheit der Darstellung nicht darüber hinwegtäuschen, dass Detailprobleme in der Rechtsprechung nach wie vor ungeklärt sind.[38] Allerdings kommt es in der Klausur darauf nicht so sehr an. Sie sollten die Grundlinien kennen und daran anknüpfend die Besonderheiten des Falles verorten.

a) Krasse finanzielle Überforderung

Eine Bürgschaft ist wirtschaftlich für die Bank dann sinnlos, wenn der Bürge krass überfordert ist. Das ist der Fall, wenn der Bürge innerhalb der Kreditlaufzeit nicht einmal in der Lage ist, die Zinslast aus dem pfändbaren Teil seines Einkommens und Vermögens zu tragen. Sofern pfändbares Vermögen vorhanden ist, wird dies zur Ermittlung obiger Voraussetzung von der Bürgschaftsschuld abgezogen.

Die auf den so ermittelten Schuldbetrag entfallenden Zinsen müssen dann von dem pfändbaren Einkommen gedeckt werden können. Andernfalls liegt eine Überforderung vor.[39]

32 BVerfG, NJW 1994, 36-39 = **juris**byhemmer.

33 BGH, NJW 1994, 1341-1344 = **juris**byhemmer; im Anschluss an das BVerfG.

34 Vgl. nur BGH, NJW 1997, 52-54; 1997, 1980-1982; 1997, 3372-3374; 1998, 597-601; 1999, 58-60: **alle Entscheidungen = juris**byhemmer.

35 Vgl. Sie dazu die gelungene Darstellung der Rspr.-Entwicklung zur Ehegattenbürgschaft von Tonner in JuS 2000, 17 ff.

36 Vgl. Vorlagebeschluss des BGH vom 29.06.1999 in NJW 1999, 2584-2588 = **juris**byhemmer.

37 Vgl. BGH, NJW 2000, 1185-1186 = **juris**byhemmer.

38 Dazu Tonner, JuS 2003, 325 (328).

39 Sollte der Ehegatte über immenses Grundvermögen verfügen, ist jedoch für die wirtschaftliche Leistungsfähigkeit auch mitentscheidend, inwieweit dieses Vermögen durch Grundpfandrechte belastet wird, BGH, NJW 2002, 2228-2230 = **Life&Law 10/2002, 658 ff.**; siehe auch BGH, NJW 2002, 2633-2634 = **juris**byhemmer.

Dabei bleibt etwaiges Vermögen des Hauptschuldners außer Betracht. Entscheidend ist also keine Gesamtbetrachtung (etwa weil man davon ausgeht, es handele sich bei der Ehe stets um eine Wirtschaftsgemeinschaft), sondern eine Einzelbetrachtung.

Ist der Bürge Eigentümer eines Grundstücks, auf welchem eine Grundschuld lastet, welche ebenfalls zur Absicherung der Hauptforderung bestellt wurde, ist nur der Betrag der Forderung für die Beurteilung der Sittenwidrigkeit zu berücksichtigen, der von der Grundschuld nicht abgedeckt wäre. Denn es geht in diesem Fall ja nur um die Frage, inwieweit der Bürge mit seinem sonstigen Vermögen in der Lage wäre, den Restbetrag der Forderung abzudecken.[40]

hemmer-Methode: Weitere Voraussetzungen sind für die Annahme der krassen finanziellen Überforderung nicht nötig. Sollten z.B. Aspekte wie das Verschweigen des Haftungsrisikos, Verharmlosen des Haftungsumfangs etc. vorliegen, kann das die Annahme der Sittenwidrigkeit allerdings untermauern.

aa) Abweichende Beurteilung wegen §§ 286 ff. InsO?

anderes Ergebnis wegen §§ 286 ff. InsO?

Neu in die Diskussion fließt von einigen Seiten der Einwand ein, die Möglichkeit der Privatinsolvenz gem. §§ 286 ff. InsO führe zu einer abweichenden Betrachtung.[41] Der Gesetzgeber habe mit der Einführung dieser Vorschriften gerade auch die Angehörigenbürgschaften im Auge gehabt. Da mit der Privatinsolvenz eine Möglichkeit bestehe, sich von seinen Verbindlichkeiten zu trennen, könne nicht mehr von einer „Verschuldung auf Lebzeiten“ gesprochen werden.

Der BGH hatte sich dazu zunächst nicht geäußert. In einer Entscheidung, die den Fall einer Bürgschaft betrifft, bei deren Eingehung die neue Insolvenzordnung noch nicht in Kraft war, hat er nur erwähnt, dass die Änderungen der InsO allein deshalb nicht zu berücksichtigen sind, weil die Vorschriften der §§ 286 ff. InsO nicht anwendbar seien.[42]

h.M. (-)

Unabhängig davon ist es auch nicht überzeugend, die Vorschriften bei der Beurteilung der Sittenwidrigkeit (zu Gunsten der Bank) zu berücksichtigen, denn Sinn und Zweck liegen woanders: Die Schuldbefreiungsvorschriften wollen einen Ausweg aus einem bestehenden Schuldenturm ermöglichen (Schutz vor Zwangsvollstreckung). Die Sittenwidrigkeitsrechtsprechung des BGH hat ihren Ursprung in der Wahrung der Entschließungsfreiheit des Bürgen und damit in der Privatautonomie. Dies ist ein der InsO vorgelagerter Schutz.[43]

BGH: keine Relevanz

Im Jahr 2009 hat der BGH[44] in der Frage entschieden und sich der zuletzt erwähnten Ansicht angeschlossen: Schon begrifflich setzen die Insolvenzvorschriften die Existenz einer Schuld voraus, welche aber von § 138 I BGB gerade verhindert wird. Außerdem ist der Zweck der Regelungen nicht, die Banken vor der weitreichenden Sanktion der Nichtigkeit gem. § 138 I BGB zu schützen.

40 BGH, **Life&Law 04/2010, 230 ff.**

41 Aden, NJW 1999, 3763 f.

42 BGH, NJW 2002, 744-745 = **juris**byhemmer; einzelne BGH-Richter halten es jedoch zumindest für möglich, dass das Kriterium der krassen finanziellen Überforderung neu bestimmt werden könnte, falls sich die Restschuldbefreiung in der Praxis bewähre, BKR 2001, 5 (8).

43 So OLG Frankfurt, ZGS 2004, 205 = NJW 2004, 2392-2394 = **juris**byhemmer; mit dem weitergehenden Argument, dass es für die Beurteilung der Sittenwidrigkeit auf den Zeitpunkt des Vertragsschlusses ankomme und nicht auf die Möglichkeit, sich nachträglich von etwaigen Schulden zu befreien.

44 **Life&Law 11/2009, 732 ff.**

bb) Lösung über die c.i.c.

Ebenfalls diskutiert wird, ob die Veranlassung zum Abschluss eines Bürgschaftsvertrages bei nahen Angehörigen nicht als vorvertragliche Pflichtverletzung angesehen werden kann.

Dann käme von der Rechtsfolge her ein Anspruch auf Vertragsaufhebung in Betracht, § 249 I BGB.[45]

Der Vorteil daran wäre, dass über die Anwendung des § 254 BGB auch ein Mitverschulden des Bürgen berücksichtigt werden könnte (etwa wenn dieser nicht richtig über seine Verhältnisse aufgeklärt hat), so dass sich der Anspruch auf die Aufhebung eines Teiles des Vertrages beschränken würde.

Das Problem liegt jedoch darin, dass die Willensbeeinflussung im vorvertraglichen Bereich von § 123 I BGB sanktioniert wird. Diese Vorschrift verlangt aber Arglist. Die Anwendung der c.i.c. droht daneben, dieses Kriterium auszuhöhlen.

Im Übrigen wäre problematisch, dass ja auch für die Qualifikation eines Verhaltens als vorvertragliche Pflichtverletzung Kriterien entwickelt werden müssten, die denen des BGH im Rahmen des § 138 I BGB sehr nahestehen würden.[46]

b) Emotionale Verbundenheit

Vermutung zugunsten des bürgenden Ehegatten

Sofern die Voraussetzungen unter a) bejaht werden, muss für die Annahme der Sittenwidrigkeit hinzukommen, dass die Bürgschaft aus emotionaler Verbundenheit übernommen wurde. Dies wird mittlerweile vermutet, so dass die Bank beweispflichtig ist, wenn sie das Gegenteil behauptet (dazu unter c).

Einzig fraglich ist, wie weit der Kreis der Personen zu ziehen ist, bei denen diese emotionale Verbundenheit vermutet ist. Über die Ehegatten hinaus kann dies insbesondere auch bei Geschwistern und (volljährigen) Kindern der Fall sein.

Exkurs: Übertragung der Grundsätze auf AN-Bürgschaften

AN - Bürgschaften

Nicht selten übernehmen Arbeitnehmer zur (vermeintlichen) Sicherung ihres Arbeitsplatzes eine Bürgschaft für Geschäftskredite des Arbeitgebers. Dann wird es sehr häufig auch zu einer finanziellen Überforderung wie unter a) geschildert kommen.

Eine emotionale Verbundenheit vergleichbar der eines bürgenden Ehegatten wird indes kaum zur Übernahme der Bürgschaft führen. Nach Ansicht des BGH[47] kann diese Voraussetzung aber anderweitig ersetzt werden:

keine emotionale Verbundenheit; aber unkalkulierbares Risiko

„Durch die Übernahme der Bürgschaft wurde der Bekl., der nur über ein mäßiges Nettoeinkommen verfügt, ohne Gewinnbeteiligung und ohne irgendeine Gegenleistung in einem Umfang mit dem wirtschaftlichen Risiko der GmbH und dem Kreditrisiko belastet, der geeignet war, ihn für den Rest seines Lebens wirtschaftlich zu ruinieren. Wenn der Bekl. die Bürgschaft dennoch übernahm, so geschah dies allein aus Angst um seinen Arbeitsplatz. Dafür bestehe in Zeiten hoher Arbeitslosigkeit eine tatsächliche, widerlegbare Vermutung!“

45 Vgl. Canaris, JZ 2001, 499 (519); Mertens, AcP 203 (2003), 818 (847); dazu auch Wagner, NJW 2005, 2956.

46 Vgl. zusammenfassend Wagner, NJW 2005, 2956 ff.

47 BGH, NJW 2004, 161 = **Life&Law 02/2004, 78 ff.** = **juris**byhemmer; besprochen in NJW 2004, 1707-1709.

In diesem Fall konnte die Bank (wie häufig) diese Vermutung nicht widerlegen.

Es kam erschwerend hinzu, dass die Bank in ihren AGB Klauseln verwendet hatte, die nach gefestigter Rechtsprechung unzulässig sind (gem. § 305c BGB), so vor allem die Klausel, dass sich die Bürgschaft auf sämtliche jetzigen und künftigen Forderungen beziehe, wenn nicht ausdrücklich und besonders darauf hingewiesen werde. Dadurch wird das Risiko für den AN schlechterdings unkalkulierbar.

Finanzielle Überforderung des AN ist Voraussetzung für § 138 I BGB

Der BGH hatte sich zuletzt mit der Frage zu befassen, ob eine finanzielle Überforderung (wie bei den Angehörigenbürgschaften) überhaupt erforderlich ist, um die Sittenwidrigkeit anzunehmen. Soll die Angst um den Arbeitsplatz für § 138 I BGB genügen, selbst wenn der AN finanziell in der Lage wäre, die Bürgschaft zu bedienen? Der BGH ist der Auffassung, dass ohne finanzielle Überforderung keine Sittenwidrigkeit gegeben ist. Es können[48] bei einem wirtschaftlich leistungsfähigen AN ganz nüchterne Erwägungen zu der Erkenntnis führen, dass man zur Sicherung des Arbeitsplatzes „ins Risiko geht".

Exkurs: Ende

c) Ausnahmen von der Sittenwidrigkeit

wirtschaftliches Eigeninteresse

aa) Sollte der Ehegatte mit der Übernahme der Bürgschaft ein wirtschaftliches Eigeninteresse verfolgen, entfällt der Vorwurf der Sittenwidrigkeit. Mittelbare Vorteile reichen dafür indes nicht aus. Vielmehr sind unmittelbare geldwerte Vorteile aus der Kreditgewährung erforderlich.

Die Bank muss also nachweisen, dass die Bürgschaft nicht aus emotionaler Verbundenheit übernommen wurde. Dazu reicht nicht der Vortrag aus, die Kreditgewährung führe letztlich zu einer Verbesserung der Lebensverhältnisse der gesamten Familie, was auch dem Bürgen zugutekomme.

Selbst dass der Bürge in Zukunft an verantwortungsvoller Stelle im Unternehmen eingesetzt werde, reicht nach Ansicht des BGH nicht aus, um die Vermutung der Sittenwidrigkeit zu widerlegen.[49]

hemmer-Methode: Da ein wirtschaftliches Eigeninteresse bei bürgenden Gesellschaftern einer GmbH mit bedeutsamen Gesellschaftsanteilen (mehr als 10 %) immer gegeben sein wird, wird die Angehörigenrechtsprechung nicht auf diese Gruppe übertragen. Die Bank darf in diesen Fällen davon ausgehen, dass das Eigeninteresse im Vordergrund steht.[50]

zukünftiges Vermögen bzw. Einkommen

bb) Die Bank kann dem Vorwurf der Sittenwidrigkeit entgehen, wenn sie trotz im Zeitpunkt der Übernahme bestehender finanzieller Überforderung eine Bürgschaft im Hinblick auf späteres Vermögen bzw. später zu erwartendes höheres Einkommen des Ehegatten verlangt.

Hier reichen indes nicht bloße Hoffnungen oder pauschale Erwartungen (etwa als Haftungszweck in AGB formuliert) aus. Es müssen konkrete Anhaltspunkte vorliegen. Eine etwaige zu erwartende hohe Erbschaft muss durch eine vertragliche Vereinbarung zum Haftungszweck erhoben werden. Dieselben Voraussetzungen müssen hinsichtlich konkret zu erwartender Einkommenssteigerungen gewahrt werden.

48 **BGH, Life&Law 2019, 84 ff.** = **juris**byhemmer.

49 BGH, NJW 2005, 971-973 = **juris**byhemmer.

50 BGH, NJW 2002, 1337-1339 = **juris**byhemmer.

cc) Der eigentliche Anlass dafür, dass Banken sich Bürgschaften von Ehegatten geben lassen, besteht in der Gefahr von Vermögensverschiebungen unter den Ehegatten. Darauf kann sich die Bank indes nur dann berufen, wenn sie dieses Kriterium ausdrücklich zum Haftungszweck erhebt und damit rechtfertigt, auch von einem finanziell überforderten Ehegatten zur Vermeidung dieser Gefahr eine Bürgschaft zu verlangen.[51]

7. Anwendbarkeit der §§ 491 ff. BGB[52]

Bürgschaft kein VerbrKr-Vertrag

Heftig umstritten ist in letzter Zeit die Frage, ob §§ 491 ff. BGB bei einem Bürgschaftsvertrag anwendbar sein können. Während die h.L. dem ablehnend gegenübersteht[53], hat sich die Rspr. bisher einer eindeutigen Antwort enthalten. Einig ist man darüber, dass der Bürgschaftsvertrag kein Verbraucherkreditvertrag i.S.d. § 491 I BGB ist, weil der Bürge regelmäßig keinen Kredit oder eine sonstige Finanzierungshilfe für seine Verpflichtung erhält. In Frage käme nur eine analoge Anwendung. 27

nach Rspr. wohl auch keine analoge Anwendung

Für eine analoge Anwendbarkeit der §§ 491 ff. BGB müsste die Interessenlage des Bürgen der eines Hauptschuldners entsprechen. Dies ist von der Rspr. teilw. verneint worden.[54] Der Bürge sei nicht in der Position des Vertragspartners des Verbraucherkreditvertrages. Ihn interessieren nicht so sehr die wirtschaftlichen Bedingungen dieses Vertrages, sondern seine eventuelle Gesamtbelastung aus dem Bürgschaftsrisiko. Dafür reiche die Form des § 766 BGB aus. Demgegenüber hat der BGH auf den Charakter der Hauptschuld abgestellt.

§§ 491 ff. BGB seien jedenfalls nicht anwendbar für Bürgschaften, die Kredite sichern, die nicht Verbraucherkredite sind.[55] Damit hat der BGH eine grundsätzliche Antwort vermieden.

Letztlich ist der Ausgangspunkt des BGH verfehlt und bei der Parallelproblematik zum Schuldbeitritt schon überwunden.[56] Maßgeblich für eine analoge Anwendbarkeit der §§ 491 ff. BGB kann nur sein, ob der Bürge Verbraucher i.S.d. § 13 BGB ist, nicht aber auch S. Insofern muss ein Vergleich der Interessenlage das Ergebnis liefern. Für eine Anwendbarkeit spricht entgegen der obigen Argumentation, dass der Bürge auch für Verzugszinsen des S haftet (vgl. § 767 I S. 2 BGB), sodass auch für ihn die Bedingungen des Hauptvertrages wichtig werden können.[57]

hemmer-Methode: Ginge man nach dem allg. Meinungsstand, müsste man die Anwendbarkeit der §§ 491 ff. BGB ablehnen. Entscheiden Sie sich in der Klausur für den Verbraucherschutz, dann dürfen Sie zwei Voraussetzungen nicht vergessen: Wenigstens der Bürge muss Verbraucher, und der gesicherte Vertrag muss ein Kreditvertrag sein.[58] Der Bürgschaftsvertrag ist nach h.M. nicht Kreditvertrag. Persönliche und sachliche Anwendungsvoraussetzungen der §§ 491 ff. BGB fallen hier also auseinander.

51 BGH, NJW 2002, 2230-2232 = **juris**byhemmer.

52 Vgl. dazu zusammenfassend Riehm in JuS 2000, 138 ff.

53 Vgl. Palandt, § 491 BGB, Rn. 11.; OLG Düsseldorf, WM 2007, 2009-2012 = **juris**byhemmer.

54 Zunächst bejahend LG Neubrandenburg, NJW 1997, 2826-2827 = **juris**byhemmer; dazu **Life&Law 01/1998, 15 ff. nicht mehr abrufbar**; ablehnend OLG Stuttgart, NJW 1997, 3450-3451 = **juris**byhemmer; dazu **Life&Law 02/1998, 84 ff. Nicht mehr abrufbar**

55 BGH, NJW 1998, 1939-1942 = **juris**byhemmer; vgl. auch **Life&Law 06/1998, 370 ff. Nicht mehr abrufbar**

56 S.u. Rn. 88.

57 Sölter, NJW 1998, 2192, 2194. So auch das LG Magdeburg, NJW 1999, 3496-3497 alle Entscheidungen = **juris**byhemmer.

58 Bülow, NJW 1996, 2889, 2893; dann aber stellt sich die Frage, ob der Bürgenschutz tatsächlich davon abhängen soll, aus was für einem Vertrag die gesicherte Forderung stammt. Insoweit erscheint die h.M. wiederum überzeugend zu sein.

8. Anwendbarkeit des § 312g BGB

uneinheitliche Rspr.

Ähnlich umstritten ist die Frage, ob § 312g BGB auf einen Bürgschaftsvertrag anwendbar sein kann. Die Anwendbarkeit des § 312g BGB setzt grds. ein entgeltliches Geschäft voraus, § 312 I BGB. 28

Unter Hinweis auf den einseitig verpflichtenden Charakter der Bürgschaft wurde deshalb vom BGH die Anwendbarkeit zunächst verneint[59], später eine analoge Anwendung bejaht.[60]

für Anwendbarkeit: Schutzbedürftigkeit des Bürgen

Für die Anwendbarkeit spricht die Schutzwürdigkeit des Bürgen: Wenn man ein Schutzbedürfnis für den überrumpelten Kunden bejaht, der sich in einem gegenseitigen Vertrag verpflichtet, muss erst recht derjenige geschützt werden, der sich einseitig verpflichtet. Des Weiteren wird angeführt, dass die Einseitigkeit des Bürgschaftsvertrages nicht gegen dessen Entgeltlichkeit spricht. Es könnten auch andere als synallagmatisch mit der Verpflichtung verbundene Vorteile, auch von Dritten, als Entgelt i.S.d. Vorschrift aufgefasst werden.

Außerdem enthält die zu Grunde liegende EG-Richtlinie keine solche Einschränkung.[61]

Der BGH hatte ursprünglich der Richtlinie aber im Übrigen entnommen, dass für die Anwendbarkeit des Haustürwiderrufsrechts auf einen Bürgschaftsvertrag dessen Voraussetzungen sowohl für den Hauptschuldner als auch für den Bürgen vorliegen müssen.[62] Dieser Rspr. wurde zu Recht entgegengehalten, dass für eine interessengerechte Anwendung des § 312g BGB eigentlich nur die Person des Bürgen maßgeblich sein kann.[63]

neue Rspr.

Im Jahr 2006 hat der BGH die alte Rechtsprechung aufgegeben.[64] Es kommt für die Beurteilung der Voraussetzungen des § 312g BGB nur auf die Person des Bürgen an, nicht auf die Situation beim Hauptschuldner.

II. Die gesicherte Forderung

Voraussetzung der Bürgschaft: gesicherte Forderung

Die zu sichernde Forderung ist die zweite Grundvoraussetzung für das Entstehen einer Bürgschaftsverpflichtung. Dies ergibt sich aus der strengen Akzessorietät der Bürgschaft. Sie ist von Bestehen und Umfang der Hauptschuld dauernd abhängig, § 767 I S. 1 BGB. 29

1. Abgrenzung zu Schuldbeitritt, Garantie und Patronatserklärung

Hinsichtlich der Akzessorietät unterscheidet sie sich von den Sicherungsmitteln Schuldbeitritt, Garantie und der sog. Patronatserklärung. 30

Schuldbeitritt: Abgrenzung zu Gesamtschuld

Die Schuldmitübernahme (oder auch Schuldbeitritt), §§ 311 I, 241 BGB, begründet ein Gesamtschuldverhältnis auf vertraglicher Grundlage (§§ 421 ff. BGB). Der Übernehmer haftet gem. § 427 BGB **neben** dem weiterhaftenden bisherigen S als Gesamtschuldner.

---

59 BGH, NJW 1991, 2905 = **juris**byhemmer.

60 BGH, NJW 1993, 1594-1595 = **juris**byhemmer.

61 Vgl. ausführlich Hemmer/Wüst/d'Alquen, Skript Verbraucherschutzrecht, Rn. 17.

62 BGH, NJW 1998, 2356-2357 = **juris**byhemmer; dazu **Life&Law 10/1998, 630 ff.**

63 Ausführlich Lorenz, NJW 1998, 2937 ff.

64 BGH, NJW 2006, 845-847 = **juris**byhemmer; dazu Kulke, NJW 2006, 2223.

Der SG ist dabei dem Gl gleichgeordnet neben dem S verpflichtet. Eine Veränderung der Verpflichtung des S wirkt sich für den SG grundsätzlich nur im Rahmen der §§ 421 ff. BGB aus, vgl. § 425 I BGB.[65]

hemmer-Methode: Achtung: Beim Entstehen ist aber auch der Beitritt akzessorisch. Der SG tritt der Schuld so bei, wie sie zu dem Zeitpunkt besteht, § 417 S. 1 BGB analog.

Problem: mündl. Abrede von Nichtkaufleuten

Schwierigkeiten können auftauchen, wenn unklar ist, ob die Beteiligten eine Bürgschaft oder einen Schuldbeitritt vereinbart haben. *31*

Dies kann insbesondere dann entscheidend sein, wenn die Sicherungsabrede nur mündlich unter Nichtkaufleuten getroffen worden ist: Eine Bürgschaft wäre dann bereits formnichtig, §§ 766 S. 1, 125 S. 1 BGB, während der Schuldbeitritt auch formlos wirksam ist, soweit er nicht den §§ 491 ff. BGB unterfällt (vgl. unten Rn. 88).

Bei der Abgrenzung ist zu berücksichtigen, dass die strenge Form der Bürgschaft eine im Gesetz verankerte Wertung darstellt. In Zweifelsfällen ist daher eher eine Bürgschaft als ein Schuldbeitritt anzunehmen.

***Bsp.:** A erklärt, er stehe für die Schulden seiner Freundin F beim Vermieter ein.*

wegen § 766 BGB i. Zw. Bürgschaft

Läge ein Schuldbeitritt vor, würde er gemäß § 427 BGB neben der Freundin als Gesamtschuldner haften.

Bei einer Bürgschaft entfiele wegen des Formerfordernisses des § 766 S. 1 BGB die Haftung, vgl. § 125 S. 1 BGB. Nur wenn sich aus der Erklärung des A ausdrücklich ergeben würde, dass er neben oder anstelle von F zu zahlen bereit sei, läge ein Schuldbeitritt vor.

hemmer-Methode: Eine voreilige Annahme eines Schuldbeitritts würde den durch § 766 BGB bezweckten Schutz aushebeln. Beachten Sie das in der Klausur und argumentieren Sie auch mit dem Schutzzweck! Für den Schuldbeitritt müssen i.d.R. noch besondere Umstände hinzutreten. Als Indiz wird v.a. ein eigenes wirtschaftliches Interesse des Übernehmenden angesehen. Dies ist deshalb so bedeutsam, weil der Schuldbeitritt strenger ist als die Bürgschaft. Aufgrund der akzessorischen Ausgestaltung genießt der Bürge einen starken Schutz, welchen der Schuldbeitretende nicht hat. Bei Nichtwahrung der Form auf den Schuldbeitritt umzuschwenken, verbietet sich auch aus diesem Grund. Sie müssen in der Klausur erst herausarbeiten, was gewollt ist. Erst danach stellt sich ggf. die Formfrage.

Abgrenzung zu Garantie: unbedingte Haftung

Der Garant haftet noch strenger als der Schuldbeitretende. Er übernimmt das Risiko dafür, dass ein bestimmter Erfolg eintritt, z.B. dass die Darlehenssumme zurückgezahlt wird, egal, ob eine Verpflichtung des S dazu besteht oder nicht. Damit ist die Garantie streng nicht-akzessorisch. *32*

Einwendungen und Einreden des S kommen dem Bürgen **stets**, dem Schuldbeitretenden **möglicherweise** (vgl. §§ 421 ff. BGB), dem Garanten aber **nie** zugute. Es bedarf daher ganz besonderer Umstände, um die Annahme eines Garantievertrages zu rechtfertigen. Insbesondere muss ein entsprechender Verpflichtungs- bzw. Rechtsbindungswille beim Garanten vorliegen. So genügen z.B. nicht solche Erklärungen, die nur die gesetzlichen Gewährleistungen wiederholen.[66]

65 Näher dazu unten Rn. 233 ff.

66 Näher zum Garantievertrag vgl. Palandt, Einf. v. § 765 BGB, Rn. 16.

Keine große Klausurrelevanz dürften die sog. „Patronatserklärungen" haben, die z.T. von Konzernen für ihre Tochtergesellschaften abgegeben werden. Mit dieser wird entweder nur unverbindlich das Vertrauen in die Leitung der Tochter („weiche Patronatserklärung") oder aber eine Verpflichtung ausgesprochen, für die Liquidität der Tochter Sorge zu tragen („harte Patronatserklärung").[67] 33

2. Weitere Bedeutung der Akzessorietät

Akzessorietät der Bürgschaft: abhängig vom Bestand der Forderung

Die strenge Akzessorietät der Bürgschaft bedeutet, dass die Bürgschaftsverpflichtung stets vom Bestand der Forderung abhängt. 34

***Bsp.:** S hat bei Gl ein Darlehen aufgenommen, für das sich SG verbürgt hat. Nach Auszahlung der Darlehenssumme stellt sich heraus, dass der Vertrag zwischen S und Gl wegen Wuchers nichtig ist. S denkt daraufhin gar nicht daran, dem Gl auch nur einen roten Heller zurückzuzahlen. G nimmt deshalb schließlich den SG in Anspruch.*

Eine Verpflichtung des SG setzt außer einer wirksamen Bürgschaftserklärung, von der hier ausgegangen werden kann, eine gesicherte Hauptverbindlichkeit voraus. Ein Anspruch des Gl gegen S aus § 488 BGB besteht nicht; der Darlehensvertrag ist unwirksam, § 138 II BGB.

bereicherungsrechtl. Rückzahlungsanspruch

Bezüglich des bereits ausgezahlten Geldes hat Gl jedoch einen Bereicherungsanspruch, § 812 I S. 1 Alt. 1 BGB. Dieser Anspruch ist gewissermaßen an die Stelle der Darlehensschuld getreten.

Haftung des Bürgen nur, wenn dieser mit Nichtigkeit gerechnet hat

Damit ist aber noch nicht gesagt, dass SG nunmehr auch für diesen Anspruch aus ungerechtfertigter Bereicherung haftet. Es kommt vielmehr darauf an, ob der Bürge die Nichtigkeit des Darlehensvertrages kannte oder zumindest mit ihr gerechnet hat, als er die Bürgschaft einging. 35

Nur dann kann seine Bürgschaftserklärung so ausgelegt werden, dass er sich auch für einen Bereicherungsanspruch des Gl gegen den S verbürgt. Hat der Bürge aber nicht damit gerechnet, kann eine ergänzende Vertragsauslegung nicht zu diesem Ergebnis führen. Denn sie würde dann unzulässigerweise den Bürgschaftsvertrag in seinem Kernbereich umgestalten.[68] Damit sind die Grenzen der Auslegung überschritten.[69]

hemmer-Methode: Diese Frage ist umstritten und (da von der Auslegung abhängig) von Einzelfallentscheidungen geprägt, sodass Sie in der Klausur argumentieren können (und müssen).
Anhaltspunkt kann sein, ob der Bürge in irgendeiner Weise schlechter stünde als bei Entstehen der geplanten Forderung. Dies wird z.B. verneint in den Fällen der Wucherdarlehen, die nach §§ 138, 817 BGB zurückzuzahlen sind,[70] da hier nach h.M. eine Rückzahlung erst zu dem Zeitpunkt geschuldet ist, der für das Darlehen vereinbart wurde.

bei Grundstückskauf Heilung nach § 311b I S. 2 BGB möglich

Hat sich der SG für eine Kaufpreisschuld aus einem wegen § 311b I S. 1 BGB unwirksamen Grundstückskaufvertrag verbürgt, so entsteht zunächst auch keine Bürgschaftsverpflichtung. Wird der Kaufvertrag aber gemäß § 311b I S. 2 BGB durch Auflassung und Eintragung in das Grundbuch geheilt, wird nach h.M. auch die Bürgschaft **ex nunc** wirksam. Hier ist es unerheblich, ob der Bürge die ursprüngliche Unwirksamkeit der Hauptverbindlichkeit kannte oder nicht, weil er nunmehr genau diejenige Schuld sichert, die er ursprünglich sichern wollte. 36

67 Zur Patronatserklärung vgl. Reinicke/Tiedtke, Kreditsicherung, S. 200 ff.

68 Reinicke/Tiedtke, Kreditsicherung, S. 26.

69 Vgl. zur Auslegungsproblematik Palandt, § 157 BGB, Rn. 9.

70 Vgl. Hemmer/Wüst, BGB AT II, Rn. 151.

3. Sicherung einer künftigen Forderung

künftige Forderung, § 765 II BGB; Bestimmbarkeit notwendig

Die Bürgschaft kann auch eine **künftige** oder eine bedingte Verbindlichkeit sichern, § 765 II BGB. Die künftige Forderung muss aber zumindest bestimmbar sein. Der Bestimmtheitsgrundsatz ist nach h.M. die ungeschriebene Voraussetzung, dass zur Wirksamkeit des Bürgschaftsvertrages die Personen der Hauptschuld und der Schuldgrund zumindest bestimmbar sein müssen.[71] *37*

Das Bestimmtheitserfordernis der Hauptforderung ergibt sich aus der Akzessorietät der Bürgschaft, § 767 I BGB. Kann die Hauptschuld nicht eindeutig ermittelt werden, besteht die Bürgschaft nicht. Die hieran gestellten Anforderungen sind geringer als bei Forderungen, die sicherheitshalber abgetreten werden,[72] weil die Forderung hier nicht den Inhaber wechselt, sondern nur gesichert werden soll. Ausreichend ist hier eine allgemeine Bestimmbarkeit. Möglich ist z.B. eine sog. **Globalbürgschaft**, in der ein Bürge sich für alle bestehenden und künftigen Forderungen des Hauptschuldners aus einer bestimmten Geschäftsverbindung verpflichtet.[73]

Begrenzung der Bürgenhaftung

Aus dem Grundsatz der Bestimmtheit wird ein Gebot zur sachlichen Eingrenzung der Bürgenhaftung hergeleitet. Damit soll der Bürge vor einer unübersehbaren Belastung geschützt und das Haftungsrisiko für den Bürgen kalkulierbar gemacht werden.[74] *38*

So hat der BGH eine Bürgschaftserklärung für unwirksam erklärt, die alle Forderungen erfassen sollte, die der Gl „aus laufender Rechnung, aus Wechseln, aus gewährtem und noch zu gewährendem Kredit oder aus einem sonstigen auch außerhalb der Geschäftsverbindung liegenden Rechtsgrunde bereits erworben hat oder noch erwerben sollte".[75]

Diese Schutzfunktion ist aber auch als contra legem bestritten worden. Bei einer **Globalbürgschaft** hafte der Bürge eben für alle Forderungen, insofern sei die Bestimmbarkeit unproblematisch.[76] Richtigerweise ist ein solcher Bürgenschutz nicht aus dem Bestimmtheitsgrundsatz abzuleiten, sondern aus den dem Bürgschaftsrecht zu Grunde liegenden Wertungen.[77] *39*

4. Die Vereinbarkeit von Globalbürgschaften mit §§ 305 ff. BGB[78]

Da spezielle Klauselverbote gem. §§ 308 f. BGB nicht einschlägig sind, sind die §§ 305c I und 307 BGB als Prüfungsmaßstab heranzuziehen.

a) Die Vereinbarkeit mit § 305c I BGB

Eine Klausel ist i.S.d. § 305c I BGB dann „überraschend", wenn sie von den Erwartungen des Vertragspartners deutlich abweicht und der Vertragspartner mit der Klausel vernünftigerweise nicht zu rechnen braucht. Es wird also ein durch subjektive Umstände überlagerter genereller Maßstab angelegt.

71 Palandt, § 765 BGB, Rn. 6.
72 Vgl. unten Rn. 120.
73 Palandt, § 765 BGB, Rn. 6 u. Rn. 7.
74 Reinicke/Tiedtke, Kreditsicherung, S. 29 f.
75 BGHZ 25, 318-321 = **juris**byhemmer.
76 Siems, JuS 2001, 429-434 (430).
77 Reinicke/Tiedtke, DB 1995, 2301-2307 (2303).
78 Vgl. dazu die lehrreiche Entscheidungsrezension zu BGHZ 143, 95 von Siems = **juris**byhemmer in JuS 2001, 429 ff.

Neben den individuellen Begleitumständen werden dabei auch allgemeine Begleitumstände wie der Grad der Abweichung vom dispositiven Gesetzesrecht erfasst. Danach wurde früher die wirksame Einbeziehung von globalen Haftungsklauseln bejaht, weil eine Bürgschaft für künftige Forderungen gem. § 765 II BGB als ein gesetzlicher Regelfall nicht überraschend sei.[79] Seit 1995 wird dies für Bürgschaftsforderungen, die über den **Anlass** der Bürgschaft hinausgehen, jedoch anders gesehen (sog. **„Anlassrechtsprechung"**).[80]

Begründet wird dies zunächst mit einem Hinweis auf § 767 I S. 3 BGB, aus dem sich für den Bürgen das Leitbild des Ausschlusses der Fremddisposition ergebe. Außerdem rechne derjenige, der sich aus Anlass eines bestimmten Kredites verbürge, tatsächlich regelmäßig nicht damit, über diesen Betrag hinausgehend zu bürgen. Mit dieser Begründung wurde die Einschlägigkeit des § 305c I BGB auch auf Höchstbetragsbürgschaften ausgedehnt.[81]

hemmer-Methode: § 305c I BGB greift aber nicht ein, wenn sich der Bürge keine konkreten Gedanken über die Höhe der Schulden macht, er als Geschäftsführer, Allein- oder Mehrheitsgesellschafter des Hauptschuldners die Art und Höhe der Verbindlichkeiten bestimmt oder es aus anderen besonderen Gründen an dem subjektiven Element des § 305c I BGB fehlt.[82]

b) Die Vereinbarkeit mit § 307 BGB

§ 307 BGB steht der Wirksamkeit der fraglichen Klausel entgegen, weil sich aus § 767 I S. 3 BGB ergibt, dass diese weite Bürgschaftsverpflichtung von dem gesetzlichen Leitbild abweicht.

aa) Vereinbarkeit mit § 307 II BGB

Eine formularmäßige Zweckerklärung, die die Bürgenhaftung über die Verbindlichkeit des Hauptschuldners, die objektiver Anlass der Verbürgung war, ausdehnt, wird vom BGH im Rahmen des § 307 BGB ausschließlich an Abs. 2 überprüft.[83] Die Inanspruchnahme eines Bürgen wegen Kreditschulden, die erst nach der Bürgschaftsübernahme entstanden sind, ist wegen § 767 I S. 3 BGB unzulässig (Verbot der Fremddisposition für Geschäfte nach der Übernahme der Bürgschaft).

Eine Abweichung von dieser Norm hinsichtlich **zukünftiger** Forderungen, die nicht Anlass der Bürgschaft waren, ist mit den wesentlichen Grundgedanken der gesetzlichen Regelung nicht vereinbar (§ 307 II Nr. 1 BGB). Auch die Erreichung des Vertragszweckes ist gefährdet, weil wesentliche Rechte des Bürgen, die sich aus dem gesetzlichen Typus des Bürgschaftsvertrages ergeben, eingeschränkt werden (§ 307 II Nr. 2 BGB).

Die Rechtsfolge dieser Unvereinbarkeit mit § 307 II BGB liegt jedoch nach Ansicht des BGH nicht in der Nichtigkeit des gesamten Bürgschaftsvertrages. Vielmehr ergebe sich aus § 306 I BGB und einer ergänzenden Vertragsauslegung i.V.m. § 306 II BGB, dass der Bürge immerhin für die Schuld hafte, die der Anlass für die Bürgschaft gewesen sei.[84]

79 Vgl. BGH, NJW 1994, 1656-1657 = **juris**byhemmer.

80 Vgl. dazu BGHZ 130, 19-37 (26 ff.) = **juris**byhemmer.

81 Vgl. BGH, NJW 1996, 1470-1473 (1472 f.) = **juris**byhemmer.

82 Vgl. BGH, NJW 2000, 658-661 = **juris**byhemmer.

83 Vgl. BGH, NJW 2000, 658-661 (659) = **juris**byhemmer.

84 Vgl. BGHZ 130, 19-37 (34 ff.) = **juris**byhemmer; BGH, WM 2009, 1180-1185 = **juris**byhemmer.

Die Klausel sei hier nämlich inhaltlich und gegenständlich teilbar. Da die Vorstellungen des Bürgen mit einer bloßen Haftung für die Anlassforderung voll berücksichtigt werden, wird hierin auch keine unzulässige geltungserhaltende Reduktion gesehen.[85]

hemmer-Methode: Beachten Sie bitte, dass § 767 I S. 3 BGB nicht passt, wenn es um die Inanspruchnahme für eine schon entstandene Kreditschuld geht. Prüfungsmaßstab kann insoweit nicht § 307 II Nr. 1 und 2 BGB i.V.m. § 767 I S. 3 BGB, sondern nur § 307 I BGB sein.

bb) Vereinbarkeit mit § 307 I BGB, wenn Kreditschulden zur Zeit der Bürgschaftsübernahme schon bestanden

Der BGH bejaht einen Verstoß gegen § 307 I BGB, wenn das Interesse des Bürgen, den Gegenstand und Umfang seines Risikos klar und richtig aus dem Formular zu ersehen, nicht hinreichend gewährleistet ist. Es sei zwar bei Globalbürgschaften klar, welche Hauptschulden erfasst würden, nämlich **alle gegenwärtig vorhandenen**. Als durchschnittlicher Vertragspartner, auf dessen Verständnismöglichkeit bei der Prüfung von AGB im Rahmen des § 307 BGB maßgeblich abzustellen sei, könne ein Bürge aber aus einer solchen Formularklausel regelmäßig nicht erkennen, ob und gegebenenfalls welche Ansprüche des Gläubigers gegen den Hauptschuldner beständen. Für den Bürgen entstehe also die Wissenslücke, dass er das eingegangene Risiko nicht ermessen könne und die typischerweise bestehende Belastung nicht kenne, da der Umfang der Haftung durch die undurchsichtige globale Zweckerklärung verschleiert werde.

Demgegenüber bestehe kein schützenswertes Interesse des Gläubigers, die Verpflichtung des Bürgen formularmäßig auf alle bestehenden Ansprüche zu erstrecken.[86]

Mittlerweile hat der BGH diese **Grundsätze** unter ausdrücklicher Aufgabe seiner bisherigen Rechtsprechung auch **auf Höchstbetragsbürgschaften** für alle gegenwärtigen Forderungen übertragen und einen Verstoß gegen § 307 I BGB bejaht.[87] Der Schutz durch einen Höchstbetrag wird als nicht ausreichend angesehen, da auch bei einer Höchstbetragsbürgschaft für den Bürgen die Gefahr bestehe, wegen einer Schuld in Anspruch genommen zu werden, die er nicht kenne. Die von der bisherigen Rechtsprechung vorgebrachte Begründung, dass der Bürge im Zeitpunkt der Abgabe der Bürgschaftserklärung die bestehenden Hauptschulden in Erfahrung bringen könne, stehe dem nicht entgegen, da es nicht die Sache des Kunden sei, für die Klarheit der AGB zu sorgen.

hemmer-Methode: Anders sieht das der BGH aber wiederum bei einer Formularbürgschaft von Geschäftsführern oder Gesellschaftern. In diesem Fall sei nämlich die Interessenlage von diesen typischerweise anders, weil erkennbar nicht nur die Anlassforderung, sondern die Sicherung des „Gesamtengagements“ des Gesellschaftsgläubigers im Vordergrund stehe.
Zudem sei der Transparenzbedarf nicht so groß, da diese Kenntnis über die Forderungen hätten oder sich diese durch die Einsicht in die Geschäftsbücher oder Geschäftsunterlagen zumindest beschaffen könnten.[88]

85 A.A. Schmidt-Herscheidt in ZIP 1997, 1140.

86 So BGH, NJW 2000, 658-661 (659 f.) = jurisbyhemmer; sehr kritisch und im Ergebnis nicht dem BGH folgend Siems in JuS 2001, 429 (432 f.).

87 Vgl. BGH, NJW 2000, 658-661 (660) = jurisbyhemmer; unter Aufgabe von BGH, NJW 1996, 1470-1473 (1472) = jurisbyhemmer; dieser Rspr. hat sich auch das BAG angeschlossen, vgl. BAG, NZA 2000, 940-944 = jurisbyhemmer.

88 Vgl. BGH, NJW 2000, 658-661 (660) = jurisbyhemmer.

5. Auswirkung bei Umfangsänderung

Umfangsänderung der Hauptverbindlichkeit

Der Umfang der Hauptverbindlichkeit kann sich ändern, nachdem der SG die Bürgschaft übernommen hat. Fraglich ist dann, wie sich diese Veränderung auf die Rechtsstellung des Bürgen auswirkt. 40

Dabei ist zu unterscheiden:

Reduzierung auch zugunsten des Bürgen

⇨ Eine **Reduzierung** der Hauptverbindlichkeit wirkt sich immer **auch zugunsten** des SG aus, so durch Erfüllung oder Erlass. Das ergibt sich aus § 767 I S. 1 BGB.

Erweiterung nicht zu Lasten des Bürgen

⇨ Eine **Erweiterung** der Hauptschuld, die der Hauptschuldner rechtsgeschäftlich vornimmt, erweitert die Haftung des Bürgen nicht, § 767 I S. 3 BGB. Das ist z.B. der Fall, wenn der S die Darlehensaufnahme nachträglich erhöht oder gegenüber dem Gl ein (deklaratorisches) Schuldanerkenntnis abgibt.[89] Der Hauptschuldner kann durch rechtsgeschäftliches Handeln die Stellung des Bürgen nicht verschlechtern. Anderes gilt, wenn die Erweiterung im Ursprungsvertrag bereits angelegt war. Dann ist es eine Frage der Auslegung der Bürgschaft, ob eine Haftungsausdehnung für diesen Fall gewollt war. Ebenso gilt § 767 I S.3 BGB nicht bei Erweiterungen durch einseitiges Rechtsgeschäft des *Gläubigers*, **wenn** sich diese im Rahmen des ursprünglichen Vertrages halten![90]

anders z.B. bei Verzug

⇨ Dagegen haftet der Bürge für Erweiterungen der Hauptverbindlichkeit durch **nicht rechtsgeschäftliches Verhalten** des Hauptschuldners, so z.B. für Verschulden, Verzug (§ 767 I S. 2 BGB), Folgen einer gesetzlichen Zufallshaftung. Daher haftet der SG auch für einen Schadensersatzanspruch des Gl, wenn dieser gemäß § 281 BGB vorgeht; er haftet dagegen nicht für den Rückgewähranspruch, wenn der Gl gemäß §§ 326 V, 323, 346 ff. BGB zurücktritt, weil dann die Hauptschuld erloschen ist.[91]

⇨ Erweitert sich bei der Absicherung einer Werklohnforderung der Auftragsumfang im Zuge der Anwendung bestimmter VOB/B-Regelungen, erstreckt sich die Bürgschaft auch dann nicht auf den erweiterten Teil der Bürgschaft, wenn die Anwendung der VOB/B für den Bürgen bei Vertragsschluss erkennbar war.[92]

hemmer-Methode: Es handelt sich um einen Klassiker in Klausuren: Wie weit geht die Haftung des Bürgen? Denken Sie wiederum in den Kategorien „ein Problem mehr". Der Bürge haftet grds. für den Bestand der Hauptverbindlichkeit (Grundfall). Fraglich ist aber häufig: Wie weit haftet der Bürger darüber hinaus (Klausurfall)?

bzgl. Zinsen Auslegung notw. i. Zw. (+)

⇨ Ob der Bürge auch für die **Zinsen** der Hauptschuld haftet, richtet sich nur nach dem Bürgschaftsvertrag. Im Wege der Auslegung ist der Umfang der Haftung zu ermitteln. Bei verzinslichen Forderungen ist im Zweifel auch eine Haftung für rückständige Zinsen anzunehmen. Ein Argument hierfür ergibt sich aus § 217 BGB. Wenn die Zinsen mit der Hauptforderung verjähren, ist es nahe liegend, sie als so eng mit der Hauptforderung verknüpft zu betrachten, dass sich im Zweifel auch die Bürgschaft auf sie erstreckt.

89 OLG Düsseldorf, MDR 1975, 1019 = **juris**byhemmer.

90 BGH, WM 2017, 1356 = **juris**byhemmer.

91 Palandt, § 767 BGB, Rn. 2a.

92 BGH, NJW 2010, 1668-1671 = **juris**byhemmer.

III. Sonderformen der Bürgschaft

Die gesetzlichen Bestimmungen zur Bürgschaft sind weitgehend abdingbar. Dementsprechend haben sich im Wirtschaftsverkehr Sonderformen entwickelt, die vom gesetzlichen Leitbild abweichen. Teilweise sind sie auch gesetzlich geregelt. Unterschiede zu den allg. Regeln ergeben sich hauptsächlich beim Regress des Bürgen. Deshalb sollen die wichtigsten Sonderformen hier nur kurz vorgestellt werden. 41

1. Mitbürgschaft[93]

Die Mitbürgschaft ist in § 769 BGB und in § 774 II BGB gesetzlich geregelt. Die Mitbürgschaft kommt auf zwei verschiedene Weisen zustande: Gemeinschaftliche Mitbürgen nennt man Bürgen, die die schuldsichernde Verpflichtung zusammen in einem Vertrag übernehmen. Dagegen übernehmen selbstständige Mitbürgen unabhängig voneinander die Bürgschaftsverpflichtung. Sie müssen nicht Kenntnis voneinander haben. 42

§ 769 BGB bestimmt für beide Arten der Mitbürgschaft, dass die SG für die Verbindlichkeit, für die sie sich verbürgt haben, als Gesamt-S haften, egal ob sie die Bürgschaft gemeinschaftlich übernommen haben oder nicht. Der Gl kann jeden Mitbürgen auf die gesamte gesicherte Forderung in Anspruch nehmen, er ist nicht darauf beschränkt, gegen jeden nur anteilig vorgehen zu dürfen, § 421 BGB. Über § 769 BGB wird so ein gesetzliches Gesamtschuldverhältnis begründet.

2. Teilbürgschaft[94]

Die Mitbürgschaft ist abzugrenzen von der Teilbürgschaft. Die Frage, ob Mit- oder Teilbürgschaften vorliegen, beantwortet sich danach, ob die Bürgen für dieselben Teile der Forderung haften (Mitbürgschaft) oder ob jeder von ihnen für einen anderen Teil haftet (Teilbürgschaft). 43

3. Nachbürgschaft[95]

Der Nachbürge verpflichtet sich dem Gl gegenüber, dafür einzustehen, dass der (Vor-)Bürge seine Verpflichtung erfüllt. 44

Die Hauptverbindlichkeit, die der Nachbürge durch sein Bürgschaftsversprechen zu sichern verspricht, ist die Bürgenschuld des Vorbürgen aus § 765 BGB.

4. Rückbürgschaft[96]

Der Rückbürge haftet dem (Haupt-)Bürgen für die Erfüllung der Rückgriffsforderung des Hauptbürgen gegen den Hauptschuldner. Die Verpflichtung des Rückbürgen entsteht also erst dann, wenn der Bürge vom Gl in Anspruch genommen worden ist und die Hauptverbindlichkeit gemäß § 774 I BGB auf den Bürgen übergegangen ist. Der Rückbürge übernimmt seine Verpflichtung also für eine zukünftige Forderung, § 765 II BGB.[97] 45

93 Vgl. auch Rn. 334.

94 Vgl. auch Rn. 334.

95 Vgl. auch Rn. 335.

96 Vgl. auch Rn. 336.

97 Vgl. Palandt, v. § 765 BGB, Rn. 10.

5. Ausfallbürgschaft

Der Ausfallbürge haftet erst, wenn der Gl trotz Zwangsvollstreckung beim S und infolge Versagens sonstiger Sicherheiten einen Ausfall hat. Das ist eine echte Bedingung i.S.d. § 158 BGB, deren Eintritt der Gl zu beweisen hat.[98] Der Ausfallbürge haftet auch dann nicht, wenn der Gl schuldhaft eine anderweitige Möglichkeit der Befriedigung vereitelt hat. 46

6. Selbstschuldnerische Bürgschaft

Der selbstschuldnerisch haftende Bürge ist ein Bürge, der gemäß § 773 I Nr. 1 BGB auf die Einrede der Vorausklage (§ 771 BGB) verzichtet hat. Dieser Verzicht ist formbedürftig, § 766 S. 1 BGB. Ist der Bürge Kaufmann, so haftet er bereits wegen § 349 HGB i.d.R. selbstschuldnerisch. 47

7. Zeitbürgschaft

Der Bürge kann seiner Erklärung eine zeitliche Haftungsbegrenzung beifügen, welche zweierlei ausdrücken kann. Entweder er möchte nur für die Schulden des S haften, die in einem bestimmten Zeitraum entstehen; sind sie aber entstanden, haftet er unbefristet. Oder aber er haftet (für eine bestimmte Forderung) nur bis zum Ablauf einer Frist. 48

Während der erste Fall besonders bei der Bürgschaft für zukünftige oder bedingte Schulden sinnvoll ist, aber keine nähere Regelung im Gesetz gefunden hat, ist der zweite Fall in § 777 BGB geregelt. Danach wird der Bürge von seiner Verpflichtung frei, wenn der Gl nicht nach Fristablauf unverzüglich die Verwertung nach § 772 BGB versucht und das Misslingen dem Bürgen angezeigt hat bzw. im (klausurrelevanteren) Fall der selbstschuldnerischen Bürgschaft, wenn er dem Bürgen nicht unverzüglich nach Ablauf der Frist angezeigt hat, dass er ihn in Anspruch nimmt. Möglich ist aber auch eine abweichende Vereinbarung etwa dahin, dass spätestens mit Ablauf der Frist die Anzeige gemacht werden muss, wenn die Parteien z.B. vereinbaren, danach solle die „Bürgschaft vorbehaltlos erlöschen".

Aus dem Zweck der Zeitbürgschaft, nämlich nach einem bestimmten Zeitpunkt nicht mehr haften zu müssen, ergibt sich, dass die Anzeige nur wirksam sein kann, wenn zu diesem Zeitpunkt die Forderung bereits fällig war bzw. spätestens mit Fristablauf fällig wurde.[99]

Ferner wird man einer Anzeige dann keine Wirkung zusprechen können, wenn sie vor Fälligkeit der Forderung erfolgt:[100] Anderenfalls könnte der Gl nämlich gleichsam „auf Vorrat" die Anzeige abgeben und somit die Beschränkung des § 777 BGB unterlaufen.

B) Die Hypothek

Hypothek: dingliche Belastung

Die Hypothek stellt eine dingliche Belastung des Grundstücks des SG mit einem Verwertungsrecht des Gl (§ 1113 I BGB) dar. Der Gl kann bei Fälligkeit der Hypothek das Grundstück im Wege der Zwangsvollstreckung verwerten und sich auf diese Weise wegen der gesicherten Forderung befriedigen, § 1147 BGB. 49

98 Vgl. Palandt, v. § 765 BGB, Rn. 11; BGH, MDR 1972, 411 = **juris**byhemmer.

99 Vgl. BGHZ 91, 349-357 (356) = **juris**byhemmer; Reinicke/Tiedtke, Kreditsicherung, S. 61 f.

100 Vgl. BGHZ 91, 349-357 = **juris**byhemmer.

Anspruch auf Duldung der ZV, nicht auf Zahlung

Der SG schuldet dem Gl nicht die Begleichung der gesicherten Forderung. Der Gl kann ihn nicht auf Zahlung verklagen, sondern nur auf Duldung der Zwangsvollstreckung.[101] Dagegen hat der SG gemäß § 1142 BGB das Recht, die Zwangsvollstreckung durch Befriedigung des Gl abzuwenden.

hemmer-Methode: Achten Sie auf die Formulierung in der Klausur: Die Formulierung: „Anspruch auf Zahlung“ wäre „tödlich“.

Weil SG und persönlicher S dieselbe Person sein können, aber nicht müssen, ist immer genau auseinander zu halten, ob der Gl aus der persönlichen Forderung (gegen den Schuldner) oder aus dem Grundpfandrecht, der Hypothek (gegen den Eigentümer), vorgeht.

Die Hypothek entsteht bei Berechtigung des Grundstücksinhabers unter folgenden Voraussetzungen: Einigung - Eintragung (vgl. § 873 BGB) - Briefübergabe (bei der Briefhypothek), § 1116 II BGB - Forderung - Berechtigung.

Bestellung einer Hypothek

(1)	Einigung, § 873 BGB
(2)	Eintragung, §§ 873, 1115 BGB
(3)	Briefübergabe, § 1117 I BGB oder Vereinbarung nach § 1117 II BGB ⇨ **Briefhypothek**
(4)	o. (anstelle von [3]): Ausschluss der Brieferteilung nach § 1116 BGB (Einigung + Eintragung) ⇨ **Buchhypothek**
(5)	Bestehen der zu sichernden Forderung
(6)	Berechtigung des Bestellers

I. Dingliche Einigung

dingl. Einigung notwendig, § 873 I BGB

Die dingliche Einigung zwischen dem SG und dem SN/Gl ist gemäß 50
§ 873 I BGB erforderlich. § 1113 BGB normiert nur den Inhalt der Einigung. Die Bestellung einer Hypothek ist eine Belastung eines Grundstücks mit einem Recht im Sinne dieser Vorschrift; sie stellt eine Verfügung dar.

Die Einigung mit dem Inhalt aus § 1113 BGB ist ein abstrakter, auf dingliche Rechtsänderung gerichteter Vertrag.[102] Er ist in Wirkung und Bestand unabhängig von dem der Hypothekenbestellung zu Grunde liegenden Sicherungsvertrag (dieser regelt das „Warum“ der Hypothekenbestellung). Die Unwirksamkeit der Sicherungsabrede bedeutet also nicht auch immer, dass die Hypothek nicht wirksam bestellt worden ist.

Der Gl erwirbt die Hypothek i.d.R. vom Eigentümer des belasteten Grundstücks. Nur dieser ist Verfügungs-„Berechtigter“ i.S.d. § 873 I BGB. Von einem nicht berechtigten Dritten kann er aber gemäß § 892 BGB gutgläubig erwerben. Der Dritte muss dann sog. Bucheigentümer sein, das Grundbuch muss ihn also fälschlich als Eigentümer ausweisen (sog. gutgläubiger „Ersterwerb“).

101 Medicus, Bürgerliches Recht, Rn. 443.

102 Palandt, § 873 BGB, Rn. 9.

keine Form

Eine Form ist weder für die Sicherungsabrede noch für die dingliche Einigung vorgeschrieben.

Eine notarielle Beurkundung der Einigung wird aber häufig vorgenommen, da der Eigentümer dann seine Erklärung nicht mehr einseitig bis zur Eintragung widerrufen kann (§ 873 II BGB). Außerdem ist damit der Form des § 29 I GBO genügt.

II. Eintragung

Eintragung notwendig, § 873 I BGB

§ 873 I BGB konstituiert auch das zweite Erfordernis für die Entste- 51
hung der Hypothek, die Eintragung. Den notwendigen Inhalt der Eintragung in das Grundbuch gibt § 1115 BGB an.

Grundbuchrechtlich setzt die Eintragung einen Antrag des Eigentümers/SG oder des Gl oder beider (§ 13 GBO) und die formalrechtliche Bewilligung durch den Eigentümer/SG voraus (§ 19 GBO).

Abweichungen von Einigung und Eintragung

Inhaltlich müssen Einigung und Eintragung übereinstimmen. Ist die 52
Abweichung qualitativ, wird die Hypothek z.B. statt für das Grundstück des SG für das Grundstück des D eingetragen, dann kommt die Rechtsänderung nicht zustande. Wenn die Abweichung dagegen nur quantitativer Art ist, so ist zu unterscheiden:

⇨ Haben sich z.B. Gl und SG auf die Bestellung einer Hypothek in Höhe von 10.000,- € geeinigt, ist aber nur eine Hypothek in Höhe von 5.000,- € eingetragen worden, so richtet sich der durch Auslegung (§§ 133, 157 BGB) zu ermittelnde übereinstimmende Parteiwille i.d.R. darauf, dass wenigstens das mindere Recht entsteht.[103]

Abweichung von Einigung und Eintragung

Einigung und Eintragung müssen sich decken; bei Abweichungen wird Hypothek mit dem Inhalt wirksam, soweit Deckung reicht („**kongruentes Minus**“)

zu hoher Geldbetrag eingetragen	**zu niedriger Geldbetrag eingetragen**
Kongruenz nur in Höhe des **durch Einigung festgelegten** Betrages ⇨ Hypothek entsteht in dieser Höhe	Kongruenz nur in Höhe des **eingetragenen** Betrages ⇨ Hypothek entsteht in dieser Höhe

⇨ Ist dagegen mehr eingetragen worden als das, worauf sich die Parteien geeinigt haben, so entsteht das dingliche Recht nur im Rahmen der Einigung.[104] Haben die Parteien die Einigung nur bedingt abgeben wollen, ist die Hypothek aber als unbedingt ins Grundbuch eingetragen worden, so ist nur ein bedingtes Recht entstanden.[105] Auch hier herrscht zwischen unbedingtem und bedingtem Recht ein Mehr/Weniger-Verhältnis. Soweit die Eintragung über die Einigung hinausgeht, ist das Grundbuch unrichtig, der SG kann gemäß § 894 BGB vom Gl Berichtigung verlangen.

103 Dafür, dass statt der vereinbarten Verkehrshypothek die eingetragene Sicherungshypothek als minderes Recht entsteht: RGZ 123, 170 f.

104 Palandt, § 873 BGB, Rn. 12.

105 Palandt, § 873 BGB, Rn. 12.

hemmer-Methode: Merken Sie sich als Schlagwort das „kongruente Minus“: Soweit Einigung und Eintragung übereinstimmen, entsteht das Recht. Denken Sie aber dann, wenn nur das mindere (oder sogar gar kein) Recht entstanden ist, auch an die Möglichkeit des gutgläubigen Erwerbs, wenn das (weiter gehende) eingetragene Recht übertragen wird.

III. Weitere Entstehungsvoraussetzungen

Die dritte Entstehungsvoraussetzung der Hypothek richtet sich danach, ob die Parteien des Sicherungsvertrages eine Brief- oder eine Buchhypothek vereinbart haben. 53

1. Briefhypothek

bei Briefhypothek ist Briefübergabe notwendig

Die Briefhypothek ist der Regelfall der Verkehrshypothek, wie die gewöhnliche Hypothek genannt wird, § 1116 I BGB. Die Hypothek entsteht dann erst in dem Moment, in dem der Brief übergeben wird, § 1117 I BGB. Bis dahin steht das Recht dem Eigentümer als Eigentümergrundschuld zu, §§ 1163 II, 1177 I BGB. 54

Zweck des § 1117 BGB ist die Sicherung des Eigentümers gegen eine Eigentumsbelastung ohne Erhalt des Gegenwerts. Bei Übertragung der Hypothek auf einen gutgläubigen Dritten fehlt dem Hypotheken-Gl bis zur Briefübergabe die Legitimation, §§ 1154 I, 1140 BGB.

Wenn die Übergabe gemäß § 1117 II BGB durch die Vereinbarung ersetzt wurde, dass der Gl berechtigt sein soll, sich den Brief vom Grundbuchamt aushändigen zu lassen, dann entsteht das Grundpfandrecht bereits mit dieser Vereinbarung, nicht erst mit Ausstellung oder Aushändigung des Briefes.[106] Das Eigentum an dem Brief erwirbt der Gl in diesem Fall mit Herstellung, § 952 II BGB, sofern alle weiteren Entstehungsvoraussetzungen vorliegen.

§ 1117 III BGB enthält eine besondere Beweislastregel für die Entstehungsvoraussetzung „Übergabe“. Sie kann z.B. durch den Nachweis entkräftet werden, dass sich der Gl den Brief durch verbotene Eigenmacht verschafft hat. Dann ist die Hypothek nicht entstanden.

2. Buchhypothek

bei Buchhypothek ist Übergabe ausgeschlossen

Die Buchhypothek, bei der die Erteilung des Briefes ausgeschlossen worden ist (§ 1116 II BGB), entsteht schon mit der Eintragung dieses Ausschlusses; er ersetzt die Briefübergabe. Die gewöhnliche Verkehrshypothek ist nur kraft besonderer Einigung und Eintragung Buchhypothek, §§ 1184, 1185 I BGB. 55

3. Eintragung der falschen Hypothekenform

Was gilt nun, wenn entgegen der Abrede zwischen SG und Gl und somit entgegen der dinglichen Einigung statt einer Briefhypothek eine Buchhypothek, oder umgekehrt statt einer Buchhypothek eine Briefhypothek eingetragen wird? 56

⇨ Buchrecht erfordert ein „Mehr“ an Einigung

Die Frage ist einfach zu beantworten, wenn man sich einmal klar macht, dass das Buchrecht gegenüber dem Briefrecht ein **Mehr** an Einigung und Eintragung verlangt: Es entsteht nur, wenn sich die Parteien auch über den Briefausschluss geeinigt haben und wenn dieser im Grundbuch eingetragen worden ist, § 1116 II S. 3 BGB.

106 Vgl. Palandt, § 1117 BGB, Rn. 3.

Das bedeutet:

⇨ Haben sich die Parteien über einen Briefausschluss geeinigt, wurde aber ein Brief erteilt, ist eine Briefhypothek entstanden, die der Gl nach § 1117 BGB erwerben kann.[107] Bis zur Briefübergabe steht die Hypothek dem SG als vorläufige Eigentümergrundschuld (EGS) zu, §§ 1163 II, 1177 I BGB entsprechend.

⇨ Umgekehrt (Einigung bzgl. Briefhypothek, aber Eintragung eines Briefausschlusses) entsteht wieder eine Briefhypothek. Für eine Buchhypothek fehlt es an der Einigung. Hier ist das Grundbuch im Gegensatz zum ersten Beispiel unrichtig geworden. Wiederum gilt § 1163 II BGB, der Gl kann das Grundpfandrecht erst mit Briefübergabe erwerben.[108]

IV. Forderung

Akzessorietät von Forderung

Die Hypothek entsteht nicht ohne eine zu sichernde Forderung. Sie ist wie die Bürgschaft in Entstehung und Bestand von der Forderung abhängig. Diese strenge Akzessorietät wird nur bei der Übertragung der Verkehrshypothek in den Fällen der §§ 1138 und 1156 BGB zugunsten der Umlauffähigkeit durchbrochen. *57*

1. Fehlen der Forderung

bei Fehlen der Forderung entsteht nur EGS

Besteht keine zu sichernde Forderung, entsteht zwar keine Hypothek, aber eine Eigentümergrundschuld, § 1163 I BGB. Die EGS sichert den Rang im Grundbuch (vgl. § 879 BGB). Wenn später die Forderung entsteht und alle weiteren Entstehungsvoraussetzungen gegeben sind, wandelt sich die Grundschuld in eine ranggleiche Hypothek um. Damit soll das Einrücken späterer Belastungen verhindert werden. *58*

Ist das Grundgeschäft zwischen Gl und S nichtig, so gelten die zur Bürgschaft gemachten Ausführungen entsprechend: Die Hypothek sichert im Zweifel nicht den Rückforderungsanspruch des Gl aus ungerechtfertigter Bereicherung.[109]

Nichtigkeit des Darlehensvertrages	⇨ grds. bei Nichtbestehen der zu sichernden Forderung: nur Eigentümergrundschuld, §§ 1163 I S. 1, 1177 I S. 1 BGB ⇨ aber denkbar: Hypothek sichert den Konditionsanspruch aus § 812 I S. 1 Alt. 1 BGB! Dies wird jedoch **nur bei ausdrückl. Vereinbarung** von h.M. angenommen
Nichtigkeit des Sicherungsvertrages	SicherungsV ist Rechtsgrund für die Hypothekenbestellung ⇨ Hypothek zwar wirksam, aber rechtsgrundlos erlangt; dem Eigentümer (Besteller) steht die **Bereicherungseinrede** des § 821 BGB gegen den § 1147 BGB des Hypothekars zu

107 Wenn nicht die Einigung gemäß § 139 BGB nichtig sein sollte.

108 Palandt, § 1116 BGB, Rn. 1 u. Rn. 3.

109 Reinicke/Tiedtke, Kreditsicherung, S. 365 f., vgl. auch oben, Rn. 35.

Der gute Glaube an den Bestand der Forderung wird bei Begründung der Hypothek niemals geschützt. § 1138 BGB hat nur bei der Übertragung (gutgläubiger „Zweiterwerb"), nicht bei der Bestellung der Hypothek seine Bedeutung.

2. Sicherungsfähige Forderungen

künftige/bedingte Forderung, § 1113 II BGB

Auch die Hypothek kann für eine künftige oder eine bedingte Forderung bestellt werden, § 1113 II BGB. Hier gilt wieder das zur Bürgschaft Gesagte: Die Forderung muss, wenn sie erst künftig entstehen soll, bei der Bestellung des Grundpfandrechtes zumindest bestimmbar sein.[110] 59

Bei einer Hypothek für eine bedingte Forderung gilt: Bis zum Eintritt der aufschiebenden Bedingung entsteht eine Eigentümergrundschuld.[111] Ab Eintritt der auflösenden Bedingung entsteht auch eine Eigentümergrundschuld.[112] Das folgt aus § 1163 I BGB i.V.m. § 1177 I BGB.

Forderungsauswechselung mögl.

Die gesicherte Forderung kann durch dinglichen Vertrag zwischen SG und Gl und Eintragung im Grundbuch ausgewechselt werden, § 1180 BGB.

für vertragl. Zinshaftung Eintragung notwendig

Die Hypothek haftet auch für die vertragsmäßigen Zinsen der Forderung, wenn diese im Grundbuch gemäß § 1115 I BGB eingetragen sind. Für gesetzliche Zinsen (z.B. §§ 286 I, 288, 291 BGB) haftet die Hypothek nach § 1118 BGB.

V. Umfang der Hypothekenhaftung, §§ 1120 ff. BGB

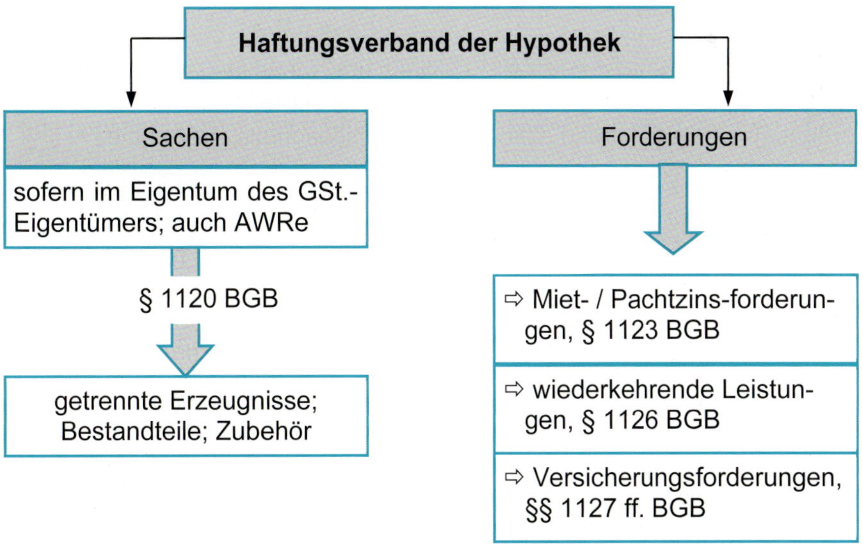

Umfang der Haftung

Wenn der Gl die Duldung der Zwangsvollstreckung verlangen kann, haftet nicht nur das Grundstück selbst, sondern nach § 1120 BGB auch die wesentlichen und unwesentlichen Bestandteile, die Erzeugnisse und das Zubehör, welches ins Eigentum des Grundstückseigentümers gelangt ist.[113] Dabei eröffnen sich in der Klausur häufig zwei Problemfelder: 60

110 Palandt, § 1113 BGB, Rn. 18.

111 Palandt, § 1113 BGB, Rn. 18.

112 Palandt, § 1113 BGB, Rn. 18.

113 Zu den Begriffen der Bestandteile und des Zubehörs vgl. Hemmer/Wüst, Sachenrecht I, Rn. 90 - 95 und Rn. 102 - 104.

1. Eigentum und Anwartschaft am Zubehör

Anwartschaftsrecht und Hypothekenhaftung

Gerade bei Betriebsmitteln, welche unter den Zubehörbegriff fallen, kommt es oft vor, dass der Grundstückeigentümer diese unter Eigentumsvorbehalt erwirbt:

Überträgt er dann sein Anwartschaftsrecht vor vollständiger Zahlung auf einen Dritten, ist fraglich, ob dieser das Vollrecht bei Bedingungseintritt durch die Hypothek belastet oder lastenfrei erwirbt.

Obwohl der Dritte nach heute h.M. das Eigentum bei Bedingungseintritt direkt vom Vorbehaltsverkäufer (d.h. ohne Durchgangserwerb des Grundstückseigentümers) erlangt, ist es durch die Hypothek belastet, da auch schon das Anwartschaftsrecht in den Hypothekenhaftungsverband gefallen ist.

Diese Haftung erstreckt sich mit Bedingungseintritt auf die Sache selbst,[114] § 1287 BGB analog. Anderes gilt aber dann, wenn ein Fall der Enthaftung vorliegt (dazu sogleich).

hemmer-Methode: Nach h.L. können Vorbehaltsverkäufer und -käufer die Haftung des Anwartschaftsrechts auch nicht dadurch beseitigen, dass sie dieses einverständlich aufheben. Vielmehr benötigen sie dazu analog § 1276 BGB die Zustimmung des Hypothekars.[115]

2. Enthaftungstatbestände

Gegenstände, die in den Hypothekenhaftungsverband gefallen sind, können aber auch wieder frei werden. Dabei ist es wichtig zu wissen, dass nach h.M. § 936 BGB (gutgläubiger lastenfreier Erwerb) keine Anwendung findet, da die Normen der §§ 1121 f. BGB als leges speciales vorgehen. 61

Es sind dabei grds. drei verschiedene Konstellationen auseinander zu halten, die sich danach unterscheiden, in welcher Reihenfolge Veräußerung der Sache, die Entfernung vom belasteten Grundstück und die Beschlagnahme zur Zwangsvollstreckung stattgefunden haben:[116]

Beschlagnahme am Ende

Hat die Beschlagnahme als Letztes stattgefunden, ist also die Sache schon vorher (in beliebiger Reihenfolge) veräußert und vom Grundstück entfernt worden, so ist sie von der Haftung frei geworden, § 1121 I BGB.

Veräußerung am Ende

Wurde als Letztes veräußert, ist durch die Beschlagnahme bereits ein relatives Veräußerungsverbot entstanden, §§ 23, 146 ZVG. Der Erwerber kann hier lastenfreies Eigentum nur nach §§ 135, 136 BGB erwerben, wenn er hinsichtlich der Beschlagnahme gutgläubig war.

Entfernung am Ende

Wurde die Sache dagegen als Letztes vom Grundstück entfernt, so ist ein gutgläubig-lastenfreier Erwerb nur möglich, wenn der Erwerber auch z.Zt. der Entfernung noch in gutem Glauben war, vgl. § 1121 II BGB.

Dabei steht allerdings die Kenntnis vom Versteigerungsantrag der Kenntnis der Beschlagnahme nach § 23 II S. 1 ZVG gleich, und nach Eintragung des Versteigerungsvermerks ins Grundbuch ist ein gutgläubig-lastenfreier Erwerb nach § 23 II S. 2 ZVG gar nicht mehr möglich.

114 Vgl. näher Hemmer/Wüst, Sachenrecht II, Rn. 179 f.

115 Reinicke/Tiedtke, Kreditsicherung, S. 383 f. m.w.N.; a.A. allerdings BGHZ 92, 280-294 = **juris**byhemmer.

116 Vgl. dazu Reinicke/Tiedtke, Kreditsicherung, S. 382 f.

hemmer-Methode: In diesem letzten Fall ist die Stellung des Gl also relativ stark. Allerdings gilt das nur, wenn - wovon das Gesetz ausgeht - die Hypothek auch eingetragen ist. Könnte der Erwerber sonst nach § 892 BGB das Grundstück lastenfrei erwerben, muss das auch für Zubehör und Erzeugnisse gelten. Sie werden sich kaum beim ersten Lesen alle drei Fallgruppen nebst Einzelheiten merken können. Gehen Sie diese deshalb mit dem Gesetz noch einmal durch und versuchen Sie, die Regelungen zu verstehen. Dann wird es Ihnen in der Klausur zumindest gelingen, die Lösung des einschlägigen Falls zu entwickeln.

C) Das Pfandrecht an beweglichen Sachen und Rechten

I. Rechtsnatur und Bedeutung

Pfandrecht; dingl. Befriedigungsrecht an beweglicher Sache

Das vertragliche Pfandrecht, das sog. Faustpfandrecht, gibt dem Gl/SN ein dingliches Befriedigungsrecht an einer beweglichen Sache oder an einem Recht des SG, §§ 1204, 1228, 1273 BGB. Der SG kann eine eigene, aber auch eine fremde Schuld sichern, d.h. er kann, muss aber nicht mit dem persönlichen S identisch sein. 62

Ebenso wie bei der Hypothek ist es erforderlich, dass das forderungsbegründende Schuldverhältnis und der Sicherungsvertrag strikt getrennt werden. Auch hier hat der Gl/SN keinen Anspruch gegen den SG auf Erfüllung der gesicherten Forderung, der SG dagegen das Recht, die Pfandverwertung durch Befriedigung des Gl abzuwenden, § 1223 II BGB.

Die praktische Bedeutung des Faustpfandrechts ist nicht sehr groß. Das Pfandrecht an beweglichen Sachen ist größtenteils durch die Sicherungsübereignung (sog. „heimliches Pfand“) verdrängt worden. Die Verpfändung von Forderungen (§§ 1273, 1279 ff. BGB) ist wegen der Anzeigepflicht des § 1280 BGB seltener als eine Zession, die still erfolgen kann.

II. Pfandrechtsbestellung bei beweglichen Sachen

Bestellung:

Die Pfandrechtsbestellung an einer beweglichen Sache erfordert: 63

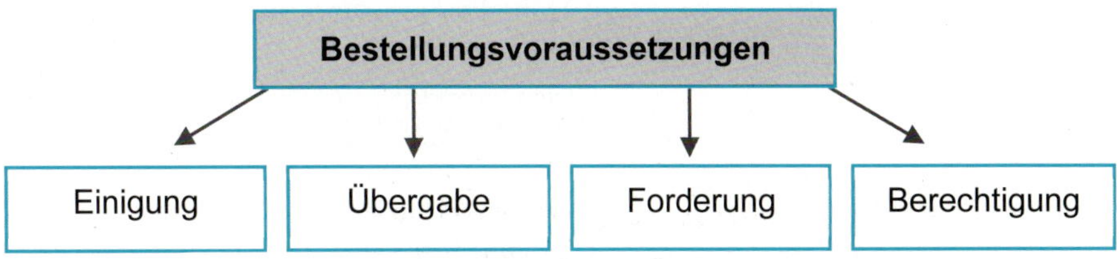

1. Einigung

- *Einigung notw.*

SG und SN müssen sich dinglich darüber einigen, dass das Pfandrecht an dem Sicherungsgegenstand entstehen soll, § 1205 I BGB. Die dingliche Einigung ist vom schuldrechtlichen Sicherungsvertrag zu unterscheiden: Wenn der Sicherungsvertrag unwirksam ist, ist nicht auch immer die Verpfändung dinglich unwirksam (Abstraktionsprinzip). 64

2. Übergabe

- *Übergabe; völlige Besitzaufgabe notwendig*

Die Pfandrechtsbestellung nach den §§ 1205 f. BGB erfordert Publizität. Die Sache muss in irgendeiner Weise übergeben werden. Die Übergabe und ihre Surrogate sind beim Pfandrecht an beweglichen Sachen parallel zu den Übereignungstatbeständen konstruiert. Beim Erwerb vom Nichtberechtigten wird direkt auf einzelne Vorschriften der §§ 932 ff. BGB verwiesen. Es gibt aber einen wichtigen Unterschied: Der Verpfänder muss den Besitz am Pfandgegenstand völlig aufgeben. Eine Pfandbestellung, bei der die Übergabe der Sache durch Vereinbarung eines Besitzkonstitutes vereinbart wird, der Verpfänder also wie bei der Veräußerung nach § 930 BGB unmittelbarer Besitzer der Sache bleibt, ist nicht möglich. 65

hemmer-Methode: Nun verstehen Sie auch, weshalb sich in der Praxis die Sicherungsübereignung durchgesetzt hat. Der SG will und muss die Sache oft behalten, z.B. wenn es sich um Produktionsmittel handelt. Die Sicherungsübereignung wird aber regelmäßig nach § 930 BGB vorgenommen. Deshalb ja auch „heimliches Pfand".

aber Übertragung von mittelbarem Besitz ggf. möglich

Dagegen kann der SG, der nur mittelbarer Besitzer ist, die Sache dadurch verpfänden, dass er den mittelbaren Besitz auf den SN überträgt (§ 870 BGB) und dem unmittelbaren Besitzer die Verpfändung anzeigt, § 1205 II BGB. 66

Auch dann hat er jeglichen Besitz verloren. § 1207 BGB verweist deshalb auch nur auf die Gutglaubensvorschriften der §§ 932, 934, 935 BGB, nicht aber auf § 933 BGB, der mit § 930 BGB korrespondiert.

> **Bsp.:** *Verpfändet also SG die fremde Sache (unwirksam!) mittels Besitzkonstitut an SN und gibt sie ihm später in Anbetracht des vermeintlichen Pfandrechts heraus, hätte SN kein Pfandrecht gutgläubig erworben, obwohl die Voraussetzungen des § 933 BGB vorlägen. Es wäre aber zu prüfen, ob diese spätere Übergabe im Einzelfall nicht so verstanden werden kann, dass SG und SN auch jedenfalls ein Pfandrecht bestellen wollten, falls dieses bisher gescheitert ist, so dass SG dadurch nach §§ 1205, 1227, 932 BGB doch gutgläubig ein Pfandrecht erworben hätte.*

Der Verpfänder darf Besitzdiener bleiben (§ 855 BGB); Besitzer ist dann nur der Gl. Dagegen genügt Besitzdienerschaft des Gl nicht zur Begründung eines Pfandrechts. 67

Übergabewille notwendig

Subjektiv erfordert die Übergabe den Übergabewillen des SG.[117]

3. Die Forderung

Akzessorietät von Forderung

Das Pfandrecht ist ebenfalls streng akzessorisch: Es setzt bei seiner Entstehung eine zu sichernde Forderung voraus. Gl dieser Forderung und SN (Pfandgläubiger) sind immer dieselbe Person. 68

Zur Erinnerung: Erlischt die Forderung, die durch eine Bürgschaft gesichert war, so erlischt auch die Sicherung. Bei der Hypothek ist das anders: Hier entsteht, wenn die Forderung nicht besteht oder erlischt, eine Eigentümergrundschuld. Dies ergibt sich aus der wesentlich größeren Bedeutung der Hypothek im Verhältnis zum Pfandrecht. Es soll zumindest der Rang gesichert werden. Das Pfandrecht ist zwar auch eine Realsicherheit wie die Hypothek, es erlischt aber mit der Forderung ebenso restlos wie die Bürgschaft, § 1252 BGB. Ein Eigentümerpfandrecht, das keine Forderung sichert, gibt es nicht.

117 Palandt, § 1205 BGB, Rn. 3.

bei künftigen/bedingten Forderungen Entstehen mit Einigung u. Übergabe

Ein vertragliches Pfandrecht kann auch zur Sicherung einer künftigen oder bedingten Forderung bestellt werden, § 1204 II BGB. Das für eine künftige Forderung bestellte Pfandrecht entsteht dann bereits bei der Bestellung mit Einigung und Übergabe, nicht erst mit Entstehung der Forderung. Voraussetzung ist aber, dass der Entstehungsgrund der Forderung bei der Pfandrechtsbestellung schon vorhanden war. Auf die Bestimmbarkeit der Höhe der Forderung kommt es nicht an.[118] Der Grund dafür liegt darin, dass ein Eigentümerpfandrecht gesetzlich nicht vorgesehen ist. Bis zur Entstehung der Forderung sichert das Pfandrecht schon den Rang, § 1209 BGB. Wenn am Pfandgegenstand danach noch weitere Pfandrechte bestellt würden, würden diese das Pfandrecht nicht im Rang verdrängen, gleichgültig wann die gesicherte Forderung entsteht. 69

Das für eine künftige oder bedingte Forderung bestellte Pfandrecht erlischt, wenn feststeht, dass die Forderung nicht mehr entstehen oder die Bedingung nicht mehr eintreten wird.

hemmer-Methode: § 1113 II BGB und § 1204 II BGB haben also trotz des gleichen Wortlauts z.T. unterschiedliche Konsequenzen, die sich aus der Möglichkeit eines Eigentümergrundpfandrechts ergeben.

Haftungsumfang, § 1210 BGB

Das Pfand haftet, wenn SG und Gl nichts anderes vereinbaren, im Umfang des § 1210 BGB.

4. Berechtigung

Berechtigt, das Pfandrecht zu bestellen, ist der Eigentümer, sowie derjenige, der vom Eigentümer ermächtigt wurde, das Pfandrecht zu bestellen, § 185 I BGB. 70

Das Pfandrecht kann aber durch einen gutgläubigen SN auch von einem Nichtberechtigten erworben werden. § 1207 BGB verweist soweit auf die Vorschriften über den gutgläubigen Erwerb von Eigentum an beweglichen Sachen. Wichtig ist nur: Da für die Bestellung des Pfandrechts die Übergabe der Sache erforderlich ist, ist eine Bestellung mit Besitzkonstitut und damit ein gutgläubiger Erwerb gem. § 933 BGB nicht möglich. § 1207 BGB nimmt daher § 933 BGB von der Verweisung aus.

III. Pfandrecht an Rechten

Pfandrecht an Rechten

Wenn der SG keine bewegliche Sache, sondern ein Recht verpfändet, finden darauf die Vorschriften über das Pfandrecht an beweglichen Sachen entsprechende Anwendung, soweit sich nicht aus den §§ 1274 ff. BGB etwas anderes ergibt, § 1273 II S. 1 BGB. 71

Einigung u. Forderung notwendig

Erforderlich ist deshalb eine dingliche Einigung zwischen SG und Gl sowie das Vorhandensein einer zu sichernden Forderung. 72

1. Abweichungen zum Pfandrecht an beweglichen Sachen

statt Übergabe Übertragung

Abweichungen ergeben sich da, wo für die Verpfändung einer beweglichen Sache die Übergabe, die Besitzeinräumung gefordert ist. Besitzen im rechtstechnischen Sinne kann man nur einen körperlichen Gegenstand, kein Recht. Ein Recht kann nur übertragen, also abgetreten werden. Folglich richtet sich die Rechtsverpfändung nach dem für die Übertragung des Rechtes geltenden Vorschriften, § 1274 I S. 1 BGB. 73

118 Palandt, § 1204 BGB, Rn. 11.

ggf. Anzeige an Drittschuldner notwendig

Besonderheiten gelten auch, wenn das verpfändete Recht eine Forderung ist, §§ 1279 ff. BGB. Besonders wichtig ist hier § 1280 BGB: Während für die Übertragung der Forderung der Abtretungsvertrag zwischen SG und Gl genügt, setzt die wirksame Verpfändung noch eine Anzeige des SG an den (Dritt-)Schuldner voraus, gegen den sich die verpfändete Forderung richtet. Dadurch soll sichergestellt werden, dass der Drittschuldner nur gemäß §§ 1281, 1282 BGB leistet. Damit wird der Zugriff des Pfandgläubigers/SN auf die gepfändete Forderung gesichert. Der SG kann dem Drittschuldner nicht verheimlichen, dass er die Forderung gegen ihn verpfändet hat. Er kann die Forderung unbemerkt abtreten, aber nicht unbemerkt verpfänden; daher die Bedeutung der Sicherungszession, wenn jemand die Abtretung nicht offenlegen will.

2. „Verpfändung einer Hypothek“

„Verpfändung der Hypothek“ ⇨ Forderung ist hypothekarisch gesichert

Der SG kann auch eine Forderung verpfänden, die hypothekarisch gesichert ist. Das wird etwas irreführend manchmal „Verpfändung einer Hypothek“ genannt. 74

Bsp.: *SG hat eine Kaufpreisforderung gegen Drittschuldner, die durch eine Hypothek am Grundstück des Dritt-S gesichert ist. Nun tritt sein Schwager S an ihn heran, der bei Gl ein Darlehen aufnehmen will und dafür eine Sicherheit benötigt. Kann SG dem SN die Kaufpreisforderung, die durch Hypothek gesichert ist, verpfänden, und wie erfolgt die Verpfändung? Wem gegenüber ist der S einer verpfändeten Forderung zur Zahlung verpflichtet?*

Die erste Frage ist, unter welchen Voraussetzungen der SG dem Gl seine hypothekarisch gesicherte Forderung gegen den Dritt-S verpfänden kann.

Übertragung von Hypothek u. Forderung, § 1153 II BGB

Die Hypothek kann als streng akzessorisches Recht nicht getrennt von der gesicherten Forderung übertragen werden, § 1153 II BGB. Wird daher eine „Hypothek verpfändet“, bedeutet das, dass Hypothek und Forderung übertragen werden müssen; umgekehrt kann SG auch nicht nur die Kaufpreisforderung verpfänden und die Hypothek behalten.

Die Verpfändung einer hypothekarisch gesicherten Forderung verläuft wie die Übertragung einer hypothekarisch gesicherten Forderung (§§ 1274 I, 1153 BGB):

Nach § 1154 BGB durch schriftliche Verpfändungserklärung und Übergabe des Hypothekenbriefes (bei der Buchhypothek gemäß §§ 1154 III, 873 BGB). Die Hypothek folgt der verpfändeten Forderung schon kraft Gesetzes, § 1153 I BGB. Sie braucht daher nicht gesondert übertragen zu werden.

keine Anzeige notwendig, da Abtretungsvertrag allein nicht ausreichend

SG musste dem Dritt-S die Verpfändung nicht anzeigen. SG hat zwar eine Forderung gegen ihn verpfändet. Zu deren Übertragung genügte aber der Abtretungsvertrag nicht, sodass eine Anzeigepflicht nach § 1280 BGB nicht bestand. Die Verpfändung war auch ohne Kenntnis des Dritt-S wirksam (§ 1274 I BGB).

Die zweite Frage lautet, an wen der S einer verpfändeten Forderung zur Zahlung verpflichtet ist. Das hängt davon ab, ob die gesicherte Forderung des Gl gegen S fällig ist oder nicht. 75

⇨ Ist die gesicherte Forderung noch nicht fällig, so kann der Dritt-S nur an den Pfandgläubiger und seinen eigenen SG gemeinsam mit Erfüllungswirkung zahlen, § 1281 BGB.

⇨ Ist die gesicherte Forderung fällig und der Gl zur Pfandverwertung berechtigt, so kann der Dritt-S nur noch an ihn allein mit befreiender Wirkung zahlen, § 1282 BGB.

⇨ Das ist eine tragbare Regelung, denn der Dritt-S weiß i.d.R. wegen der Anzeige nach § 1280 BGB, dass die gegen ihn bestehende Forderung verpfändet worden ist. Ihm kann es auch egal sein, ob er seine Kaufpreisschuld nun durch Zahlung an SG oder Gl oder an beide abträgt. War die Verpfändung aber, wie hier, ohne diese Anzeige wirksam, wird der Schutz des Dritt-S über § 1275 BGB sichergestellt: Diese Vorschrift verweist auf die §§ 404 - 410 BGB. Hatte der Dritt-S von der Verpfändung keine Kenntnis, so befreit ihn eine Zahlung an den SG allein gemäß §§ 1275, 407 I BGB.

Problem: Dritt-S ungleich Dritt-SG

hemmer-Methode: Der Fall wird noch unübersichtlicher, wenn auch nicht viel komplizierter, wenn Dritt-S und Dritt-SG personenverschieden sind, die Hypothek also nicht am Grundstück des Dritt-S bestellt worden ist. Hier kann der Gl nach § 1282 BGB die Forderung gegen Dritt-S einziehen oder aufgrund der Hypothek die Zwangsversteigerung des Grundstückes betreiben.[119]

3. Verpfändung einer durch eine Grundschuld gesicherten Forderung

durch GS gesicherte Forderung ⇨ zwei Verpfändungen notw.

Anders läuft die Verpfändung einer durch eine Grundschuld gesicherten Forderung ab. Da die Grundschuld nicht akzessorisch ist, werden Forderung und Grundpfandrecht separat übertragen und verpfändet: die Forderung, die einfach durch Abtretungsvertrag übertragen werden kann, gemäß §§ 1274 I, 398, 1280 BGB; die Grundschuld gem. §§ 1274 I, 1192, 1154, 1291 BGB. 76

Weil die Verpfändung der Forderung auf die rechtlich selbstständige Grundschuld nicht zurückwirkt, bestimmt § 1291 BGB, dass die Grundschuld wie eine Forderung zu verpfänden ist. Hier sind zwei voneinander unabhängige Verpfändungen zu prüfen!

4. Verpfändung eines Anwartschaftsrechts

Verpfändung eines AWR

***Bsp.:** SG hat von D eine Waschmaschine auf Raten gekauft. D hat sich bis zur vollständigen Kaufpreiszahlung das Eigentum vorbehalten.* 77

Einigung u. Übergabe notwendig, keine Abtretung

SG kann seine zwischenzeitliche Rechtsposition an der Waschmaschine, das Anwartschaftsrecht (als wesensgleiches Minus!), bereits an Gl verpfänden. Die Verpfändung des Anwartschaftsrechts erfolgt wie die Verpfändung der Sache selbst: durch Einigung und Übergabe der Sache gemäß § 1205 I BGB, nicht als Rechtspfändung gemäß §§ 1273 ff. BGB. Das Anwartschaftsrecht wird ja auch nicht durch Abtretung gem. §§ 398 ff. BGB übertragen, sondern wie das Vollrecht nach §§ 929 ff. BGB![120]

hemmer-Methode: Falle aus einer Examensklausur: Wörtlich: A „tritt" dem B das AWR an „seinem" Auto ab, das er unter EV gekauft hat.

Erstarkt das Anwartschaftsrecht durch den Bedingungseintritt zum Volleigentum an der beweglichen Sache, so verwandelt sich das Pfandrecht an der Anwartschaft in ein Pfandrecht an der Sache selbst (§ 1287 BGB analog).[121] 78

hemmer-Methode: § 1287 BGB regelt einen Fall der sog. dinglichen Surrogation und ist (v.a. in seinen analogen Anwendungsbereichen) ein beliebtes Klausurproblem: Die dingliche Surrogation bedeutet, dass ein einmal entstandenes Recht sich an einer Sache oder einem Recht fortsetzt. Sie ist auf Ausnahmefälle beschränkt, darüber hinaus besteht ein Surrogationsverbot. Sie müssen zu § 1287 BGB wissen, dass er in diesem Kontext analog angewendet wird.[122]

119 Palandt, § 1282 BGB, Rn. 3 u. Rn. 4.

120 Palandt, § 929 BGB, Rn. 45 f.

121 Palandt, § 929 BGB, Rn. 39.

122 Näher zur Surrogation vgl. Palandt, Einl. v. § 854 BGB, Rn. 16.

D) Der Schuldbeitritt

Schuldbeitritt gesetzlich nicht geregelt; §§ 311 I, 241 BGB.

Der kreditsichernde Schuldbeitritt ist gesetzlich nicht geregelt. Die §§ 414 ff. BGB betreffen nur die befreiende Schuldübernahme, also einen Wechsel auf Schuldnerseite. Der Schuldbeitritt ist eine kumulative Schuldübernahme, der Gl erhält einen zusätzlichen S. Der Schuldbeitritt ist als reine Schuldverpflichtung gemäß §§ 311 I, 241 BGB zulässig.[123] Er kann auf zwei verschiedene Arten zustande kommen: 79

I. Vertrag zwischen Sicherungsgeber und Gläubiger

Vertrag zwischen SG und Gl

Durch Vertrag zwischen dem Schuldübernehmenden, dem SG, und dem Gl. In diesem Fall tritt der SG als Gesamtschuldner i.S.d. §§ 421 ff. BGB neben den bisherigen Alleinschuldner S. Häufig ergeben sich hier Abgrenzungsprobleme zur Bürgschaft und zum Garantieversprechen, wenn der SG erklärt, er wolle für die Schuld des S einstehen. 80

1. Sittenwidrigkeit des Schuldbeitritts, § 138 BGB

Die Rspr. zur Sittenwidrigkeit der Bürgschaft[124] naher Angehöriger wurde vom BGH auch auf den Schuldbeitritt übertragen.[125]

Denn es macht für die Frage der Überforderung keinen Unterschied, ob der Ehegatte der Schuld beitritt oder dafür bürgt. In beiden Fällen haftet er für die Hauptschuld mit seinem gesamten Vermögen. Man könnte sogar sagen, dass die Bürgschaft aufgrund ihrer Akzessorietät weniger einschneidend ist als der Schuldbeitritt.

Bei der Frage, ob der Ehegatte einer Schuld beigetreten ist, kann aber insbesondere die Abgrenzung zur Mitdarlehensnehmerschaft problematisch sein. Ist der Ehegatte selbst Mitdarlehensnehmer, sind die Grundsätze über die Sittenwidrigkeit von vorneherein nicht anwendbar.[126]

Diese für Banken günstigere Stellung des Ehegatten kann aber nicht allein dadurch erreicht werden, dass der Ehegatte im Vertrag als Darlehensnehmer bezeichnet wird. Vielmehr ist eine Auslegung der Gesamtumstände maßgeblich, insbesondere die Frage, ob ein eigenes Interesse an der Kreditaufnahme besteht, ob ein eigener Auszahlungsanspruch gegenüber der Bank bestehen soll, usw.

hemmer-Methode: Diese Argumente, insbesondere das nach dem eigenen wirtschaftlichen Interesse an der Darlehensgewährung, müssten Ihnen bekannt vorkommen. Der BGH lässt bei Vorliegen desselben die Sittenwidrigkeit des Bürgschaftsvertrages entfallen. Hier wird dasselbe Argument im Rahmen der Auslegung benutzt. Kommt man zum Ergebnis, dass das eigene Interesse gegeben ist, ist auch hier die Sittenwidrigkeit abzulehnen. Anders gesagt: Es kommt nicht darauf an, ob Parteien formal einen Bürgschaftsvertrag oder einen Schuldbeitritt wählen. Die Kriterien für die Beurteilung der Sittenwidrigkeit bleiben dieselben.

123 Palandt, Überbl. v. § 414 BGB, Rn. 2.

124 Vgl. dazu bereits Rn. 24 ff.

125 Lesen Sie dazu unbedingt BGH, NJW 2001, 815-818 (817 f.) = **Life&Law 04/2001, 242 ff.** = **juris**byhemmer.

126 BGH, ZIP 2004, 1039-1041 = **juris**byhemmer;

Die Auslegung ist anhand der tatsächlich gewollten Rechtsfolgen vorzunehmen.[127] Die kreditgebende Bank hat es deshalb nicht in der Hand, durch eine im Darlehensvertrag einseitig gewählte Formulierung wie „Mitdarlehensnehmer", „Mitschuldner" oder „Mitantragsteller" einen materiell bloß Mithaftenden zu einem gleichberechtigten Mitdarlehensnehmer zu machen, um die Nichtigkeitsfolgen des § 138 I BGB zu umgehen.[128]

2. Nicht-akzessorisches Sicherungsmittel

Nicht-akzessorisch

Der Schuldbeitritt ist ein nicht-akzessorisches Sicherungsmittel. Eine wirksame Verpflichtung des SG ist nur bei der Entstehung der Schuld vom Bestand der gesicherten Verbindlichkeit abhängig, da der Vertrag regelmäßig dahingehend abgeschlossen wird, dass der Beitretende beim Vertragsschluss in gleicher Weise haftet wie der S; danach aber ist der Schuldbeitritt in viel weiterem Maße von der Schuld unabhängig als die Bürgschaft. Das wird besonders deutlich bei der Übertragung von gesicherter und sichernder Forderung durch den Gl auf Dritte und bei der Geltendmachung von Einreden durch den SG. 81

Bsp.: *SG ist der Schuld des S gegenüber Gl sicherheitshalber beigetreten. Danach verjährt die Forderung des Gl gegen S. Gl nimmt aber jetzt dennoch den SG in Anspruch.*

z.B. selbstständige Verjährung mögl.

SG kann sich nicht darauf berufen, dass der „eigentliche" S die Leistung wegen der Verjährungseinrede nach § 214 I BGB verweigern kann. Weil er neben S Gesamtschuldner ist, wirkt die Verjährung mangels besonderer Abrede nicht gegen ihn, § 425 I, II BGB. Seine Verpflichtung gegenüber Gl kann selbstständig verjähren.

hemmer-Methode: Etwas anderes gilt für den Bürgen, dem die Verjährung der Hauptschuld gemäß § 768 I BGB zugutekommt. Lernen Sie immer die rechtlichen Konsequenzen, die dem jeweiligen Rechtsinstitut zukommen. Nur so schulen Sie Ihr Differenzierungsvermögen.

3. Form

grds. formfrei

Der Schuldbeitritt ist im Gegensatz zur Bürgschaft grundsätzlich formfrei. Nach dem Inhalt der gesicherten Verpflichtung kann sich aber auch für die Sicherheit eine Formbedürftigkeit ergeben.[129] Es können aber weitere Formerfordernisse aus § 492 BGB resultieren.[130] 82

II. Vertrag zwischen Sicherungsgeber und Schuldner

Vertrag zwischen SG und S
⇨ Vertrag zug. Dritter

Hier kann nicht ohne weiteres angenommen werden, der SG werde mit Abschluss des Vertrages Gesamtschuldner neben S. 83

Dieser Vertragsschluss ist atypisch für den Sicherungsvertrag. Der SN ist als Partei daran nicht beteiligt. SG und S schließen vielmehr einen Vertrag zugunsten eines Dritten, des SN/Gl (§§ 328 ff. BGB). Es kann sich dabei um einen echten oder einen unechten Vertrag zugunsten Dritter handeln.

127 BGH, WM 2004, 1083-1085 (1084) = **juris**byhemmer.

128 BGH, NJW 2005, 973-976 = **juris**byhemmer.

129 Z.B. §§ 311b I S. 1, 780 BGB.

130 Dazu unten Rn. 88.

1. Selbstständiges Forderungsrecht des Gläubigers

selbstständiges Forderungsrecht

Fordert der Gl Zahlung vom SG, so ist der Vertrag zwischen SG und S danach auszulegen, ob der Gl überhaupt ein selbstständiges Forderungsrecht erwerben sollte. 84

Auslegungsregel, § 329 BGB

Es ist dabei die Auslegungsregel des § 329 BGB zu beachten: Im Zweifel ist der SG nur dem S gegenüber zur Befriedigung des Gl verpflichtet. Der Gl hat dagegen keinen Anspruch gegen SG auf Zahlung. Von Seiten des SG liegt eine sog. Erfüllungsübernahme vor. Zahlt dann der S den Gl aus, ist dem SG im Verhältnis zum S die Schuldbefreiung durch Zweckerreichung unmöglich geworden.

hemmer-Methode: Eine Erfüllungsübernahme kann sich im Zweifel auch ergeben, wenn eine befreiende Schuldübernahme nach §§ 415, 416 BGB vereinbart war, der Gl aber (noch) nicht zugestimmt hat, vgl. § 415 III BGB. Denken Sie in solchen Fällen aber auch an § 416 BGB (lesen!), wenn es sich um eine grundpfandrechtlich gesicherte Forderung handelt.

Der S kann aber vom SG nach §§ 280 I, III, 283 BGB Schadensersatz verlangen, da Zweckerreichung hinsichtlich der Leistungspflicht der Erfüllungsübernahme eingetreten ist.

2. Genehmigungsbedürftigkeit

keine Genehmigung gem. § 415 BGB notwendig

Der Gl muss den Vertrag zwischen SG und S nicht gemäß § 415 BGB genehmigen. Die Genehmigung ist bei der befreienden Schuldübernahme nötig, weil sonst dem Gl gegen seinen Willen ein neuer S für seinen alten aufgezwungen werden könnte. Bei der kumulativen Schuldübernahme ist diese Genehmigung entbehrlich, weil der Gl keinen S verliert, sondern einen zusätzlich erhält. Seine Stellung verbessert sich dadurch nur.[131] 85

Auch eine ihn begünstigende Rechtsposition muss sich der Gl nicht aufdrängen lassen; er kann das Befriedigungsrecht gegen den SG gemäß § 333 BGB zurückweisen.[132]

3. Anwendbarkeit der §§ 328 ff. BGB

§§ 328 ff. BGB anwendbar

Auch sonst finden auf diesen Fall der Schuldmitübernahme die Regeln des Vertrages zugunsten Dritter Anwendung, nicht die der Schuldübernahme. 86

Bsp.: *SG hat sich in einem Vertrag mit S zugunsten des Gl verpflichtet, der Schuld des S aus Darlehen sicherungsweise beizutreten. Dafür sollte S dem SG zwei Monate lang sein Auto leihen. Als Gl den SG schließlich aus § 328 I und II BGB in Anspruch nimmt, wendet dieser ein, S habe seinen Teil der Abmachung nicht eingehalten.*

Einwendungen d. SG ggü. S auch im Verhältnis zu Gl beachtlich

Ein echter Vertrag zugunsten des Gl bestand, da er ein eigenes Forderungsrecht bekommen sollte. Gl hat hier einen Zahlungsanspruch gegen SG aus § 328 I und II BGB. Fraglich ist, ob dieser dagegen „Einwendungen" aus seinem Verhältnis zu S erheben kann.

Hier kommt konkret die Einrede des nicht erfüllten Vertrages (§ 320 BGB) in Betracht. Bei Anwendung der §§ 414 ff. BGB würde § 417 II BGB das verhindern. Bei Anwendung der Vorschriften über den Vertrag zugunsten Dritter würde § 334 BGB es gestatten.

131 Palandt, Überbl. v. § 414 BGB, Rn. 2.

132 Palandt, Überbl. v. § 414 BGB, Rn. 2.

Hier liegt ein Schuldbeitritt in Form eines echten Vertrages zugunsten Dritter vor. SG kann gegenüber Gl daher solange die Einrede des nicht erfüllten Vertrages erheben, bis S ihm den Wagen zur Nutzung überlässt (§§ 320, 334 BGB).

im Zweifel Schuldbeitritt

hemmer-Methode: Hier liegt also ein wesentlicher Unterschied zwischen Schuldübernahme und Schuldbeitritt. Machen Sie sich auch die gesetzliche Wertung klar: Da der Gl durch den Schuldbeitritt kumulativ begünstigt wird, ist ihm auch zuzumuten, dass sich der SG auf Einreden aus seinem Verhältnis zum S beruft. Ist zweifelhaft, ob die Parteien eine befreiende Schuldübernahme (§§ 414 ff. BGB) oder einen kumulativen Schuldbeitritt (§§ 311 I, 241 BGB) vereinbart haben, so gilt als Auslegungsregel: im Zweifel Schuldbeitritt! Dadurch wird der Gl nicht belastet.[133] 87

III. Anwendbarkeit von §§ 491 ff. und 312g BGB[134]

Anwendbarkeit §§ 491 ff. BGB

§§ 491 ff. BGB sind im Gegensatz zur Bürgschaft nach h.M. auf den Schuldbeitritt zu einem Kreditvertrag entsprechend anwendbar.[135] Die unterschiedliche Behandlung von Bürgschaft und Schuldbeitritt lässt sich durch die dogmatische Verschiedenheit der beiden Sicherungsmittel begründen. Der Bürge begründet gegenüber dem SN eine eigene Schuld und haftet nur akzessorisch. Der Beitretende wird außerdem als schutzwürdiger angesehen, weil der Schuldbeitritt formlos möglich ist. 88

Vor.: Beitretender Verbraucher, gesicherter Vertrag Kreditvertrag

Voraussetzung für die Anwendbarkeit ist zunächst, dass der Beitretende Verbraucher i.S.d. § 13 BGB ist. Nicht notwendig ist, dass der S der gesicherten Forderung Verbraucher ist.[136] Die persönlichen Voraussetzungen müssen also nur beim Beitretenden vorliegen. Bzgl. der sachlichen Voraussetzungen gilt, dass der gesicherte Vertrag ein Kreditvertrag i.S.d. §§ 488, 491 BGB sein muss. Der Schuldbeitritt selbst ist kein Kreditvertrag. Deshalb ist auch nur eine analoge Anwendung der §§ 491 ff. BGB möglich.

Folge: Widerrufsrecht, Formerfordernis

Bei Anwendbarkeit ergibt sich zunächst ein Widerrufsrecht des Beitretenden nach §§ 495 I, 355, § 356b BGB. Des Weiteren ist der Vertrag formbedürftig nach § 492 BGB. Bei Nichteinhaltung der Form ist der Vertrag nichtig, § 494 I BGB. Problematisch ist die Anwendbarkeit der Heilungsvorschriften nach § 494 II BGB.[137] Dabei können zwei Konstellationen unterschieden werden: Zum einen können Kreditvertrag und Schuldbeitritt nach § 494 I BGB nichtig sein. Wird der Kreditvertrag später geheilt, fragt es sich, ob davon auch der Schuldbeitritt betroffen ist. In der zweiten Konstellation wird das Problem noch deutlicher. Hier ist nur der Schuldbeitritt formbedürftig und nichtig. Es fragt sich, was bei späterer Auszahlung des Kredits oder Übergabe der Kaufsache gilt. Letztlich müssen beide Konstellationen gleich behandelt werden, da nur eine analoge Anwendung des § 494 II BGB auf den Schuldbeitritt in Betracht kommt. Der BGH hat eine Anwendung abgelehnt.[138] Sinn der Heilungsvorschriften ist es, den Verbraucher nicht mit einem Rückzahlungs- bzw. Rückgabeanspruch zu belasten.

Dies soll den Verbraucher schützen, eine Anwendung auf den Schuldbeitritt würde aber den Gl/SN begünstigen.

133 Palandt, Überbl. v. § 414 BGB, Rn. 5.

134 Vgl. dazu zusammenfassend Riehm in JuS 2000, 138 ff.

135 BGH, NJW 1997, 3169-3171 = **juris**byhemmer; BGH, NJW 2006, 431-434 m.w.N. = **juris**byhemmer.

136 BGH, NJW 1996, 2156-2158 = **juris**byhemmer.

137 S. dazu ausführlich Reinicke/Tiedtke, KaufR, Rn. 1553 - 1566.

138 BGH, NJW 1997, 654-655 = **juris**byhemmer.

Anwendbarkeit § 312g BGB

Der Schuldbeitritt ist bzgl. des § 312g BGB genauso zu behandeln 89
wie die Bürgschaft.

hemmer-Methode: Eine „offizielle" Entscheidung des BGH zu dieser Frage steht zwar noch aus. Die Formulierung im Urteil NJW 2006, 845 ff. deutet aber darauf hin, dass hier nicht nach der Art der Sicherheit unterschieden wird. Nur vereinzelt wird die Anwendbarkeit in der Literatur noch abgelehnt.[139]

IV. Rechtsfolge

Rechtsfolge: Gesamtschuld zwischen SG und S

Rechtsfolge einer wirksamen kumulativen Schuldübernahme ist ein 90
Gesamtschuldverhältnis zwischen SG und S. Die Verpflichtung des SG entspricht inhaltlich der Schuld des S bei Begründung des Schuldbeitritts.

In Zukunft kann sich die Neuschuld aber selbstständig weiterentwickeln, z.B. was Unmöglichkeit, Verzug oder prozessuale Durchsetzbarkeit angeht, §§ 422 - 425 BGB. Es gilt dann nichts anderes als auch sonst bei Gesamtschuldnern.

E) Die Sicherungsgrundschuld (SiGS)

Sicherungsgrundschuld ist nicht akzessorisch; keine Forderung notwendig

Die Grundschuld (GS) ist eine dingliche Belastung eines Grund- 91
stücks, die der Hypothek sehr ähnlich ist. Im Vergleich der §§ 1191 und 1113 BGB ergibt sich aber auch der wichtigste Unterschied: Die Grundschuld kann bestellt werden, ohne dass eine zu sichernde Forderung besteht. Sie ist **nicht** akzessorisch.

Übereinstimmungen mit Hypothek: Einigung, Eintragung, Übergabe

Ansonsten hat die Grundschuld die gleichen Entstehungsvorausset- 92
zungen wie die Hypothek, nämlich Einigung - Eintragung - Übergabe des GS-Briefes oder Briefausschluss. Das ergibt sich aus § 873 I BGB und § 1192 BGB, der viele Vorschriften aus dem Hypothekenrecht auch für die Grundschuld für anwendbar erklärt. Für diese drei Voraussetzungen gilt das, was bereits bei der Entstehung der Hypothek erörtert worden ist.

Bestellung einer Grundschuld

1.	Einigung, §§ 873, 1191 BGB
2.	Eintragung, § 873 BGB
3.	Briefübergabe bzw. Ausschluss der Brieferteilung, §§ 1192 I, 1116, 1117 BGB
4.	Berechtigung des Bestellers (anderenfalls: § 892 BGB)

139 Loewenich, WM 2015, 113 ff.

I. Isolierte Grundschuld

z.B. isolierte GS zugunsten eines Dritten ohne Forderung

Der Eigentümer eines Grundstücks kann deshalb einem Anderen eine GS an seinem Grundstück bestellen, ohne dass dieser gegen ihn eine Forderung innehat oder jemals erlangt. Die Frage nach dem „Warum" ist eine des zugrunde liegenden schuldrechtlichen Vertrages und steht nicht in Verbindung mit dem dinglichen Rechtsgeschäft (Abstraktionsprinzip). 93

In einem solchen Fall kann der Inhaber der GS vom Grundstückseigentümer zwar nicht die Zahlung, wohl aber gemäß §§ 1192 I, 1147 BGB die Duldung der Zwangsvollstreckung ins Grundstück und Befriedigung in Höhe des Betrages der GS verlangen.

Der Eigentümer kann, muss ihn aber nicht durch Zahlung befriedigen, §§ 1192, 1142 I BGB.[140] Er kann dem anderen die GS sozusagen abkaufen.

II. Eigentümergrundschuld (EGS)

auch EigentümerGS möglich

Der Eigentümer kann sich auch selbst eine Grundschuld am eigenen Grundstück bestellen, § 1196 I BGB. Das geschieht i.d.R., um den Rang zu wahren, wenn er die Grundschuld später auf einen Dritten zur Kreditsicherung übertragen will. Die EGS wird dann bei diesem Dritten zur Fremdgrundschuld. Zur Bestellung genügt statt der Einigung ein Antrag gegenüber dem Grundbuchamt auf Eintragung. 94

hemmer-Methode: Beachten Sie, dass in diesem Fall mangels Vorliegens eines Verkehrsgeschäfts ein gutgläubiger Erwerb nicht möglich ist!

III. Sicherungsgrundschuld

Besonderheiten der SiGS

I.d.R. wird die GS aber zur Sicherung einer Forderung als Sicherungsgrundschuld bestellt, vgl. auch die Legaldefinition in § 1192 Ia S. 1 BGB. 95

hemmer-Methode: Lassen Sie sich nicht durch Begriffe verwirren: Die Sicherungsgrundschuld hat nichts mit der ähnlich lautenden Sicherungshypothek zu tun (§§ 1184 ff. BGB). Die Sicherungshypothek ist eine besonders fest mit der Forderung verbundene Hypothek, sie ist (sehr) streng akzessorisch. Die Sicherungsgrundschuld ist aber niemals akzessorisch.

1. Verknüpfung von Forderung und Sicherungsmittel

i.d.R. schuldrechtliche Verknüpfung von Forderung u. SiMittel

Die Verknüpfung von Sicherungsmittel und Forderung ist bei der Hypothek gesetzlich geregelt. Bei der Sicherungsgrundschuld erfolgt diese Verbindung durch eine schuldrechtliche Abrede zwischen SG und Gl/SN, dem Sicherungsvertrag oder der Sicherungsabrede. Im Sicherungsvertrag bestimmen die Parteien den Sicherungszweck, zu dem die Sicherungsgrundschuld benutzt werden soll. 96

140 Reinicke/Tiedtke, Kreditsicherung, S. 400. Zu der Frage, inwieweit die Ablösung auch durch Aufrechnung mit einem Zahlungsanspruch gegen den Inhaber der Grundschuld möglich ist vgl. BGH, **Life&Law 11/2010, 737 ff.**

Die Unabhängigkeit der Grundschuld von der gesicherten Forderung hindert nach (bestrittener, aber) wohl h.M. nicht, dass durch Rechtsgeschäft der Bestand der Forderung zur aufschiebenden oder auflösenden Bedingung für den Bestand der Grundschuld gemacht wird. Für diese Ansicht spricht, dass aufgrund der Vertragsfreiheit jedes Sicherungsmittel mit der gesicherten Forderung verknüpft werden kann. Dies muss, trotz der Gefahr der Annäherung an die Hypothek, auch für die GS gelten.[141]

hemmer-Methode: Im Schrifttum wird dies gelegentlich auch als „Ersatz-Akzessorietät" oder „schuldrechtliche Akzessorietät" bezeichnet.

2. Keine Akzessorietät

keine Akzessorietät

Die Unabhängigkeit der Sicherungsgrundschuld von der Forderung hat Vorteile für beide Parteien, besonders für den Gl. Daher hat die Sicherungsgrundschuld die Hypothek als Sicherungsmittel in der Praxis vielerorts verdrängt. 97

- ⇨ Ist die Forderung noch nicht entstanden, so steht die Hypothek dem Eigentümer/SG vorläufig als Eigentümergrundschuld zu, § 1163 I S. 1 BGB. Die Sicherungsgrundschuld kann der Gl dagegen schon vorher erwerben.

- ⇨ Die gesicherte Forderung kann von den Parteien formlos ausgewechselt werden. Der umständliche Weg des § 1180 BGB wird vermieden. Das ist besonders bei einer dauernden Geschäftsverbindung, bei der immer wieder Forderungen entstehen und erlöschen, vorteilhaft.

- ⇨ Der Eigentümer kann die Belastung des Grundstücks vor Dritten geheim halten. Er kann sich eine Eigentümergrundschuld bestellen (§ 1196 BGB) und diese dann nach § 1154 I BGB durch Abtretungserklärung und Briefübergabe auf den Gl übertragen, wodurch die Eigentümergrundschuld zur Fremdgrundschuld wird. Der Gl erscheint dann nicht im Grundbuch.[142]

hemmer-Methode: Durch die Verknüpfung mit der Forderung über die Sicherungsabrede kann aber eine „Quasi-Akzessorietät" entstehen. Gebrauchen Sie diesen Begriff aber besser nicht in der Klausur, um Missverständnisse zu vermeiden, merken Sie sich aber als Faustregel: Oft werden die Parteien durch die Sicherungsabrede für die Sicherungsgrundschuld das Ergebnis erzielen wollen, das auch für die Hypothek gilt. Deshalb kann es ratsam sein, sich in der Klausur (im Kopf) kurz zu überlegen, wie der Fall mit einer Hypothek zu lösen ist. Was bei dieser kraft Gesetzes erfolgt, muss bei der Sicherungsgrundschuld u.U. durch ein Rechtsgeschäft herbeigeführt werden; die Verpflichtung dazu kann sich (durch Auslegung) aus dem Sicherungsvertrag ergeben.

3. Form und Eintragbarkeit des Sicherungsvertrags

Sicherungsvertrag nicht formbedürftig

Der Sicherungsvertrag bedarf keiner besonderen Form. Auch (nachträgliche) mündliche Abreden sind wirksam. 98

141 RG, JW 1934, 3125; Palandt, § 1191 BGB, Rn. 19 m.w.N.

142 Medicus, Bürgerliches Recht, Rn. 493.

Einwendungen

Nach h.M. ist der Sicherungsvertrag als Ganzes nicht ins Grundbuch eintragbar.[143] Eintragungsfähig sind aber die Einreden, die sich aus der Sicherungsabrede ergeben. Die Frage hat jedoch durch die Einführung des § 1192 Ia BGB an Relevanz verloren, da ein einredefreier Erwerb ohnehin nicht mehr möglich ist. Nur soweit man eine analoge Anwendung des § 1192 Ia BGB auf die Hypothek ablehnt, könnte die Frage dort noch von Bedeutung sein.

IV. Übungsfall

Übungsfall: Herausgabe des GS-Briefs

Auf Verlangen seines Gl bewilligt der SG eine GS und beantragt deren Eintragung beim Grundbuchamt. Das Grundbuchamt erteilt dem SG den GS-Brief, auf dem Gl als Gläubiger eingetragen ist. SG händigt den Brief dem Gl aus. Im Grundbuch wird aber versehentlich eine Buch-GS für D eingetragen. Gl tritt nun die GS unter Übergabe des Briefes schriftlich an den gutgläubigen N ab. Als SG von der Falscheintragung hört, verlangt er von N den Brief heraus, um die GS im Grundbuch auf sich umschreiben zu lassen. 99

Besteht der Anspruch?

hemmer-Methode: Im Kreditsicherungsrecht und insbesondere bei den Grundpfandrechten treten oft mehrere verschiedene Personen in zunächst verwirrender Weise auf. Mehr noch als in anderen Rechtsgebieten bietet sich hier eine kurze Skizze an, um bei der Gliederung einen besseren Überblick über das Geschehen zu behalten.

Anspruch aus § 985 BGB i.V.m. § 952 BGB?

SG kann den GS-Brief von N herausverlangen (§ 985 BGB), wenn er Inhaber der GS und deshalb nach § 952 II, I BGB Eigentümer des Briefes geworden ist. Das wäre dann der Fall, wenn die GS nicht von Gl, D oder N erworben worden ist und dem SG zustand.

Gl: dingliche Einigung (+), Eintragung (-)

Gl könnte die GS von SG erworben haben. Die Voraussetzungen dafür sind: Einigung - Eintragung - Übergabe des GS-Briefes.

Gl hat den Brief von SG erhalten. Es müsste eine Einigung vorliegen. Die einseitige Bewilligung durch SG reicht nicht aus. Es muss zwischen SG und Gl ein materieller Konsens zustande gekommen sein. Als Antrag ist das Verlangen des Gl nach der GS-Bestellung zu werten.

Die Annahme durch SG liegt in der Bewilligung und dem Eintragungsantrag. Eine ausdrückliche Erklärung gegenüber Gl war nach § 151 BGB entbehrlich. Die Parteien haben sich also wirksam dinglich geeinigt. Es fehlt aber an der Eintragung des Gl im Grundbuch. Seine Benennung im GS-Brief und dessen Aushändigung ersetzen die Eintragung nicht. Gl hat also die GS nicht erworben.

D: Eintragung (+), dingliche Einigung (-)

D ist zwar im Grundbuch eingetragen. Es fehlt aber die dingliche Einigung mit SG über die GS-Bestellung. Daran scheitert der Erwerb der GS durch D.

N: kein Gutglaubenserwerb möglich

N könnte die GS durch Abtretung von Gl erworben haben. Die Form der §§ 1192 I, 1154 I BGB ist zwar gewahrt. Weil Gl aber selbst nicht Inhaber der GS geworden war, verfügte er als Nichtberechtigter. In Betracht kommt also nur ein gutgläubiger Erwerb des N gemäß § 892 BGB. Gl war aber nicht als GS-Gläubiger im Grundbuch eingetragen. Daher scheidet ein gutgläubiger Erwerb der GS durch N aus.

Erwerb v. EGS?

SG könnte die Grundschuld als Eigentümergrundschuld erworben haben. Die Eigentümergrundschuld kann nach § 1196 BGB durch einseitige Erklärung des Eigentümers gegenüber dem Grundbuchamt und Eintragung bestellt werden. Eine derartige Erklärung hat SG nicht abgegeben, denn er hat die GS für Gl bewilligt.

Außerdem ist nicht er im Grundbuch als GS-Inhaber eingetragen. Fraglich ist, ob eine Eigentümergrundschuld entsteht, wenn von Anfang an die Einigung fehlt oder die Einigung sich nicht mit der Eintragung deckt.

143 Medicus, Bürgerliches Recht, Rn. 507.

nach h.M. Erklärung an GBA notwendig

Nach h.M. ist dies nicht möglich. Eine anfängliche Eigentümergrundschuld könne nur dann entstehen, wenn eine wirksame Erklärung und die Eintragung vorliegen. Die Einigungserklärung gegenüber dem Vertragspartner könne nicht in eine solche an das Grundbuchamt „umgewandelt" werden. Das kann jedoch zu unbefriedigenden Ergebnissen führen, weil nachstehende Rechte aufrücken und so die Rangstelle besetzen können.

a.A. (1): nur Eintragung notwendig

Nach einer anderen Meinung soll daher ein Recht für den Eigentümer schon durch die Eintragung allein entstehen, jedenfalls dann, wenn sonst nachstehende Rechte aufrücken würden. Diese Ansicht geht zu weit: § 1196 BGB zeigt, dass mindestens eine Bewilligung des Eigentümers erforderlich ist.

a.A. (2): Erklärung des Eigentümers immer notwendig

Eine dritte Meinung vertritt daher, dass zur Eintragung wenigstens, wie auch in § 1196 BGB verlangt, eine gültige Erklärung des Eigentümers hinzukommt. Dieser Meinung ist zu folgen: Enthält die fehlgeschlagene Einigung eine an sich wirksame Bewilligung, kann sie nach § 140 BGB i.S.v. § 1196 BGB umgedeutet werden, falls der Eigentümer für den Fall einer unwirksamen Fremdgrundschuld-Bestellung jedenfalls eine Eigentümergrundschuld gewollt hätte.

Das wird jedenfalls dann der Fall sein, wenn bei der Eintragung Fehler unterlaufen. Hier hat also SG eine Eigentümergrundschuld erworben, die fälschlicherweise für D eingetragen ist.

Ist das Recht als Brief- oder als Buch-GS entstanden?

für Buch-GS Ausschluss notw.

Auch die GS ist grds. Briefrecht, §§ 1192 I, 1116 I BGB, der Ausschluss der Brieferteilung muss ausdrücklich erklärt werden.

Eine Buch-GS ist danach nur entstanden, wenn die erfolglose Einigung des SG mit Gl nach § 140 BGB nicht nur dahingehend umgedeutet werden kann, dass eine Eigentümergrundschuld entstehen soll, sondern dass gerade ein Buchrecht begründet werden sollte.

Das die Umdeutung rechtfertigende Interesse des SG am Erhalt der Rangstelle des Grundpfandrechtes wird bereits durch eine Brief-GS gewahrt. Ein besonderes Interesse, das Recht so, wie es eingetragen ist, entstehen zu lassen, ist dagegen nicht ersichtlich.

Ergebnis: SG als Inhaber einer Brief-Eigentümergrundschuld kann somit von N Herausgabe des Briefes gemäß §§ 985, 952 BGB verlangen.

Alternativ: Sollten Sie der o.g. h.M. folgen wollen, muss SG den Brief auch wieder von D erhalten. Sie können, da eine Eigentümerstellung ausscheidet, sowohl sachenrechtlich, etwa mit einem Aufgebotsverfahren analog §§ 1162, 1192 I BGB zur Kraftloserklärung, oder bereicherungsrechtlich, hier mit § 812 I S. 1 Alt. 2 BGB (die Subsidiarität der Nichtleistungskondiktion besteht hier nicht, da kein gutgläubiger Erwerb vorliegt, Wertung der §§ 932 II, 935 BGB), operieren.

F) Das Sicherungseigentum

Die Sicherungsübereignung hat sich bei beweglichen Sachen als Ersatz zum Faustpfandrecht entwickelt. Rechtlich wäre Sicherungseigentum auch an Grundstücken möglich. Dies würde aber keinen praktischen Gewinn gegenüber den Grundpfandrechten darstellen. 100

Sicherungseigentum grds. nicht akzessorisch

Durch die Sicherungsübereignung sichert der SG eine Vertragspflicht des S gegenüber dem Gl, indem er diesem eine bewegliche Sache übereignet. Erfüllt der S seine vertragliche Verbindlichkeit nicht, so kann sich der Gl durch Verwertung des Sicherungseigentums befriedigen. Die Sicherungsübereignung ist nicht akzessorisch; die Verknüpfung von Forderung und Sicherung schafft nur der Sicherungsvertrag, der den Sicherungszweck festlegt. SG und persönlicher S können verschiedene Personen sein, müssen es aber nicht. Häufig übereignet der SG zur Sicherheit, um einen ihm selbst gewährten Kredit zu sichern.

Der Sicherungszweck liegt meistens in der Absicherung eines Darlehensrückzahlungsanspruchs des Gl gegen S, doch können auch andere Vertragspflichten gesichert werden, z.B. Mietforderungen.

Für die Sicherungsübereignung kann jeder Übereignungstatbestand gewählt werden. Am interessengerechtesten ist aber die Übereignung nach §§ 929, 930 BGB: Der SG bleibt unmittelbarer (Fremd-) Besitzer, der Gl wird mittelbarer Eigenbesitzer. Entstehungsvoraussetzungen sind dafür Einigung und Besitzmittlungsverhältnis.

I. Einigung

bedingte Sicherungsübereignung möglich

Wegen der Nicht-Akzessorietät der Sicherungsübereignung wird SN auch dann Eigentümer, wenn die Forderung nicht zur Entstehung gelangt. Er behält das Eigentum auch dann, wenn der SN seine Schuld tilgt. Die Existenz der Forderung kann aber im Rahmen der dinglichen Einigung zur Bedingung für den Erwerb des Sicherungseigentums gemacht werden. 101

So können die Parteien die auflösende Bedingung vereinbaren, dass das Eigentum bei Tilgung der Schuld automatisch an den SG zurückfallen soll (dieser hat dann vorher ein Anwartschaftsrecht an dem Sicherungsgut) oder auch erst mit der Begründung der Forderung zur Entstehung gelangen soll. So wird eine akzessorietätsähnliche Verknüpfung von Forderung und Sicherung erreicht.

II. Besitzmittlungsverhältnis

konkretes BMV notwendig

Erforderlich ist dabei ein konkretes Besitzmittlungsverhältnis i.S.d. § 868 BGB, d.h. ein bestimmtes Rechtsverhältnis, vermöge dessen der unmittelbare Besitzer sein Besitzrecht vom mittelbaren ableitet und diesem gegenüber auf Zeit zum Besitz berechtigt bzw. verpflichtet ist. 102

Dabei reicht jedes tatsächliche oder sogar nur vermeintliche (d.h. rechtsunwirksame) Verhältnis aus, durch das ein Nutzungsrecht oder eine Verwaltungspflicht des unmittelbaren Besitzers begründet wird.[144]

abstraktes BMV nicht ausreichend

Ein abstraktes Besitzmittlungsverhältnis ist für eine Übereignung nach §§ 929, 930 BGB nicht ausreichend. Ein abstraktes Besitzmittlungsverhältnis ist die bloße Vereinbarung, in Zukunft als Besitzmittler zu besitzen, ohne dass Rechte und Pflichten von mittelbarem und unmittelbarem Besitzer konkret festgelegt werden.

Sicherungsvertrag i.d.R. als BMV ausreichend

Heute ist allgemein anerkannt, dass die Sicherungsabrede selbst ein hinreichend konkretes Besitzmittlungsverhältnis i.S.d. § 868 BGB darstellt, wenn sich aus ihr ergibt, dass der SG solange zum Besitz berechtigt sein soll, bis der SN sie zur Befriedigung seiner Forderung herausverlangt.[145]

III. Übereignung von Sachgesamtheiten

bei Sachgesamtheiten Spezialitätsgrundsatz beachten

Ein besonderes Problem entsteht häufig, wenn der SG Sachgesamtheiten (z.B. Lagerbestände) übereignet: Die Übereignung muss sich auf genügend bestimmte Sachen beziehen, um dem Grundsatz der Spezialität im Sachenrecht Genüge zu tun. 103

144 Palandt, § 868 BGB, Rn. 6.

145 Medicus, Bürgerliches Recht, Rn. 491.

Übereignung nur bestimmter Sachen, nicht Gesamtheit

Dingliche Rechtsgeschäfte wie die Übereignung können sich nur auf bestimmte individualisierte Sachen beziehen. Ein Gegenstück zu den Gattungsschulden im Schuldrecht gibt es nicht.

Man kann eine Verpflichtung begründen, die sich auf nur der Art oder Anzahl nach bestimmte Sachen bezieht, man kann aber niemanden zum Eigentümer von nicht individuell bestimmten Sachen machen.[146]

Das bedeutet, dass bei der Übertragung von Sachgesamtheiten jedes Einzelteil, aus dem sich das Gesamte bei der Veräußerung zusammensetzt, übertragen wird, nicht das in seiner Zusammensetzung austauschbare Ganze. Es gibt kein Eigentum am Lagerbestand, an der Bibliothek, sondern nur Eigentum an dem einzelnen Teil, dem einzelnen Buch.

Bestimmtheit muss sich aus Vertrag ergeben

Daraus resultiert, dass die zur Sicherheit übereigneten Sachen bereits im Sicherungsvertrag so eindeutig für den Zeitpunkt des Vertragsabschlusses bezeichnet werden müssen, dass sie allein aufgrund dessen im Lager identifiziert werden können.[147] Eine bloße Bestimmbarkeit anhand von außerhalb des Vertrages liegenden Umständen reicht nicht aus. 104

Praktische Beispiele sind **Raumsicherungsverträge**, bei denen das Sicherungsgut in einem speziellen Teil des Lagers aufbewahrt wird, und **Markierungsverträge**, bei denen das Sicherungsgut in spezieller Weise gekennzeichnet wird.

hemmer-Methode: Ausreichend für den Bestimmtheitsgrundsatz und relativ einfach zu handhaben wären sog. „All-Klauseln", nach denen „alles", d.h. der gesamte Lagerbestand, übereignet wird. Doch tritt dann das Problem der Übersicherung auf (dazu sogleich unten Rn. 112). Bestimmtheit und Übersicherung stehen also in einem Spannungsverhältnis und machen es gar nicht so einfach, Sachgesamtheiten wirksam als Sicherheit einzusetzen.

Warenlager:
antizip. Einigung und Besitzkonstitut; ggf. Markierung notwendig

Bei Warenlagern mit wechselndem Bestand können auch erst künftig hinzukommende Waren schon durch sog. antizipierte Einigung und durch antizipiertes Besitzkonstitut mit übereignet werden. Der Gl/SN erwirbt dann Eigentum, wenn der SG den Besitz an dem Sicherungsgut von einem Dritten erlangt oder die Sache entsteht.[148] 105

Erforderlich ist aber außerdem ein Kenntlichmachen, durch das im Zeitpunkt des Eigentumsübergangs für jeden Kenner der Parteiabrede ohne weiteres ersichtlich wird, welche individuellen Sachen übereignet werden. Auch dies kann z.B. durch Markierungs- und Raumsicherungsverträge geschehen.

durch Vermischung geht Sicherungseigentum nicht unter, Bruchteilsmiteigentum

Während einerseits bei der Sicherungsübereignung nur die Bestimmbarkeit nicht ausreicht, damit die Veräußerung wirksam ist, geht andererseits das einmal erworbene Sicherungseigentum nicht dadurch unter, dass sich nachträglich Schwierigkeiten bei der Bestimmung ergeben, z.B. durch Vermischung des Sicherungseigentums im übrigen Lagerbestand. Es gelten dann die §§ 948 I, 947, 1008 ff., 741 ff. BGB, der Gl erwirbt Bruchteilsmiteigentum an der Gesamtmenge nach dem Wertverhältnis. 106

146 Vgl. auch Palandt, § 930 BGB, Rn. 6.

147 Palandt, § 930 BGB, Rn. 2.

148 Dazu ausführlich Hemmer/Wüst Sachenrecht II, Rn. 47 - 49.

IV. Der Sicherungsvertrag

treuhänderische Bindung des Eigentums

Der Sicherungsvertrag bewirkt die treuhänderische Bindung des Eigentums in der Hand des SN. Der SN erhält in diesem Fall nach außen hin rechtlich mehr, als nach dem Innenverhältnis an sich erforderlich wäre, sog. fiduziarische Sicherheit. Dieser Überschuss an Rechtsmacht wird durch die treuhänderische Bindung des Eigentums aufgefangen. 107

Der Sicherungsvertrag begründet die Verpflichtung zur Sicherungsübereignung, legt die zu sichernde Forderung fest und trifft Regelungen, was die Verwaltung, Verwertung und Rückübertragung des Sicherungsgutes betrifft.

hemmer-Methode: Eine Verletzung dieser Treuhandabrede löst u.a. Schadensersatzansprüche aus §§ 280 I, 241 II BGB aus.

Vorschriften des Pfandrechts

Bei der Auslegung des Sicherungsvertrages können in gewissen Grenzen die gesetzlichen Regeln über das vertragliche Pfandrecht herangezogen werden. Dies ist jedoch mit Zurückhaltung zu handhaben und nur subsidiär im Verhältnis SG/GI möglich. Nicht geeignet sind grundsätzlich die Pfandrechtsvorschriften, die die Wirksamkeit bestimmter Klauseln im Sicherungsvertrag in Frage stellen. Z.B. führt eine Verletzung des Sicherungsvertrages durch GI, der die Verwertung des Sicherungsgutes abredewidrig nicht nach den für die Verwertung einer Pfandsache geltenden Bestimmungen ausführt, nicht dazu, dass die Veräußerung gemäß § 1243 I BGB analog unwirksam wäre.

Jedem dritten Erwerber gegenüber ist der Sicherungseigentümer GI Volleigentümer, die Restriktionen des Sicherungsvertrages wirken nur im Verhältnis zum SG.

Auch ist eine im Sicherungsvertrag enthaltene Verfallsklausel entgegen § 1229 BGB analog wirksam[149], sofern sie nicht gegen § 138 I BGB verstößt.

Werden Warenlager zur Sicherheit übereignet, so enthält der Sicherungsvertrag (wie beim verlängerten Eigentumsvorbehalt) regelmäßig die Ermächtigung für den Sicherungsgeber, die Ware im ordnungsgemäßen Geschäftsverkehr weiterzuveräußern.

Wenn im Gegenzug die Forderungen aus der Weiterveräußerung im Voraus abgetreten werden, liegt eine verlängerte Sicherungsübereignung vor.[150]

V. Verstoß gegen §§ 138, 307 BGB

§ 138 BGB auch bzgl. Verfügungsgeschäft möglich

Im Einzelfall kann die Sicherungsübereignung wegen Verstoßes gegen die guten Sitten oder wegen Unangemessenheit nichtig sein, §§ 138, 307 BGB. Die Nichtigkeit der Sicherungsabrede zieht in den meisten Fällen auch die Unwirksamkeit der Übereignung selbst nach sich. 108

Einmal lässt sich das dadurch begründen, dass dann der für ein Besitzmittlungsverhältnis unverzichtbare Herausgabeanspruch des SN fehlt. Dann muss auch die Übereignung nach §§ 929, 930 BGB unwirksam sein.

149 Medicus, Bürgerliches Recht, Rn. 494.

150 Hierzu Reinicke/Tiedtke, Kreditsicherung, S. 238 f.

Zum anderen spricht für die Annahme von Fehleridentität auch folgende Überlegung: Wäre nur die Sicherungsabrede, nicht aber die Übereignung nichtig, erhielte der SN das Eigentum, ohne treuhänderisch gebunden zu sein. Der Schutz des SG würde in sein Gegenteil verkehrt.[151]

Die Unwirksamkeit ist insbesondere in folgenden Konstellationen möglich:

1. Knebelungsvertrag

Knebelungsvertrag; keine Bewegungsfreiheit

Ein Knebelungsvertrag liegt vor, wenn die Verpflichtung des S, dem Gl Sicherheit zu leisten, dazu führt, dass der SG ganz oder wesentlich in seiner wirtschaftlichen Bewegungsfreiheit gelähmt wird. Der Vertrag muss den S in eine seine wirtschaftliche Stellung vernichtende Abhängigkeit vom Gl bringen.[152] 109

2. Gläubigergefährdung

Gläubigergefährdung; Zwang zur Täuschung anderer durch SG

Gläubigergefährdung ist gegeben, wenn der SN sich erkennbar leichtfertig über Belange etwaiger anderer Geschäftspartner des SG hinwegsetzt. 110

Es reicht für die Sittenwidrigkeit der Sicherungsabrede und der Übereignung aus, dass der SN aufgrund seiner Kenntnis von der Vermögenslage des S mit der Möglichkeit rechnet, dass der S andere Gl über seine Kreditwürdigkeit täuschen muss oder zum Vertragsbruch gegenüber anderen Kreditgebern verleitet wird.[153]

3. Bei unpfändbaren Gegenständen

unpfändbare Gegenstände; h.M.: SG ist weniger schutzbedürftig; a.A. § 138 BGB

Fraglich ist, ob eine Sicherungsübereignung unpfändbarer Gegenstände sittenwidrig ist. Unpfändbare Sachen zählt z.B. § 811 ZPO auf. Das OLG Stuttgart[154] hat darin einen unzulässigen Verzicht des SG auf künftigen Pfändungsschutz gesehen. Die h.M. lehnt eine Sittenwidrigkeit dagegen zu Recht ab.[155] 111

hemmer-Methode: Anders bei der Abtretung von gem. §§ 850 ff. ZPO unpfändbaren Forderungen. Eine derartige Abtretung ist gem. § 400 BGB ausgeschlossen.

Da auch eine vertragliche Pfandrechtsbestellung nicht an der zivilprozessualen Unpfändbarkeit scheitern muss[156], kann im Gegenteil der Schluss gezogen werden, dass der vertragliche SG generell weniger schutzwürdig ist als der S, auf dessen Vermögen der Gl erst im Wege der Zwangsvollstreckung Zugriff erlangt.

4. Übersicherung

Übersicherung liegt vor, wenn der Wert der sicherungsübereigneten Sachen den Wert der zu sichernden Forderung nicht nur deckt, sondern erheblich übersteigt. Die Frage, wann ein solches Missverhältnis vorliegt und welche Rechtsfolgen dann eintreten, ist umstritten. 112

151 Reinicke/Tiedtke, Kreditsicherung, S. 249 f.

152 RGZ 130, 145.

153 BGHZ 10, 228-234 (233) = jurisbyhemmer.

154 OLG Stuttgart, NJW 1971, 50.

155 Palandt, § 138 BGB, Rn. 97; BGH, WM 1961, 243-245 = jurisbyhemmer.

156 Palandt, § 930 BGB, Rn. 22.

Freigabeklauseln zur Vermeidung nachträglicher Übersicherung

Problematisch ist vor allem die Wirksamkeit der sog. Freigabeklauseln. Diese werden häufig zur Vermeidung einer **nachträglichen** Übersicherung (z.B. durch Tilgung einer Teilforderung) von den Parteien in den Sicherungsvertrag aufgenommen. Dabei handelt es sich um den formularmäßig festgelegten Anspruch des SG, nicht mehr benötigte Sicherheiten zurückzuerhalten.

frühere Rspr.: explizite Freigabeklausel immer erforderlich

Nach früherer Rspr.[157] musste die Klausel ermessensunabhängig sein, eine bestimmte Deckungsgrenze angeben und eine Bezugsgröße festlegen (Bsp.: Nennwert der Forderung, Markt- oder Börsenpreis etc.). Genügten die formularmäßig getroffenen Vereinbarungen diesen Anforderungen nicht, so war nicht nur die einzelne Klausel, sondern die gesamte Sicherungsübereignung nichtig. Dies galt sogar dann, wenn der Fall der Übersicherung niemals eingetreten war, da maßgeblicher Zeitpunkt für die Beurteilung nur die Vornahme der Übereignung sein kann.

Dies ist auf Kritik gestoßen, da die Totalnichtigkeit häufig nicht den Interessen der Parteien entspricht.

explizite Freigabeklausel bei Übereignung von Einzelgegenständen nicht erforderlich

Später hat der BGH wegen der unterschiedlichen Schutzwürdigkeit zwischen Singular- und Globalsicherheiten differenziert: Handelt es sich beim Sicherungsgut um Einzelgegenstände, nicht um Sachgesamtheiten mit wechselndem Bestand, sei die Gefahr der Übersicherung wegen der Überschaubarkeit nicht so groß. *113*

Deshalb sei eine explizite Freigabeklausel dann nicht erforderlich. Dies gelte auch, wenn die Parteien einen Freigabeanspruch ausdrücklich ausgeschlossen haben.[158]

Freigabeanspruch aus ergänzender Vertragsauslegung

Konsequenz dieser Rspr. ist natürlich nicht, dass dem SG überhaupt kein Freigabeanspruch zusteht, vielmehr leitet der BGH diesen im Wege der ergänzenden Vertragsauslegung und aus dem Wesen der fiduziarischen Sicherungsgeschäfte selbst her, §§ 157, 242 BGB. Die Sicherungsübereignung ist demnach wirksam.

Die Gefahr der Übersicherung ergibt sich aber nicht so sehr bei den Singularsicherheiten als vielmehr bei den Globalsicherheiten, insbesondere bei der Übereignung von Warenlagern mit wechselndem Bestand und der Vorausabtretung von Kundenforderungen. Hier ist die Gefahr, dass der Wert des Sicherungsgutes den der gesicherten Forderung übersteigt, besonders groß.

Hier sollten unzureichende Freigabeklauseln weiterhin zur Nichtigkeit der Sicherungsübereignung führen. Dies hat der Große Senat des BGH im Jahr 1997 korrigiert.[159]

Entscheidung des BGH: auch bei Globalsicherheiten keine explizite Freigabeklausel mehr notwendig

Nach dieser Entscheidung hat der SG bei formularmäßig bestellten Globalsicherheiten im Falle nachträglicher Übersicherung einen ermessensunabhängigen Freigabeanspruch auch dann, wenn der Sicherungsvertrag keine oder eine ermessensabhängig ausgestaltete Freigabeklausel enthält. Enthält der Sicherungsvertrag keine ausdrückliche oder eine unangemessene Deckungsgrenze, so beträgt diese Grenze (unter Berücksichtigung der Kosten für Verwaltung und Verwertung der Sicherheit), bezogen auf den realisierbaren Wert der Sicherungsgegenstände, 110 % der gesicherten Forderungen. Es besteht aber eine im Einzelfall widerlegliche Vermutung dafür, dass der Gl übersichert ist, wenn bei Globalsicherheiten der **Nennwert** der Sicherheiten 150 % der gesicherten Forderungen übersteigt (Rechtsgedanke des § 237 S. 1 BGB). *114*

157 BGHZ 117, 374-382 = **juris**byhemmer.

158 = **juris**byhemmer; dazu K. Schmidt, JuS 1994, 524 ff.; ablehnend Reinicke/Tiedtke, Kreditsicherung, S. 253 ff.

159 BGH (GS), NJW 1998, 671-677 = **juris**byhemmer; **Life&Law 03/1998, 138 ff.**

Die Deckungsgrenze von 110 % wird sich praktisch also nur auswirken, wenn ein ins Gewicht fallendes Verwertungsrisiko nicht besteht.

ursprüngliche Übersicherung

Eine ursprüngliche (= **anfängliche**) Übersicherung ist nicht nach diesen Grundsätzen zu beurteilen. Eine solche liegt vor, wenn bereits bei Vertragsschluss gewiss ist, dass im noch ungewissen Verwertungsfall ein auffälliges Missverhältnis zwischen realisierbarem Wert der Sicherheit und der gesicherten Forderung bestehen wird. Dabei findet die Vermutung, dass der Gl bis zu einer Deckungsgrenze von 150 % nicht übersichert ist, keine Anwendung. Hier ist der tatsächlich erzielbare Verwertungserlös maßgeblich.[160] Es gibt also keine festen Grenzen, mit denen man arbeiten könnte.[161] *115*

hemmer-Methode: Wegen der viel diskutierten Entscheidungen und der guten Integrierbarkeit in eine Klausur ist dies einer der seltenen Fälle, in denen es empfohlen werden muss, sich fürs Examen wirklich mit der aktuellen Rechtsprechung vertraut zu machen. Wichtig ist nach der Entscheidung des Großen Senats des BGH vor allem, dass die nachträgliche Übersicherung nicht mehr zur Unwirksamkeit der Übereignung führen kann.

G) Die Sicherungszession

Sicherungszession; keine Anzeigepflicht, stille Zession

Bei der Sicherungszession oder Sicherungsabtretung sichert der SG eine Vertragspflicht des S gegenüber dem Gl, indem er dem Gl eine Forderung gegen einen Dritten abtritt. In der Praxis sind SG und S häufig identisch. *116*

Die Sicherungszession hat das vertragliche Pfandrecht an Rechten in ähnlicher Weise verdrängt wie die Sicherungsübereignung das Pfandrecht an beweglichen Sachen.

Der Grund liegt darin, dass eine wirksame Forderungsverpfändung eine Anzeige an den Dritt-S voraussetzt, § 1280 BGB, während eine Abtretung auch ohne Kenntnisnahme des S wirkt (stille Zession). Dieser wird ausreichend über die §§ 407 ff. BGB geschützt, wenn er von der Abtretung nichts weiß. Er kann insbesondere noch mit Erfüllungswirkung an den Altgläubiger zahlen.

I. Inhalt des Sicherungsvertrags

Vertragsinhalt

Zwischen SG und Gl/SN wird - wie bei der Sicherungsübereignung - ein Sicherungsvertrag geschlossen, der die Verbindung von gesicherter Vertragspflicht und sichernder Forderung herstellt. *117*

In der Sicherungsabrede wird i.d.R. bestimmt:

zu sicherndes und sicherndes Recht

⇨ das zu sichernde und das sichernde Recht,

Einziehungsermächtigung

⇨ die Einziehungsermächtigung des SG, §§ 362 II, 185 I BGB entsprechend,

⇨ die Verwendung der vom SG/S eingezogenen Beträge,

Verwertungsbefugnis des Gl

⇨ das Verwertungsrecht des SN (im Zweifel kann die Regelung der §§ 1228 II, 1282 BGB bei der Auslegung der Sicherungsabrede herangezogen werden) und

160 BGH, NJW 1998, 2047-2048 = **juris**byhemmer.

161 So wurde beispielsweise die Abtretung von Forderungen im Nennwert von 5,8 Mio. DM zur Sicherung eines Kredits in Höhe von 1,1 Mio. DM nicht als sittenwidrig angesehen, wenn die Quote der ausfallenden Forderungen möglicherweise deutlich größer als 50 % ist, BGH, BB 2003, 1526-1529 (1528) = **juris**byhemmer.

Verpflichtung des Gl

⇨ die Verpflichtung des Gl, die sichernde Forderung nach dem Wegfall des Sicherungsgrundes auf den SG zurückzuübertragen.

Die Einziehungsermächtigung resultiert aus dem Geheimhaltungsbedürfnis der Parteien. Sie ermöglicht es, dass der SG die fremde, jetzt dem Gl zustehende Forderung in eigenem Namen geltend macht. *118*

Bsp.: *SG hat dem Gl, der ihm Waren auf Kredit geliefert hat, zur Sicherheit eine Geldforderung gegen seinen Schuldner Dritt-S abgetreten und ist von Gl zur Einziehung ermächtigt worden.*

Aufgrund dieser Einziehungsermächtigung kann der SG alle Handlungen vornehmen, die zur Geltendmachung der Forderung erforderlich sind, obwohl sie nun nicht mehr ihm, sondern dem Gl zusteht. Er kann z.B. den Dritt-S mahnen, ihn in Verzug setzen und ihn in eigenem Namen auf Leistung an sich selbst oder an den Gl verklagen.

Zulässigkeit:
§ 185 BGB zwar str., aber gewohnheitsrechtlich anerkannt

Die Zulässigkeit einer solchen Einziehungsermächtigung wird aus § 185 BGB hergeleitet: Ist es schon möglich, dass ein Nichtberechtigter mit Einwilligung des Berechtigten über eine Forderung wirksam verfügt, so soll die bloße Einziehung der Forderung als Minus erst recht wirksam sein. Das ist aus folgendem Grunde bedenklich: Für den Dritt-S stellt sich die Einziehungsermächtigung keinesfalls als Weniger dar. Weil er jetzt einen neuen Gl und zusätzlich einen einziehungsermächtigten Altgläubiger SG hat, sieht er sich u.U. zwei Personen gegenüber, die von ihm (wenn auch nur einmal) Zahlung verlangen können.

Die Einziehungsermächtigung wird in der Praxis aber schon seit Jahrzehnten verwendet und ist höchstrichterlich anerkannt;[162] sie ist als Ergebnis richterlicher Rechtsfortbildung bereits gefestigter Bestandteil des geltenden Rechts.[163] Außerdem wird sie in § 362 II BGB als bestehend vorausgesetzt!

Eingeschränkt wird die Einziehungsermächtigung allerdings insoweit, als nach st. Rspr. der Ermächtigte zur gerichtlichen Geltendmachung ein eigenes schutzwürdiges Interesse haben muss. Die Prozessführungsbefugnis des Ermächtigten ergibt sich dann aus der gewillkürten Prozessstandschaft.

II. Rechtsnatur

Rechtsnatur:
abstrakte Verfügung

Die Sicherungszession stellt eine abstrakte Verfügung über die Forderung dar. SG überträgt die Forderung gegen Dritt-S gemäß § 398 S. 2 BGB auf Gl. Dieser wird im Verhältnis zu Dritt-S Alleingläubiger, die §§ 404 ff. BGB finden Anwendung. *119*

Zieht der Gl die Forderung entgegen seiner Abmachung mit SG ein, so kann der Dritt-S daraus in aller Regel keine Einwendungen herleiten[164], wenn nicht ausnahmsweise die Sicherungsabrede einen Vertrag zugunsten Dritter beinhalten sollte. In krassen Missbrauchsfällen kann der Dritt-S zudem die Einrede der unzulässigen Rechtsausübung (exceptio doli) haben.[165]

162 BGHZ 70, 389-398 (393) = **juris**byhemmer.

163 Palandt, § 398 BGB, Rn. 32.

164 BGH, NJW 1974, 185-187 (186) = **juris**byhemmer.

165 Palandt, § 398 BGB, Rn. 24.

III. Abtretung zukünftiger Forderungen

Gegenstand auch zukünftige Forderung; Bestimmbarkeit notw.

Gegenstand einer Sicherungsabtretung können auch zukünftige Forderungen sein, wenn sie nur im Zeitpunkt des Vertragsschlusses genügend bestimmbar sind.[166] 120

Der SG kann z.B. dem Gl eine Forderung aus dem Verkauf einer Sache abtreten, bevor überhaupt feststeht, wie hoch der Kaufpreis genau sein wird, wann der Anspruch entstehen wird, und wer S des Anspruchs sein wird. Diese Bestimmbarkeit muss erst vorliegen, wenn die Forderung entstanden ist. Dann muss die konkret fragliche Einzelforderung eindeutig unter die Abtretungsvereinbarung subsumierbar sein.[167]

Ausreichend ist z.B. eine Vereinbarung, wonach eine Forderung gegen den Erwerber der dem SG vom Gl gelieferten Waren in Höhe des vom SG geschuldeten Preises abgetreten werden soll. Möglich ist auch die Abtretung einer Teilforderung, die dem Anteilswert des Warenlieferanten am Miteigentumsanteil entspricht, welches durch Verarbeitung der Ware gemäß § 950 BGB entstanden ist.[168] Zu unbestimmt dagegen ist z.B. die Abtretung mehrerer Forderungen in Höhe eines Teilbetrages, wenn nicht erkennbar ist, auf welche Forderungen oder Teilforderungen sich die Abtretung bezieht.

Abtretungsausschluss

Hat dagegen der SG mit dem Dritt-S die Unabtretbarkeit der Forderung vereinbart, geht die (Sicherungs-)Abtretung ins Leere, da § 399 BGB als Ausnahme zu § 137 BGB nicht nur schuldrechtliche, sondern dingliche Wirkung hat. Ein gutgläubiger Forderungserwerb ist grds. nicht möglich.

Für Kaufleute gilt die Sonderregelung des § 354a HGB. Danach ist eine Abtretung unter bestimmten Voraussetzungen trotz Abtretungsausschlusses wirksam. Als Ausgleich ist dem Alt-Gl eine Empfangszuständigkeit eingeräumt. Der S kann also befreiend an den ursprünglichen Gl zahlen, im Gegensatz zu §§ 407, 408 BGB auch bei Kenntnis von der Abtretung. Der neue Gl hat dann einen Herausgabeanspruch aus § 816 II BGB gegen den Alt-Gl.[169]

IV. Die Globalzession

Globalzession

Eine Globalzession liegt vor, wenn alle im Geschäftsbetrieb des S begründeten gegenwärtigen und zukünftigen Forderungen abgetreten werden. Aufgrund der weitreichenden Konsequenzen einer Globalzession für den SG kommt ein Verstoß gegen §§ 138, 307 BGB in Betracht. 121

Hier gelten die gleichen Grundsätze wie zur Sicherungsübereignung, insbesondere kann die Globalzession wegen Knebelung, Gläubigergefährdung und Übersicherung nichtig sein.[170]

Globalzession/verlängerter EV

Ausgangsfall: *Der Bauunternehmer U steht mit dem Baustofflieferanten L in ständiger Geschäftsverbindung. Er bezieht von L Baumaterial unter verlängertem Eigentumsvorbehalt[171], indem sich L die Forderungen des U gegen seine Auftraggeber im Voraus in Höhe des Wertes der Rohstoffe abtreten lässt, die U bei den jeweils zu erbringenden Leistungen verwendet.* 122

166 Medicus, Bürgerliches Recht, Rn. 523.

167 BGHZ 7, 365-371 = **juris**byhemmer.

168 S. zur Verarbeitungsklausel u. Rn. 143 f.

169 Ausführlich Reinicke/Tiedtke, KaufR, Rn. 1066 ff.

170 S.o. Rn. 108 - 115.

171 S. dazu u. Rn. 142.

Als U in Finanzierungsschwierigkeiten gerät, muss er bei seiner Hausbank B ein Darlehen aufnehmen. Dabei treffen B und U folgende Vereinbarung:

> *„Nr. 1: B gewährt dem U einen Kredit in Höhe von 500.000,- €.*
>
> *Nr. 2: Zur Sicherheit tritt U alle Forderungen gegen seine Auftraggeber im Voraus an B ab.*
>
> *Nr. 3: Falls eine Forderung abgetreten ist, die Gegenstand eines branchenüblichen verlängerten Eigentumsvorbehalts eines Lieferanten ist, der nach Abschluss dieses Vertrages zustande gekommen ist, so wird B auf Verlangen des Lieferanten die Forderung entsprechend des Umfanges des verlängerten Eigentumsvorbehalts zurück abtreten oder ihn aus dem von ihr aufgrund der Globalzession eingezogenen Erlös befriedigen.*
>
> *Nr. 4: Die Vertragsparteien gehen davon aus, dass die Außenstände der Firma U zwischen 600.000,- € und 700.000,- € schwanken."*

Auch nach Abschluss des Darlehensvertrages bezieht U bei L Baustoffe, die er u.a. bei X verwendet, für den er ein Haus baut.

Die wirtschaftliche Lage des U verschlechtert sich zusehends, er kommt sowohl mit der Rückzahlung der Darlehensraten als auch seiner Verbindlichkeiten bei B in Verzug. B deckt schließlich die stille Zession aller Forderungen des U an sie gegenüber X auf, der daraufhin eine Zahlung von 25.000,- € statt an U an B leistet.

L erfährt davon und wendet sich an B. Er hält die Abtretung aller Forderungen an B für unwirksam. Er hätte dem U für die Baustelle des X Material im Wert von ca. 75.000,- € geliefert, weshalb ihm die Forderung gegen X aus dem verlängerten Eigentumsvorbehalt zugestanden hätte.

B meint, U hätte die Forderung gegen X auch im Wege des verlängerten Eigentumsvorbehalts nicht mehr an L abtreten können, weil er sie nämlich schon vorher an B abgetreten hätte.

Lösung:

Anspruchsgrundlage des L gegen B könnte § 816 II BGB sein.

hemmer-Methode: Denken Sie an § 816 II BGB, wenn es um möglicherweise fehlgeschlagene Zessionen oder auch Forderungspfändungen geht.[172] Außerdem wären als Anspruchsgrundlagen denkbar: § 816 I S. 1 BGB (wenn man die Forderungseinziehung als Verfügung betrachtet) und § 687 II BGB i.V.m. § 678 BGB bzw. §§ 681, 667 BGB. Jedoch hat erstere neben § 816 II BGB i.d.R. keine eigenständige Bedeutung. Für § 687 II BGB wird es normalerweise am subjektiven Tatbestand fehlen.[173]

X hat an B geleistet, um seine Verbindlichkeit aus § 631 BGB zu erfüllen, die er gegenüber U eingegangen ist. X hat B nicht etwa nur als „Zahlstelle" des U angesehen. Er wollte nicht über B an U leisten, sondern direkt an B, den X als Inhaber der von U abgetretenen Forderung ansah.

hemmer-Methode: Die h.M. gibt freilich u.U. einen Anspruch aus § 816 II BGB auch dann, wenn die Zession noch nicht aufgedeckt ist und L an B nur als Zahlstelle des U zahlt. Wenn B den U verpflichtet, für Zahlungen sein Konto bei ihr anzugeben, muss B sich nach Treu und Glauben so behandeln lassen, als wenn an sie geleistet worden wäre, da sie durch die Verringerung des Saldos auch unmittelbar vom Zahlungseingang profitiert.

172 Eine interessante Variante behandelt BGH, **Life&Law 2019, 525 ff.** = **juris**byhemmer.

173 Zu § 816 II BGB vgl. Hemmer/Wüst, Bereicherungsrecht, Rn. 397 ff.

B müsste bezüglich der Forderung gegen X Nichtberechtigte gewesen sein. Das wäre der Fall, wenn die Abtretung der Forderung durch U unwirksam war.

1. U hat der B die Ansprüche gegen X im Wege der Vorausabtretung übertragen wollen. Die Abtretung einer künftigen Forderung zur Sicherung eines Kredits ist dann wirksam, wenn die Forderung aufgrund des Abtretungsvertrages ausreichend bestimmbar ist. Die Vereinbarung unter Nr. 2 des Darlehensvertrages ermöglicht eine zweifelsfreie Feststellung der Rechtszuständigkeit nicht nur hinsichtlich der existenten, sondern auch hinsichtlich der erst entstehenden Forderungen. Ebenso wie eine einzelne Forderung kann auch eine Vielzahl von Forderungen grundsätzlich im Voraus übertragen werden.

2. Die Abtretung aller Forderungen zur Kreditsicherung, die sog. Globalzession, scheitert auch nicht daran, dass sich die B übersichert hätte.

Vor.: Übersicherung

Eine Übersicherung liegt vor, wenn die abgetretene Forderung (= Sicherheit) im Vergleich zum Wert der gesicherten Forderung unverhältnismäßig hoch ist.[174]

Dem Sicherungsnehmer muss aber ein gewisser Risikozuschlag zugebilligt werden, da er nicht von vornherein absehen kann, welchen Erlös er bei der Verwertung der ihm übertragenen Sicherungsobjekte (Forderungen bei der Sicherungsabtretung bzw. Sachen bei der Sicherungsübereignung) erzielen kann.

Man räumt daher dem Sicherungsnehmer eine so genannte Deckungsgrenze ein, bis zu der eine Übersicherung noch nicht angenommen wird. Die Deckungsgrenze stellt rechnerisch eine Verhältniszahl dar, welche als objektive Bezugsgröße die maximal zulässige Relation zwischen Sicherheit und zu sichernder Forderung zum Ausdruck bringt.

Zu einem Überschreiten dieser Deckungsgrenze kann es insbesondere dann sehr leicht kommen, wenn sich der Sicherungsnehmer keine einzelne Forderung, sondern global alle Forderungen des Sicherungsgebers gegen Dritte sicherungshalber abtreten lässt. Die Rechtsprechung verlangte bisher bei Globalsicherheiten, dass der Sicherungsnehmer bei Überschreiten einer konkret bestimmten Deckungsgrenze durch eine vertraglich festgeschriebene Freigabeverpflichtung des Sicherungsgebers vor einer unverhältnismäßigen Übersicherung geschützt werden muss.[175]

Diese Rechtsprechung ist in der Literatur immer wieder und zu Recht kritisiert worden und hat nach verschiedenen Anfrage- und Antwortbeschlüssen der beteiligten Zivilsenate des BGH (7., 9. und 11. Senat) schließlich zur Anrufung des Großen Senats nach § 132 III, IV GVG geführt. Der Große Senat hat daraufhin in einer Grundsatzentscheidung[176] für die Fälle der nachträglichen Übersicherung bei revolvierenden Globalsicherheiten folgende Leitlinien aufgestellt:

Auszugehen ist von einem dem Sicherungsgeber stets zustehenden ermessensunabhängigen Anspruch auf Freigabe des nicht mehr benötigten Teils der Sicherheiten.

174 Vgl. dazu auch Leible/Sosnitza, Grundfälle zum Recht des Eigentumsvorbehalts, JuS 2001, 449 (450).

175 BGH, NJW 1994, 1154-1155 (1155) = **juris**byhemmer ⇨ Beim verlängerten Eigentumsvorbehalt wurde in der Regel eine Freigabepflicht bei der Überdeckung von mehr als 20 % angenommen. Eine Übersicherung lag also regelmäßig vor, wenn der Umfang der sicherungshalber abgetretenen Forderungen 120 % des Rechnungsbetrages überschritt oder dem Sicherungsgeber kein vertraglicher Anspruch auf eine (ermessensunabhängige) Freigabe des darüber hinausgehenden Teils eingeräumt worden war. In diesem Fall wurde das gesamte Sicherungsgeschäft als unwirksam angesehen vgl. BGH, NJW 1994, 445-446 = **juris**byhemmer.

176 BGHZ 137, 212-236 = NJW 1998, 671-677 = WM 1998, 227.235 = **juris**byhemmer.

Dieser Freigabeanspruch beruht auf der Treuhandnatur des Sicherungsvertrages und besteht unabhängig davon, ob es sich um einen Individual- oder Formularvertrag handelt und ohne Rücksicht darauf, ob eine Singularsicherheit oder revolvierende Globalsicherheit bestellt worden ist. Daher bedarf es keiner ausdrücklichen Freigabeklausel. Enthält der Sicherungsvertrag gleichwohl eine Klausel, die die Freigabe vom Ermessen des Sicherungsnehmers abhängig macht, so ist diese Klausel nach § 307 II BGB unangemessen und damit unwirksam, führt aber nicht zur Unwirksamkeit des Vertrages insgesamt.

An die Stelle der unwirksamen Klausel tritt stattdessen nach § 306 II BGB der jedem Sicherungsvertrag innewohnende ermessensunabhängige Freigabeanspruch des Sicherungsgebers.

Auch die Festlegung einer konkreten Deckungsgrenze hält der BGH nicht mehr für eine Wirksamkeitsvoraussetzung von Globalsicherungsverträgen. Enthält der Formularvertrag keine ausdrückliche oder eine unangemessene Deckungsgrenze, so beträgt diese Grenze 110 % der gesicherten Forderungen, bezogen auf den realisierbaren Wert der Sicherungsgegenstände. Der Aufschlag von 10 % soll in Anlehnung an § 171 I S. 2, II S. 1 InsO etwaige Feststellungs-, Verwertungs- und Rechtsverfolgungskosten berücksichtigen.

Da der BGH bei der Grenze von 110 % auf den realisierbaren Wert des Sicherungsguts im Zeitpunkt des Sicherungsfalls abstellt und zugleich davon ausgeht, dass allgemein gültige, branchenunabhängige Maßstäbe nicht aufgestellt werden können, ist die Notwendigkeit unverkennbar, der Praxis eine Orientierungshilfe zu geben.

Das Gericht geht daher in Anlehnung an § 237 S. 1 BGB davon aus, dass die Deckungsgrenze von 110 % des realisierbaren Wertes überschritten ist, wenn der Schätzwert sicherungsübereigneter Waren sowie der Nennwert vorausabgetretener Forderungen die gesicherten Forderungen um mehr als 50 % übersteigt.

Der Bezugspunkt sind hier 100 % des Nennwertes. Denn in dem Zuschlag von 50 % ist der Anteil von 10 % für Feststellungs-, Verwertungs- und Rechtsverfolgungskosten bereits enthalten.[177]

Ein Ermessen hat der Sicherungsnehmer dann nur noch hinsichtlich der Auswahl der freizugebenden Sicherungsgegenstände. Der Sicherungsnehmer kann zwar geltend machen, dass die Freigabegrenze von 150 % im konkreten Fall zu niedrig sei, doch muss er ein höheres Ausfallrisiko substantiiert darlegen und beweisen.

> ***Bsp.:*** *Die zu sichernde Forderung beträgt 100.000,- €. Zur Sicherheit wurden Forderungen im Nennwert von 200.000,- € abgetreten. Ein Wirtschaftsprüfergutachten stellt fest, dass der realisierbare Wert der Forderungen bei 150.000,- € liegt. Es kämen also bei einer Verwertung 50.000,- € mehr heraus, als es dem Wert der zu sichernden Forderung entspricht. Dem Sicherungsgeber gebühren aber nur Forderungen in Höhe eines realisierbaren Wertes von 110.000,- €. Daher muss der Sicherungsgeber Forderungen in Höhe eines realisierbaren Wertes von 40.000,- € herausgeben, im Nennwert ausgedruckt wären dies Forderungen i.H.v. 53.333,- € (4/3 von 40.000,- € wegen eines Verhältnisses von 200.000,- € zu 150.000,- €).*
>
> *Liegt ein Wirtschaftsprüfergutachten nicht vor, muss aus Vereinfachungsgründen eine Grenze gegeben sein, ab der der ermessensunabhängige Freigabeanspruch greift. Diese wird bei 150 % angesetzt.*

177 BGHZ 137, 212-236 (236) = **juris**byhemmer.

Bezugspunkt sind dabei aber 100 % der gesicherten Forderung. Also liegt die Grenze bei 150 % von 100 % der gesicherten Forderung, also bei 150.000,- €. Da Sicherheiten im Nennwert von 200.000,- € gewährt wurden, besteht ein Freigabeanspruch über Forderungen in Höhe von 50.000,- €.

hemmer-Methode: Beachten Sie, dass laut BGH bei der anfänglichen Übersicherung diese „150-%-Regel" nicht angewendet werden kann. Diese Grenze ist nur für das Entstehen eines Freigabeanspruches wegen nachträglicher Übersicherung anwendbar. Zur Feststellung der anfänglichen Übersicherung, die weiterhin zu § 138 I BGB führt, muss zum Zeitpunkt des Geschäftsabschlusses der Gesamtcharakter mit den guten Sitten unvereinbar sein. Dies erfordert aber eine weiter gehende Übersicherung.[178] Wie hoch diese Grenze sein soll, hat der BGH aber bislang nicht entschieden (vgl. nochmals Rn. 115).

Sollte tatsächlich einmal ein Fall anfänglicher Übersicherung gegeben sein – die Literatur schlägt teilweise eine Grenze von 200 %iger Übersicherung vor –, so wird man eine aus der Sicherungsabrede folgende Freigabepflicht verneinen müssen.

Begründen die Parteien die Vertragspflicht des Sicherungsgebers zur Bestellung von Sicherheiten im Übermaß, kann derselbe Sicherungsvertrag nicht zugleich die Pflicht des Sicherungsnehmers enthalten, gerade bestellte Sicherheiten wieder freizugeben.

Fortsetzung Lösung Ausgangsfall:

Die Parteien waren hier davon ausgegangen, dass der Darlehensrückzahlungsanspruch der B i.H.v. 500.000,- € durch Forderungen des U i.H.v. 600.000,- € bis 700.000,- € gesichert sein sollte. Da die Sicherheiten i.d.R. nicht nur den Hauptanspruch, sondern auch noch die Zinsen und ein eventuelles Prozessrisiko abdecken sollen, liegt ein Fall der Übersicherung jedenfalls nicht vor.

3. Fraglich ist, ob die konkurrierende Abtretung der Forderung gegen X im Rahmen des verlängerten Eigentumsvorbehalts an L dem Erwerb durch B entgegensteht.

Bei mehrfacher Abtretung derselben Forderung gilt grundsätzlich das Prioritäts- oder Präventionsprinzip, d.h. nur die zeitlich früher erfolgte Verfügung ist wirksam, die spätere ist gegenstandslos. Die h.M. begründet dies aus den §§ 185 II S. 2, 408 BGB. Würde das Prioritätsprinzip hier uneingeschränkt eingreifen, so hätte B die Leistung des X als Berechtigte entgegengenommen.

Denn die Globalzession erfolgte zeitlich vor dem Kaufvertrag über das Baumaterial, der den verlängerten Eigentumsvorbehalt beinhaltete. U hätte die Forderung gegen X zuerst dem B (im Wege der Globalzession) abgetreten, L hätte (über den verlängerten Eigentumsvorbehalt) nichts mehr erwerben können.

Vertragsbruchtheorie

Der BGH geht deshalb im Ausgangspunkt vom Prioritätsprinzip aus, schränkt es aber über § 138 I BGB stark ein, wenn die Globalzession und der verlängerte Eigentumsvorbehalt zusammentreffen.[179] Er arbeitet mit dem Begriff der sog. Vertragsbruchtheorie. Danach ist eine Globalzession sittenwidrig und geht dem verlängerten Eigentumsvorbehalt nicht vor, wenn **123**

⇨ der Abtretende (hier U) seine Lieferanten aufgrund der Globalzession notwendig über den rechtlichen Erfolg der Vorausabtretung an sie täuscht, d.h. den Lieferanten vertraglich Forderungen abtritt, über die er bereits verfügt hat;

178 Vgl. BGH, NJW 1998, 2047-2048 = jurisbyhemmer.

179 Grundlegend BGHZ 30, 149-154 = jurisbyhemmer.

⇨ er hierdurch den Lieferanten gegenüber fortgesetzt grobe Vertragsverletzungen begeht;

⇨ der Zessionar der Globalabtretung (hier B) wusste oder wissen musste, dass der Abtretende i.d.R. nur unter verlängertem Eigentumsvorbehalt Rohstoffe einkaufen kann („Branchenüblichkeit").

Die tragenden Gedanken der Vertragsbruchtheorie sind also, dass die Globalzession unter den Gesichtspunkten der wirtschaftlichen Knebelung und der Verleitung zur Kredittäuschung sittenwidrig sein kann. Rechtsfolge der Sittenwidrigkeit nach § 138 I BGB ist, dass nicht nur die schuldrechtliche Sicherungsabrede, sondern auch die dinglich wirkende Sicherungszession unwirksam ist.

Da B wusste, dass U im modernen Warenkredit die zum Geschäftsbetrieb benötigten Baumaterialien nur unter verlängertem Eigentumsvorbehalt würde beziehen können, ist an sich auch die subjektive Sittenwidrigkeit zu bejahen. Etwas anderes könnte sich durch die Verzichtsklausel im Sicherungsvertrag (Nr. 3) ergeben.

Verpfl.- o. Zweckbest.-Klauseln

Dem Vorwurf der subjektiven Sittenwidrigkeit haben die Banken versucht zu entgehen, indem sie in die Kreditverträge neben der Globalzession sog. Verpflichtungs- oder Zweckbestimmungsklauseln aufgenommen haben. 124

Darin lässt sich der Kreditgeber z.B. bestätigen, dass der Kreditnehmer über die von der Globalzession erfassten Forderungen uneingeschränkt verfügungsberechtigt sei, der Kreditnehmer verpflichtet sich, den Kredit vorrangig zur Ausräumung des verlängerten Eigentumsvorbehalts zu verwenden oder Lieferanten, die nicht ohne verlängerten Eigentumsvorbehalt zu liefern bereit sind, auf die bestehende Globalzession hinzuweisen.

subj. Komponente von § 138 BGB

Der BGH hat nach anfänglichem Nachgeben[180] entschieden, dass auch solche Vertragszusätze die Banken nicht vom Vorwurf befreien, sittenwidrig zu handeln.[181] Derartige Vereinbarungen seien gerade in einer wirtschaftlichen Krise des Vorbehaltskäufers/Darlehensnehmers nicht geeignet, den Konflikt zu lösen. Die Klauseln verpflichten den Kreditnehmer zu einem Verhalten, mit dem er sich seinen Kredit bei den Warenlieferanten untergraben würde.

Die Bank kann sich i.d.R. auch nicht darauf verlassen, dass der Kreditnehmer mit dem Darlehen vorrangig die Warenlieferanten befriedigt, nur damit ihr die Sicherheiten erhalten bleiben, wenn das Darlehen nicht von vornherein zur Finanzierung eines einzigen Geschäftes dient.

Anforderungen an § 138 BGB abgeschwächt

Der BGH hat so die Anforderungen an die subjektive Komponente der Sittenwidrigkeit abgeschwächt und für Branchen, in denen der verlängerte Eigentumsvorbehalt üblich ist, praktisch aufgegeben.

Um dem Vorwurf der Sittenwidrigkeit zu entgehen, haben die Kreditgeber die Rechtsposition des Warenlieferanten zu stärken versucht, indem sie in die Darlehensverträge schuldrechtliche Verzichtsklauseln aufnahmen. Diese Klauseln stellen Verträge zugunsten Dritter (§ 328 I BGB) dar. Begünstigt wird der Warenlieferant. 125

Die Nr. 3 des Kreditvertrages im Beispielsfall stellt eine solche Regelung dar. Der Lieferant L erwirbt durch den Darlehensvertrag einen Anspruch gegen die Bank B auf Abtretung derjenigen Zahlungsansprüche gegen die Auftraggeber des U, die ihr ohne die Globalzession direkt aufgrund des verlängerten Eigentumsvorbehalts zugestanden hätten.

180 BGH, NJW 1960, 1003-1004.

181 BGH, NJW 1968, 1516-1519 = **juris**byhemmer; BGH, NJW 1969, 318-320 = **juris**byhemmer.

schuldrechtliche Verzichtsklauseln nicht ausreichend

Der BGH hat die schuldrechtlichen Teilverzichtsklauseln nicht gebilligt.[182] Zum einen würde dem Vorbehaltslieferanten die Durchsetzung seiner Rechte aus der Forderung unangemessen erschwert: Der Lieferant muss sich mit einem ihm unbekannten Dritten auseinander setzen statt mit seinem Abnehmer, der regelmäßig bezüglich der Forderungen einziehungsbefugt ist; zudem läuft der Lieferant Gefahr, die Forderung in zwei Prozessen einklagen zu müssen, nämlich einmal gegenüber der Bank B und nochmals beim Auftraggeber X.

Zum anderen wird dem Vorbehaltslieferanten das (i.d.R. freilich niedrige) Insolvenzrisiko des Geldkreditgebers aufgeladen. Der nur schuldrechtliche Anspruch gegen B verschafft dem L in der Insolvenz der Bank keinerlei Vorzugsrecht, während die durch den verlängerten Eigentumsvorbehalt im Voraus abgetretene Forderung aus der Verwertung der Vorbehaltsware ihn in der Insolvenz des Auftraggebers X zur Absonderung berechtigt.[183]

Die Rechtsprechung hat die Anwendung des § 138 I BGB damit weiter verobjektiviert. Die Nichtigkeit der Globalzession ist keine Strafe für unlautere Gesinnung, sondern Reaktion auf eine objektive „Fehlentwicklung der privatwirtschaftlichen Autonomie“.

dingliche Verzichtsklauseln

Nach dem BGH kann die Sittenwidrigkeit der Globalzession nur durch eine **dingliche Verzichtsklausel** abgewendet werden. Danach wird die Abtretung einer Forderung, die auch von dem verlängerten EV erfasst wird, erst dann wirksam, wenn der verlängerte EV erlischt. Eine solche Klausel kann z.B. lauten: 126

„Falls die der Bank abgetretenen Forderungen von Lieferanten des Sicherungsgebers aufgrund verlängerten EVs berechtigterweise in Anspruch genommen werden können, soll die Abtretung erst mit dem Erlöschen des verlängerten EVs wirksam werden. Die Bank ist berechtigt, den EV durch Leistung an die Lieferanten abzulösen."

hemmer-Methode: Unterscheiden Sie schuldrechtliche Freigabe- und dingliche Verzichtsklausel! Erinnern Sie sich an die Sicherungsübereignung, wo früher zur Vermeidung des § 138 BGB eine schuldrechtliche Freigabeklausel erforderlich war, aber auch genügte.
Dies galt auch für die Sicherungs- (auch Global-) Zession, soweit es um den Gesichtspunkt der Übersicherung, also um den Schutz des SG ging. Wo der Schutz Dritter bezweckt ist, hier also durch die Vertragsbruchtheorie der Warenkreditgeber, ist eine dinglich wirkende Klausel erforderlich.

Im Ergebnis hat daher B die Forderung gegen X nicht erworben, weil die Abtretung an ihn gemäß § 138 I BGB nichtig war und der Abtretung an L daher nicht vorgegangen ist. 127

Die Leistung des X an B müsste dem L als Berechtigtem gegenüber wirksam gewesen sein.

Nachdem B die Forderung gegen X durch die Globalzession nicht erwerben konnte, stand dem Erwerb der Forderung durch L im Wege des verlängerten EV nichts im Wege. Zwar kann auch ein verlängerter EV unter den Gesichtspunkten der wirtschaftlichen Knebelung des Kreditnehmers sittenwidrig sein. Dafür liegen hier aber keine Anhaltspunkte vor.[184]

X könnte durch § 407 BGB analog durch die Zahlung an B dem L gegenüber frei geworden sein.

Eine gesetzliche Regelung für die Auswirkungen der Kollision zwischen Globalzession und verlängertem EV auf die Stellung des Schuldners findet sich nicht (vgl. §§ 408 - 409 BGB). Der Schutzzweck dieser Vorschriften passt aber auch in dem Falle, wenn ausnahmsweise von mehreren Abtretungen einer Forderung die erste unwirksam ist.

182 BGHZ 72, 308-316 = **juris**byhemmer.

183 Vgl. BGH, WM 1971, 71-74 (72) = **juris**byhemmer.

184 Vgl. dazu BGH, WM 1969, 1072-1075 = **juris**byhemmer.

Denn dem S, der den Abtretungsvorgang nicht durch seine Mitwirkung beeinflusst, darf das Risiko nicht angelastet werden, das aus der Unsicherheit über die Person des Gl entspringt. X durfte auf den Rechtsschein der stillen Zession vertrauen, als ihm diese von B aufgedeckt wurde. (Das erfolgt in der Praxis durch Vorlage der Abtretungserklärung an U.) X ist ähnlich schutzwürdig wie ein S, der an den Zweitzessionar in Unkenntnis der früheren Abtretung leistet (§ 408 BGB) oder dem der Gl eine Abtretungsanzeige macht (§ 409 BGB) oder der in Unkenntnis der Abtretung an den ursprünglichen Gl leistet (§ 407 BGB).

Die Zahlung des X an die B war dem L gegenüber daher gemäß § 407 BGB analog wirksam.

hemmer-Methode: Sollte kein Tatbestand der §§ 407 ff. BGB eingreifen, denken Sie auch an die Möglichkeit der §§ 362 II, 185 BGB. Die h.M. lässt eine solche Genehmigung angesichts der klaren Regelung in diesen Vorschriften trotz der „Relativität des Schuldnerschutzes“ durch §§ 407 ff. BGB zu, d.h. obwohl es an sich dem Schuldner offen steht, auch auf diesen Schutz zu verzichten.

Ergebnis: L hat gegen B einen Anspruch auf Zahlung von 75.000,- € aus § 816 II BGB.

Kritik der Literatur

In der Literatur wird teilweise der Ausgangspunkt des BGH kritisiert und das Prioritätsprinzip aufgegeben. Damit wollte man erreichen, von der starren Rechtsfolge der Vertragsbruchtheorie loszukommen. 128

Surrogationsgedanke

Eine solche Meinung begründet den Vorrang der Abtretung unter verlängertem EV mit dem Surrogationsgedanken. Diese Abtretung ersetze nämlich den wirtschaftlichen Wert des Vorbehaltseigentums, auf das der Geldkreditgeber vor der Weiterveräußerung durch den Kreditnehmer/Vorbehaltskäufer auch nicht hätte zugreifen können.[185] Der BGH hat diese Auffassung abgelehnt.

Der Grundsatz der Surrogation habe im geltenden Recht einen Anwendungsbereich, der auf die gesetzlich geregelten Fälle beschränkt sei, und dazu gehöre diese Fallkonstellation nicht.[186] Waren- und Geldkreditgeber stünden grundsätzlich gleichberechtigt nebeneinander, ein Vorrang des einen vor dem anderen sei wirtschaftlich schwer zu begründen.

a.A.: Aufteilung der Forderung

Daran anknüpfend haben andere sich für eine Aufteilung der abgetretenen Forderung zwischen den kreditgebenden Zessionaren eingesetzt.[187] Z.T. soll die Forderung nach der Kredithöhe der Beteiligten geteilt werden, z.T. nach Wertquoten, z.T. wird eine nicht ausdrücklich vereinbarte dingliche Verzichtsklausel durch Auslegung in die Globalzession hineininterpretiert. Soweit der BGH zu diesen Lösungsvorschlägen Stellung nehmen konnte, hat er sie unter den Gesichtspunkten der mangelnden Praktikabilität, des Verstoßes gegen das Bestimmtheitsgebot und wegen fehlender rechtlicher Legitimation verworfen.[188]

Die Quotierungsmöglichkeiten erfordern i.d.R. komplizierte Berechnungen aufgrund umfangreicher Unterlagen und führen zu einem gesteigerten Maße an Rechtsunsicherheit. Denn kein Kreditgeber wird wissen, in welcher Höhe er sich aus der Sicherheit, die er sich im Voraus hat abtreten lassen, später wirklich befriedigen kann. Deshalb ist der Lösung des BGH zuzustimmen.

185 Z.B. Schmidt, DB 1977, 65 ff.

186 BGHZ 30, 149-154 (152) = jurisbyhemmer.

187 Erman, BB 1959, 1109; Beuthien, BB 1971, 375.

188 BGH, WM 1960, 838-840; BGH, WM 1969, 114-116 = jurisbyhemmer; BGHZ 32, 361-367 (364).

hemmer-Methode: Bei der Kollision von Globalzession und verlängertem EV handelt es sich um einen Klassiker, den Sie beherrschen müssen. Achten Sie auch auf die Sonderprobleme, die im Sachverhalt angelegt sein können, z.B. die Zahlung an die Bank als Zahlstelle (vgl. o.). Ein solches ist auch die Frage, ob die Bank sich auf § 818 III BGB berufen kann, wenn sie im Vertrauen auf den Zahlungseingang dem Unternehmer einen neuen Kredit eingeräumt hat: Die h.M. verneint dies, da die Bank dieses Risiko aus Wertungsgesichtspunkten nicht dem Warenkreditgeber aufbürden könne.

Exkurs:

Auch die Nichtanwendbarkeit der Vertragsbruchtheorie auf das (nach der Rechtsprechung nur echte) Factoring eignet sich als Klausurproblem.[189] Ausführlich und examenstypisch dargestellt ist das Factoring im Kontext des § 816 II BGB.[190] Factoring war wegen seiner wirtschaftlichen Bedeutung schon mehrfach Inhalt von Examensklausuren.

Der BGH differenziert bei der Factoring-Globalzession zwischen dem echten und dem unechten Factoring. Beim **echten Factoring** übernimmt der Factor das Delkredere-Risiko. Der Kunde des Factors kann den Kaufpreis also endgültig behalten.

Durch die Vereinbarung einer (echten) Factoring-Globalzession werden daher nicht zwangsläufig spätere Vereinbarungen mit dem Warenlieferanten verletzt. Ein Vertragsbruch droht nicht, die Abtretung an einen echten Factor ist folglich nicht sittenwidrig. Es bleibt bei der Anwendung des Prioritätsprinzips mit der Folge, dass der Factoringzession der Vorrang zukommt.

Anders soll nach Ansicht der Rechtsprechung die Rechtslage beim **unechten Factoring** sein.

Das unechte Factoring dient der Kreditierung des Kunden. Das Insolvenzrisiko bezüglich des Dritterwerbers verbleibt beim Sicherungsgeber. Die Abtretung erfolgt also nicht endgültig, sondern zunächst nur zur Sicherung der vom Factor gezahlten Summe. Ist die Forderung uneinbringlich, steht dem Sicherungsgeber der Kaufpreis aus dem Forderungsverkauf nicht zu. Die Rechtsprechung löst daher den Interessenkonflikt zwischen dem verlängerten Eigentumsvorbehalt und dem unechten Factoring ebenso wie beim Zusammentreffen von verlängertem Eigentumsvorbehalt und Sicherungsglobalzession. Sie geht also vom Prioritätsprinzip aus und fragt dann mit der Vertragsbruchtheorie, ob die zeitlich vorherige Zession nichtig ist.[191]

Exkurs Ende

189 Vgl. dazu Reinicke/Tiedtke, Kreditsicherung, S. 330 f.; Bülow, JuS 1994, 766 ff.; Hübner/Goerke, JA 1984, 265 ff.

190 Vgl. Hemmer/Wüst, Bereicherungsrecht, Rn. 404 ff.

191 Überzeugen kann diese Lösung freilich nicht, denn anders als bei der Globalzession erhält der Vorbehaltskäufer auch beim unechten Factoring zunächst einmal den Gegenwert der Kaufpreisforderung ausgezahlt. Er gelangt also in den Besitz des Geldes genauso, als wenn ihn der Dritterwerber bezahlt hätte. Auch bei einer Bezahlung durch den Abnehmer des Vorbehaltskäufers ist aber nicht gewährleistet, dass der Vorbehaltsverkäufer tatsächlich den Erlös erhält. Es ist daher nicht einzusehen, weshalb er beim unechten Factoring besser gestellt sein soll. Hinzu kommt, dass die Abtretung an den Factor nicht nur zu Sicherungszwecken, sondern auch erfüllungshalber (§ 364 II BGB) erfolgt und der Factor daher auch bei wertender Betrachtung der Forderung näher steht als der sonstige Kreditgeber. Echtes und unechtes Factoring sind folglich gleich zu behandeln. Ihre Wirksamkeit wird durch eine mögliche Kollision mit einem verlängerten Eigentumsvorbehalt nicht berührt; vgl. dazu Leible/Sosnitza, Grundfälle zum Recht des Eigentumsvorbehalts in JuS 2001, 449 ff. (453).

V. Die Mantelzession

Mantelzession

129 Bei einer Sicherungszession i.V.m. einer Einziehungsermächtigung wird die sichernde Forderung durch Zahlung des Dritt-S an den SG getilgt. Aus der Einziehungsermächtigung ergibt sich auch die Empfangszuständigkeit des SG, §§ 362 II, 185 BGB. Da das gesicherte Darlehen meist erst später fällig wird als die sichernde Forderung, darf der SG den Betrag normalerweise auch behalten. Dem SG geht damit jeweils eine sichernde Forderung verloren. Diese Problematik wird in der Praxis häufig durch eine Mantelzession überwunden.

Dabei vereinbaren SG und SN, dass der SG den Umfang der sichernden Forderungen beim SN auf einer bestimmten Höhe halten muss (Mindestdeckungsbestand).

Der SG ist danach verpflichtet, durch Erfüllung erloschene Forderungen durch neue zu ersetzen. Dies erfolgt meist durch regelmäßig neu erstellte Forderungsverzeichnisse.

H) Der Eigentumsvorbehalt[192]

Eigentumsvorbehalt vor allem bei Kaufvertrag

130 Der Eigentumsvorbehalt (EV) ist ein Sicherungsmittel, das i.d.R. bei Kaufverträgen (und somit auch bei Verträgen gemäß § 651 BGB) Verwendung findet.

Der Verkäufer, der gleichzeitig Gl und SN ist, sichert seine Kaufpreisforderung gegen den Käufer, der gleichzeitig S und SG ist, durch Erhalt des dinglichen Herausgabeanspruches, wenn der Kaufpreis nicht sofort oder nicht vollständig bei Übergabe des Kaufgegenstandes entrichtet wird.

I. Besonderheiten des Eigentumsvorbehalts

SG = S; Sicherung durch Kaufgegenstand

131 Verglichen mit den bisher erörterten Sicherungsmitteln ist der EV insofern atypisch, als sich dem SN weder eine dritte Person verpflichtet (wie bei den Personalsicherheiten), noch der SG einen Gegenstand aus seinem aktuellen Vermögen dem Zugriff des SN preisgibt (wie bei den Realsicherheiten).

Die Absicherung des Gl geschieht hier vielmehr dadurch, dass er eine eigene Leistungspflicht solange nicht zu erfüllen braucht, wie der S seinerseits seine Pflichten noch nicht endgültig erfüllt hat: Eine Teilerfüllung bedingt die andere.

hemmer-Methode: Deshalb wird in Frage gestellt, ob der Eigentumsvorbehalt überhaupt ein Sicherungsmittel sei, zumal das vorbehaltene Eigentum auch v.a. die (möglicherweise erforderliche) Rückgabe der Sache sichert. Letztendlich liegt aber der „Kredit", den der Eigentumsvorbehaltsverkäufer als SN gibt, darin, dass er ohne vollständige Zahlung z.T. vorleistet, und die Möglichkeit, die Sache zurückzuverlangen, sichert in gewisser Weise auch den noch ausstehenden Kaufpreis. Insofern ist also die Interessenlage jedenfalls vergleichbar.

schuldrechtliches Entstehen: ausdrücklich o. Auslegung

132 Vereinbart wird der EV meist im Kaufvertrag. Darin verpflichtet sich der Verkäufer, der Gl, zur Übergabe und zur aufschiebend bedingten Übereignung der Kaufsache (§ 433 I BGB). Häufig befindet sich eine entsprechende Klausel in den AGB des Verkäufers.

192 Vgl. dazu Leible/Sosnitza, Grundfälle zum Recht des Eigentumsvorbehalts in JuS 2001, 244 ff., 341 ff., 449 ff.

Auch ohne ausdrückliche Erklärung kann sich der EV durch Auslegung ergeben (§ 157 BGB), besonders in Wirtschaftssparten, in denen die Vereinbarung des EV üblich ist. Die Vereinbarung im Kaufvertrag stellt die schuldrechtliche Sicherungsabrede dar. Dabei ist darauf zu achten, dass der Kaufvertrag selbst unbedingt geschlossen wird.

sachenrechtliches Entstehen: §§ 929, 930, 158 BGB

Davon ist die dingliche Rechtslage abzugrenzen. Sachenrechtlich entsteht der EV, indem der Verkäufer dem Käufer die Sache übergibt (§ 929 BGB) oder ihn über die Vereinbarung eines Besitzkonstitutes zum mittelbaren Besitzer macht (§ 930 BGB) oder ihm den Herausgabeanspruch gegen einen Dritten abtritt (§ 931 BGB) und indem er sich mit dem Käufer dinglich darüber einigt, dass das Eigentum im Falle des Eintritts einer aufschiebenden Bedingung übergehen soll (§§ 929, 158 I BGB). 133

hemmer-Methode: Der schuldrechtliche Vertrag ist ein wichtiges Indiz für die Auslegung der Übereignung: Soweit keine anderen Anhaltspunkte vorliegen, ist die Übereignung so zu verstehen, wie sie schuldrechtlich auch geschuldet wird. Fehlt eine Regelung im schuldrechtlichen Vertrag, ist aber immer an einen sog. nachträglichen Eigentumsvorbehalt zu denken. Wiederum gilt: Schuldrecht und Sachenrecht sind getrennt zu beurteilen!
Dementsprechend kann der Käufer beim Autokauf das Einbehalten des Kfz-Briefes bei der Übergabe des Fahrzeugs nur so verstehen, dass der Verkäufer ihm das Eigentum am Fahrzeug nur unter der aufschiebenden Bedingung vollständiger Zahlung des Kaufpreises übertragen will. Dies auch dann, wenn der Kaufvertrag keine entsprechende Regelung enthält![193]

doppelte Auslegungsregel, § 449 BGB

Eine gesetzliche Regelung zum EV findet sich in § 449 BGB. § 449 BGB beinhaltet dabei eine Auslegungsregel, die sich auf den Inhalt des Kaufvertrages bezieht: 134

- ⇨ Im Zweifel soll die Bedingung, unter der der Käufer Eigentum an der Kaufsache erwerben soll und unter der auch die dingliche Einigung erklärt worden ist, die vollständige Zahlung des Kaufpreises sein, § 449 I BGB.
- ⇨ Will der Verkäufer die Sache zurückerlangen, muss er über die gesetzliche Rücktrittsregel des § 323 BGB zurücktreten, § 449 II BGB. Eine Abbedingung des Fristsetzungserfordernisses scheitert an § 309 Nr. 4 BGB.[194]

hemmer-Methode: Gerade in dieser Situation zeigt sich die eigentliche Bedeutung des Eigentumsvorbehalts. Wenn der Käufer nicht zahlt, könnte der Verkäufer auch bei unbedingter Übereignung zurücktreten und das Eigentum gem. § 346 I BGB zurückverlangen. Wurde aber das Insolvenzverfahren über das Vermögen des Käufers eröffnet, fällt die Sache als eine solche des Käufers dann in die Insolvenzmasse. Gerade dazu kommt es im Falle des Eigentumsvorbehalts nicht, sodass der Eigentümer, also der Vorbehaltsverkäufer, die Sache dann aussondern kann.

Solange die Bedingung noch nicht eingetreten ist, verbleibt dem Verkäufer das auflösend bedingte Volleigentum (Vorbehaltseigentum). Der Käufer erwirbt bis dahin ein Anwartschaftsrecht an der Sache.

193 BGH, NJW 2006, 3488-3490 = **juris**byhemmer; **Life&Law 02/2007, 89 ff.**

194 Vgl. Schulze/Kienle, NJW 2002, 2842-2844 (2843).

II. Das Anwartschaftsrecht

Entstehung v. Vollrecht in mehreren Etappen; gesicherte Rechtsposition

Durch die aufschiebend bedingte Übereignung erlangt der Vorbehaltskäufer ein Anwartschaftsrecht an der Kaufsache. Von einem solchen spricht man, wenn die Entstehung des Vollrechts sich in mehreren Etappen vollzieht und von diesen schon so viele erreicht sind, dass der Erwerbende eine gesicherte Rechtsstellung innehat. Das ist jedenfalls dann der Fall, wenn der Vollrechtserwerb allein in den Händen des Erwerbers liegt und der Veräußerer diese Aussicht nicht mehr durch eine einseitige Erklärung zerstören kann.[195] 135

Anwartschaftsrecht als wesensgleiches Minus zum Eigentum

Das Anwartschaftsrecht wird als „wesensgleiches Minus"[196] zum Vollrecht bezeichnet und deshalb weitgehend auch wie das Vollrecht behandelt, z.B. bei der Übertragung (Einigung und Übergabe der Sache gem. § 929 S. 1 BGB analog, nicht: §§ 413, 398 BGB). 136

Abhängigkeit vom Verpflichtungsgeschäft

Das an einer unter EV verkauften Sache entstandene Anwartschaftsrecht unterscheidet sich qualitativ jedoch auch in einem wesentlichen Punkt vom Volleigentum: Es ist in seinem Bestand abhängig vom schuldrechtlichen Verpflichtungsgeschäft, dem Kaufvertrag. Fällt dieser nachträglich weg, z.B. durch Rücktritt, § 323 BGB, oder Aufhebung, dann erlischt auch das Anwartschaftsrecht. Maßgeblich ist, ob der Bedingungseintritt noch möglich ist. Ist dies nicht mehr der Fall, ist das Anwartschaftsrecht erloschen.

Verfügung des AWR-Berechtigten

Verfügt der Vorbehaltskäufer über das Anwartschaftsrecht, so tut er das als (dinglich) Berechtigter; soweit ihm das durch den Vertrag mit dem Vorbehaltsverkäufer untersagt ist, wirkt dieses Verbot nicht dinglich, § 137 BGB. Es ist aber jeweils genau zu prüfen, ob der Anwartschaftsberechtigte berechtigt über das Anwartschaftsrecht oder als Nichtberechtigter über das Eigentum verfügt. 137

> ***Bsp.:** SG hat bei Gl eine computergesteuerte Drehbank unter Eigentumsvorbehalt gekauft. Er kommt nach einiger Zeit in Geldnot und will, um die Ratenzahlungen weiter leisten zu können, bei B ein Darlehen aufnehmen. B gewährt das Darlehen, lässt sich aber die Drehbank gemäß §§ 929, 930 BGB zur Sicherheit übereignen.* 138
>
> *Vom Vorbehaltskauf weiß die B nichts. SG zahlt nun den Kaufpreis an Gl, hat aber nun wieder kein Geld und sieht sich daher gezwungen, die Drehbank erneut zur Sicherheit an den Geldgeber D zu übereignen. Als SG wenig später endgültig zahlungsunfähig ist, verlangen B und D das Sicherungsgut heraus.*
>
> Beide Sicherungsnehmer machen den Herausgabeanspruch aus § 985 BGB geltend. Wer nun tatsächlich Eigentümer geworden ist, dessen Begehren ist begründet.
>
> *bzgl. Eigentum keine Berechtigung bis Bedingungseintritt*
>
> B könnte von SG gemäß §§ 929, 930 BGB Eigentum erworben haben. SG war zur Zeit der Übereignung an B aber noch nicht Eigentümer der Drehbank, da die Bedingung der vollständigen Kaufpreiszahlung an Gl noch nicht erfüllt war.
>
> SG verfügte auch nicht mit Einwilligung des Gl als Nichtberechtigter, § 185 I BGB. Ein Eigentumserwerb auf diesem Wege scheidet daher aus.
>
> *gutgläubiger Erwerb möglich, aber i.d.R. § 933 BGB (-)*
>
> B könnte gutgläubig Eigentum vom Nichtberechtigten erworben haben, §§ 932 ff. BGB. Da B von der Eigenschaft der Drehbank als Vorbehaltsgut nichts wusste, war sie gutgläubig i.S.d. § 932 II BGB. Da ihr die Drehbank aber nach § 930 BGB veräußert worden ist, hätte sie erst dann gutgläubig Eigentum erwerben können, wenn ihr die Sache von SG übergeben worden wäre (§ 933 BGB). Da das nicht erfolgt ist, konnte B nicht gutgläubig von SG Eigentum erwerben.

---

195 Medicus, Bürgerliches Recht, Rn. 456.

196 BGHZ 28, 16-30 (21) = jurisbyhemmer.

Berechtigung hinsichtlich AWR; Umdeutung, § 140 BGB

B könnte gemäß §§ 929, 930, 158 I BGB das Eigentum erworben haben, als die Bedingung der vollständigen Kaufpreiszahlung an GI eintrat, wenn B zu diesem Zeitpunkt Inhaberin des Anwartschaftsrechts an der Drehbank gewesen ist. Das wäre der Fall, wenn ihr das Anwartschaftsrecht übertragen worden wäre.

Denn bezüglich des Vorbehaltseigentums war SG zwar Nichtberechtigter, bezüglich des Anwartschaftsrechts konnte er aber schon als Berechtigter verfügen. SG und B haben sich zwar nicht ausdrücklich über die Übertragung des Anwartschaftsrechts geeinigt. Wenn die Sicherungsübereignung der Sache selbst wegen § 933 BGB fehlschlägt, kann dieses Rechtsgeschäft nach Ansicht des BGH als eine Übertragung des Anwartschaftsrechts ausgelegt werden, weil der Kreditgeber dadurch wenigstens zum Teil gesichert wird.[197]

BMV ist Übergabesurrogat

Als Übergabesurrogat dient hier das Besitzmittlungsverhältnis, das die Parteien für den Übergang des Volleigentums vereinbart haben. Das Besitzkonstitut ist auch nicht wegen der missglückten Übereignung gemäß § 139 BGB nichtig, wenn der Erwerber dadurch wenigstens das Anwartschaftsrecht erlangt.[198] SG hat der B daher statt des Volleigentums sein Anwartschaftsrecht an der Drehbank übertragen. Mit Bedingungseintritt hat B unmittelbar Eigentum erworben (§ 158 I BGB).

bzgl. Zweiterwerber besteht dann keine Berechtigung mehr am AWR; auch § 933 BGB (-)

B könnte das Sicherungseigentum danach an D verloren haben, als SG die Sache erneut veräußerte. SG hat wieder als Nichtberechtigter verfügt, ohne dass B als dinglich Berechtigte eingewilligt hätte. Ein gutgläubiger Erwerb des D vom Nichtberechtigten scheitert wieder an § 933 BGB, es fehlt an der tatsächlichen Übergabe.

Hier kommt im Gegensatz zu oben auch keine Umdeutung in eine Verfügung über die Anwartschaft in Frage, denn SG war im Zeitpunkt der fehlgeschlagenen Übereignung auch nicht mehr Anwartschaftsberechtigter. Zwar ist auch der gutgläubige Erwerb eines (tatsächlich bestehenden) Anwartschaftsrechts nach h.M. möglich, jedoch würde auch dieser an § 933 BGB scheitern.

Im Ergebnis kann daher nur B und nicht D von SG die Herausgabe der Drehbank gemäß § 985 BGB verlangen.

hemmer-Methode: Das Anwartschaftsrecht birgt noch einige weitere klausurrelevante Probleme in sich.[199] Interessant ist auch die Konkurrenz der Ansprüche des Eigentümers und des Anwartschaftsberechtigten bei Eingriffen durch Dritte.
Hier werden nach h.M. dem Anwartschaftsberechtigten die dinglichen Ansprüche nach §§ 985, 1004 BGB entsprechend zugestanden, schuldrechtliche Ersatzansprüche dagegen sollen nach § 432 BGB behandelt werden.[200]

III. Akzessorietät

Akzessorietät bei EV

Bei den akzessorischen Sicherungsmitteln sind Entstehung und Fortbestand der Sicherung von der zu sichernden Forderung abhängig. Bei den nicht-akzessorischen Sicherungsmitteln entsteht die Sicherung unabhängig von der Forderung. Beim EV gilt Folgendes: 139

AWR von Kaufvertrag abhängig, sonst kein Bedingungseintritt

Ist die Verpflichtung nicht wirksam entstanden oder ist sie nachträglich wieder entfallen, z.B. durch Rücktritt, dann kann die Bedingung, unter der der Käufer Volleigentum erwirbt, nicht eintreten. Es gibt keinen Kaufpreisanspruch, den er erfüllen könnte.

197 BGHZ 50, 45-52 = **juris**byhemmer.

198 Medicus, Bürgerliches Recht, Rn. 560.

199 Allg. dazu Hemmer/Wüst, Sachenrecht II, Rn. 127 - 192.

200 S. dazu Müller-Laube, JuS 1993, 529 ff. und unten, Rn. 323.

Das Anwartschaftsrecht besteht nicht oder ist erloschen, der Verkäufer bleibt Volleigentümer, der Käufer ist nicht zur Zahlung verpflichtet. Im Falle der Unwirksamkeit des Kaufvertrages kann der Eigentümer seinen dinglichen Herausgabeanspruch nach § 985 BGB sofort realisieren, ohne dass der Käufer ein Besitzrecht aus § 986 I BGB hätte.

IV. Nachträglicher bzw, vertragswidriger EV

nachträglicher/vertragswidriger EV

Bsp.: *Gl und SG haben über eine Baumaschine einen Kaufvertrag geschlossen, ohne darin einen Eigentumsvorbehalt zu vereinbaren. Gl übergibt die Maschine einige Tage später einem Angestellten des SG. Als sich SG nach Feierabend die Lieferpapiere durchsieht, stellt er fest, dass sich Gl darin das Eigentum an der Maschine vorbehält, bis der Kaufpreis berichtigt sei. Wer ist Eigentümer?* ***140***

Die Antwort hängt allein davon ab, wie das Verhalten des Verkäufers Gl auf Seiten des Käufers SG objektiv verstanden werden konnte.

Hat der Verkäufer z.B. durch Übergabe der Kaufsache an einen Angestellten des Käufers die Sache wortlos übergeben und findet sich der vertragswidrige EV erst in den Papieren, dann ist vom Empfängerhorizont des Käufers her die Übereignung zunächst vollständig, d.h. ohne Bedingung, abgeschlossen. Denn der Verkäufer war zur unbedingten Übereignung verpflichtet; übergibt er nun die Kaufsache, ohne gegenüber dem Käufer oder dessen Vertreter einen Vorbehalt ausdrücklich zu erklären, so kann die Übergabe von der Empfängerseite nur als unbedingte Übereignung aufgefasst werden.

Anders ist die Rechtslage, wenn der Verkäufer dem Käufer bei der Übergabe vertragswidrig (bezogen auf den schuldrechtlichen Vertrag) unmissverständlich klarmacht, er übereigne die Sache nur unter EV. Der Verkäufer ist zwar auch hier zur unbedingten Übereignung verpflichtet, aber er erfüllt diese Verpflichtung eben nur unvollständig. Solange der Veräußerer die dingliche Einigungserklärung nicht unbedingt abgibt, erwirbt der Käufer allenfalls bedingt. Lehnt er das Angebot auf bedingte Verschaffung des Eigentums ab, erwirbt er gar keine dingliche Position.

Der Käufer hat also zwei Möglichkeiten:

Entweder lässt er sich auf die bedingte Verschaffung des Eigentums ein. Dann wird darin auch eine Vertragsänderung des schuldrechtlichen Vertrages zu sehen sein. Dann wird der EV nachträglich Bestandteil des Kaufvertrages. Aus dem „vertragswidrigen einseitigen EV" wird so ein nachträglich vereinbarter EV. Ob der Käufer der Vertragsänderung zugestimmt hat, ist den Umständen zu entnehmen.

hemmer-Methode: Für die dingliche Rechtslage ist dies freilich ohne Bedeutung. Es ist also möglich, den EV zu akzeptieren, ohne sich gleichzeitig auf eine Änderung des schuldrechtlichen Vertrages einzulassen.

Eine Zustimmung kann nicht allein in der Annahme der Sache gesehen werden, denn eine stillschweigende Billigung eines Vertragsverstoßes kann der anderen Partei grundsätzlich nicht unterstellt werden. Das gilt erst recht, wenn sich der Käufer bei der Annahme der Sache alle Rechte vorbehält. Zweifel gehen zu Lasten des Verkäufers.[201]

Oder der Käufer besteht auf der Durchführung des Kaufvertrages in seiner ursprünglichen Form. Dann kann er den Verkäufer auf Abgabe einer unbedingten Einigungserklärung verklagen. Mit der Rechtskraft des Urteils gilt die Einigung als abgegeben, § 894 I S. 1 ZPO. Eine entsprechende Verurteilung scheitert aber in aller Regel an § 320 BGB, sodass der Käufer faktisch keine Wahl hat: Er muss sich auf den EV einlassen.

201 Reinicke/Tiedtke, KaufR, Rn. 1280 ff.

Zurückübereignung an Käufer:

Wenn der Verkäufer nun einmal, wie im Beispielsfall, den Umständen nach unbedingt übereignet hat, kann er immer noch mit dem Käufer einen nachträglichen EV vereinbaren, wenn dieser sich dazu bereit erklärt. Dann muss das Eigentum an der Kaufsache wieder auf den Verkäufer zurückübertragen werden. Dafür gibt es zwei Wege: 141

§§ 929 S. 2, 158 I BGB mögl.

Entweder der Käufer übereignet dem Verkäufer die Sache unbedingt zurück (§§ 929, 930 BGB) und der Verkäufer rückübereignet sie ihm gleichzeitig unter der aufschiebenden Bedingung der vollständigen Kaufpreiszahlung, §§ 929 S. 2, 158 I BGB.[202]

h.M.:
§§ 929, 930, 158 II BGB

Oder der Käufer übereignet dem Verkäufer die Sache unter der auflösenden Bedingung der vollständigen Kaufpreiszahlung zurück, §§ 929, 930, 158 II BGB. Ihm verbleibt dann das Anwartschaftsrecht. Dieser von der Konstruktion her etwas einfachere Lösungsweg wird von der Lit. bevorzugt. Er führt zum selben Ergebnis.[203]

hemmer-Methode: Eine klausurrelevante Konstellation kann sich auch bei widersprechenden AGB (bezüglich des EV) ergeben: Schuldrechtlich fehlt die Übereinstimmung in Hinblick auf die AGB. In einem solchen Fall ist der Vertrag nach § 154 BGB im Zweifel nicht geschlossen. Durch Invollzugsetzung haben die Parteien aber zum Ausdruck gebracht, dass sie am Vertrag festhalten wollen. Es gilt dann dispositives Gesetzesrecht (Rechtsgedanke des § 306 BGB).
Vereinbart ist die Pflicht zur unbedingten Übereignung. Dann wird man auch die Stundung des Kaufpreises als unwirksam annehmen müssen, weil der Verkäufer dies nur mit EV vereinbart hätte. Dinglich fehlt die Übereinstimmung im Hinblick auf die bedingungslose Übereignung. Hier wird sich der EV aber durchsetzen, weil der Käufer wenigstens bedingtes Eigentum erwerben wollte.[204]

V. Der verlängerte EV[205]

verlängerter EV; Kombination von EV und Sicherungszession

Eine wichtige Sonderform des EV ist der verlängerte EV. Er stellt eine Kombination von EV und Sicherungsabtretung dar. Die Sicherungszession ersetzt das Vorbehaltseigentum als Kreditsicherungsmittel, da der Verkäufer das Vorbehaltseigentum mit der Veräußerung durch den Käufer an den Abnehmer verliert. Meistens wird er vereinbart, wenn der Vorbehaltskäufer ein Zwischenhändler ist und die Sache nur zum Zwecke des Weiterverkaufes ersteht. Der verlängerte EV beinhaltet i.d.R. vier Vereinbarungen: 142

Vereinbarung eines EV

⇨ Verkäufer und Käufer vereinbaren einen EV;

Erlaubnis zur Veräußerung

⇨ der Verkäufer ermächtigt den Käufer gemäß § 185 I BGB, die Sache im Rahmen einer ordnungsgemäßen Wirtschafts- und Geschäftsführung weiterzuveräußern;

Vorausabtretung

⇨ die Kaufpreisforderung, die aus dem Kaufvertrag zwischen dem Käufer und seinem Abnehmer entsteht, lässt sich der Verkäufer zur Sicherheit für seinen Kaufpreisanspruch gegen den Käufer im Voraus abtreten, § 398 S. 2 BGB;

Einziehungsermächtigung

⇨ der Käufer wird vom Verkäufer zur Einziehung der Forderung gegen den Abnehmer ermächtigt.[206]

202 BGH, NJW 1953, 217-219

203 Reinicke/Tiedtke, KaufR, Rn. 1279.

204 Dazu Reinicke/Tiedtke, KaufR, Rn. 1279 ff.

205 Vgl. dazu Leible/Sosnitza, Grundfälle zum Recht des Eigentumsvorbehalts in JuS 2001, 449 ff.; zum Zusammenspiel zwischen verlängertem Eigentumsvorbehalt und gutgläubigem Erwerb siehe **Life&Law 03/2004, 165 ff.**

206 Zur Einziehungsermächtigung s.o. Rn. 118.

VI. Eigentumsverlust durch Verarbeitung[207]

bei Verarbeitung nur Anspruch aus §§ 951, 812 BGB; nicht aus § 985 BGB

Wenn der Käufer nicht nur Zwischenhändler ist, sondern die vom Verkäufer gelieferte Ware vor dem Weiterverkauf verarbeitet, kann der Verkäufer Gefahr laufen, das Vorbehaltseigentum nicht erst durch die Veräußerung an den Abnehmer, sondern gemäß § 950 I BGB bereits durch Verarbeitung an den Käufer zu verlieren. Ihm bliebe dann nur ein Bereicherungsanspruch gegen den Käufer (§§ 951 I, 812 I S. 1 Alt. 2 BGB). Der dingliche Herausgabeanspruch ist dagegen erloschen. 143

Verarbeitungsklausel

Um das zu vermeiden, ergänzen die Parteien den verlängerten EV um eine sog. Verarbeitungsklausel. Zur Verdeutlichung der Bedeutung des verlängerten EV und zur Erläuterung der Verarbeitungsklausel folgender Fall:

Bsp.: *Gl liefert in ständiger Geschäftsbeziehung Holz an SG, der eine kleine, nicht ins Handelsregister eingetragene Tischlerei handwerksmäßig betreibt. Gl behält sich bei Lieferung das Eigentum bis zur vollständigen Bezahlung vor. Außerdem ist vereinbart, dass alle von SG aus dem Holz hergestellten Erzeugnisse für Gl hergestellt werden, und dass Forderungen aus dem Verkauf solcher Produkte im Voraus an den Gl abgetreten werden. Der SG soll nach der Sicherungsabrede einziehungsberechtigt sein, solange die Verfügung im Rahmen des ordnungsgemäßen Geschäftsverkehrs erfolgt.* 144

SG stellt aus dem Holz Stühle her, die er an A verkauft. Dieser hat ein großes Möbelhaus und stellt bei Abschluss des Kaufvertrages die Bedingung, dass die Abtretbarkeit der Kaufpreisforderung ausgeschlossen werden solle, damit sich sein eigener Abrechnungsverkehr übersichtlicher gestalte. Um den Geschäftsabschluss nicht zu gefährden, geht SG darauf ein. Als SG zahlungsunfähig wird, wendet sich Gl an A und verlangt Zahlung des Kaufpreises, den A noch nicht an SG geleistet hat. Hilfsweise will Gl die Stühle herausverlangen.

Anspruch von Verkäufer gegen Dritten, §§ 433 II, 398 S. 2 BGB?

Gl könnte gegen A einen Zahlungsanspruch aus §§ 433 II, 398 S. 2 BGB haben. Der Kaufvertrag ist zwischen A und SG geschlossen worden. Gl ist nach der Sicherungsabrede mit SG berechtigt, die Kaufpreisforderung zu verlangen und so die Sicherung zu verwerten.

wirksame Vorausabtretung an Verkäufer notwendig

Voraussetzung dafür, dass Gl die Forderung gegen A erheben kann, ist aber, dass SG sie ihm wirksam im Voraus abgetreten hat. Das ist wegen des zwischen SG und A vereinbarten Abtretungsverbotes zweifelhaft. Fraglich ist, ob dieses Abtretungsverbot wirksam ist.

e.A.: kein nachträgliches Abtretungsverbot möglich

Eine Meinung hält ein Abtretungsverbot gemäß § 399 Alt. 2 BGB, das zeitlich nach der Vorausabtretung vereinbart wird, deshalb für unwirksam, weil der Abtretende zu diesem Zeitpunkt keine Verfügungsmacht mehr über die betreffende Forderung habe.[208]

aber Erwerb durch Verkäufer nur so, wie von Käufer vereinbart

Das kann aber nicht richtig sein: Der Zessionar einer abgetretenen künftigen Forderung erwirbt diese immer nur in der Form, in der sie tatsächlich später entsteht. Wird nun bei Begründung der vorausabgetretenen Forderung ein Abtretungsverbot zwischen Zedent und S (hier SG und A) vereinbart, so muss der Zessionar dies ebenso hinnehmen, als wenn die Forderung überhaupt nicht entstanden wäre.

nach BGH grds. Abtretungsverbot möglich, aber § 138 BGB bei einseitiger Interessenlage

Der BGH[209] hat daher das Abtretungsverbot grundsätzlich für möglich erachtet, seine Wirksamkeit aber noch an § 138 I BGB gemessen. Das Abtretungsverbot wäre unwirksam, wenn es einseitig die Interessen des Abnehmers vor die schutzwürdigen Belange von Vorbehaltsverkäufer und -käufer stellen würde. Einerseits besteht ein anerkennenswertes Interesse des Abnehmers daran, durch das Abtretungsverbot die eigene Rechnungsführung überschaubarer zu gestalten und so z.B. die Gefahr von Doppelzahlungen zu vermeiden.

207 Vgl. Leible/Sosnitza, Grundfälle zum Recht des Eigentumsvorbehalts in JuS 2001, 449 ff. (455).

208 Serick, EV und Sicherungsübereignung, Bd. IV, § 51 III S.2.

209 BGHZ 51, 113-119 = **juris**byhemmer;

Andererseits besteht das berechtigte Interesse des Vorbehaltsverkäufers an der Sicherung seines Kaufpreisanspruchs durch den verlängerten EV. Und drittens hat der Vorbehaltskäufer ein Interesse am Erhalt seiner wirtschaftlichen Bewegungsfreiheit: Würde er dem verlängerten EV mit Gl nicht zustimmen, so würde er Gefahr laufen, keine Ware zu bekommen; weigerte er sich, dem Abtretungsverbot mit A zuzustimmen, so würde er wahrscheinlich seinen Hauptabnehmer verlieren.

In dieser Situation hat der BGH das Abtretungsverbot letztlich für wirksam erachtet: Es sei Sache des Vorbehaltskäufers, dem Vorbehaltsverkäufer das Abtretungsverbot zu offenbaren, wenn er nicht auf den Abschluss des Kaufvertrages mit seinem Abnehmer verzichten könne; dann müssten entweder die am Vorbehaltskauf beteiligten Parteien die Zustimmung des Abnehmers zur Abtretung an den Vorbehaltsverkäufer zu erlangen versuchen, oder der Verkäufer müsste sich entschließen, unter Verzicht auf den verlängerten EV zu liefern. Ebenso entscheidet sich die h.M., wenn sie die Wirksamkeit des Abtretungsverbotes an § 307 I BGB misst.[210]

Da SG und A die Abtretbarkeit der Kaufpreisforderung wirksam ausgeschlossen haben (§ 399 Alt. 2 BGB), konnte Gl die Forderung nicht im Wege der Vorausabtretung erwerben. Er hat insoweit keinen Zahlungsanspruch gegen A gemäß §§ 433 II, 398 BGB.

Etwas anderes ergibt sich auch nicht aus § 354a I S. 1 HGB. Aufgrund der Größe der Tischlerei und der fehlenden Eintragung ins Handelsregister ist davon auszugehen, dass SG nicht Kaufmann i.S.d. §§ 1 II, 2 HGB ist. Die Voraussetzungen für eine Anwendung des § 354a I S. 1 HGB liegen also nicht vor.[211]

hemmer-Methode: Obige Fallkonstellation ist mit Einführung des § 354a I S. 1 HGB nur noch eingeschränkt für die Klausur verwendbar, so wenn nur auf einer Seite ein Handelsgeschäft vorliegt. Da aber damit examenstypische Fragen abgeprüft werden können, ist auch weiterhin mit Klausuren aus diesem Gebiet zu rechnen.

Anspruch von Verkäufer aus § 985 BGB?

Gl könnte von A Herausgabe der Stühle gemäß § 985 BGB verlangen. Dann müsste Gl Eigentümer der Stühle sein und A ihm gegenüber nicht zum Besitz berechtigt sein. 145

fraglich, wer Hersteller i.S.v. § 950 BGB ist

Gl war Eigentümer des Holzes, aus dem die Stühle hergestellt worden sind, aufgrund des EV, der mit SG vereinbart war. SG hat aber durch Verarbeitung der Rohmaterialien neue bewegliche Sachen hergestellt. Dadurch, dass das gelieferte Holz als eigenständige Sache im rechtlichen Sinne aufgehört hat zu existieren, ist auch das daran bestehende Vorbehaltseigentum des Gl erloschen.

nach h.M. aufgrund Verarbeitungsklausel der Verkäufer

Gl könnte aber gemäß § 950 I BGB durch Verarbeitung Eigentümer der Stühle geworden sein. Tatsächlich produziert hat die Stühle der SG. Wer aber „Hersteller“ i.S.d. § 950 BGB ist, könnte sich nach der Vereinbarung zwischen Gl und SG richten, wonach SG „für Gl“ aus der Vorbehaltsware herstellen soll (Verarbeitungsklausel).

Während die h.M. die Zulässigkeit solcher Verarbeitungsklauseln grundsätzlich bejaht, ist die dogmatische Begründung strittig:

Begründung str.

Die Rspr.[212] hält die gesetzliche Regelung des § 950 BGB für zwingend. Nur wer herstellt, wird Eigentümer. Allerdings hält sie Parteiabreden darüber, wer als Hersteller anzusehen sei, für wirksam. Entscheidend dafür, wer im Zweifel Geschäftsherr des Verarbeitungs- oder Umbildungsvorganges sei und damit Hersteller, sei die Verkehrsanschauung. Nicht entscheidend sei dagegen, ob der Produzent (SG) bei der Verarbeitung an die Verarbeitungsklausel gedacht habe, oder gar für sich selbst habe herstellen wollen.

210 Palandt, § 399 BGB, Rn. 10.

211 Generell zur Reichweite des § 354a HGB vgl. BGH, NJW-RR 2005, 624-626 = **juris**byhemmer = **Life&Law 12/2005, 810 ff.**

212 BGHZ 14, 114-122 (117) = **juris**byhemmer; BGHZ 20, 159-164 = **juris**byhemmer.

Eine andere Meinung hält § 950 BGB daher für abdingbar. Parteiabreden gingen der gesetzlichen Regelung vor.[213]

Eine dritte Meinung hält an der zwingenden Natur des § 950 BGB fest, legt aber die Verarbeitungsklausel als auflösend bedingte Sicherungsübereignung gemäß §§ 929, 930 BGB aus (§ 157 BGB).

Der Vorbehaltskäufer sei zwar „Hersteller" i.S.d. Gesetzes, er übereigne das Produkt jedoch im Wege des vorweggenommenen Besitzkonstituts zur Sicherheit an den Vorbehaltsverkäufer.[214]

Erheblich ist der Streit nur, wenn es auf einen Durchgangserwerb beim Vorbehaltskäufer ankommt. Hier ist Gl jedenfalls entweder durch Verarbeitung oder aufgrund Parteiabrede Eigentümer der Stühle geworden.

gutgläubiger Erwerb?

Gl könnte das Eigentum durch die Übereignung von SG auf A verloren haben. Da SG nicht dinglich Berechtigter war, konnte er nur wirksam verfügen, wenn Gl eingewilligt hätte oder A kraft guten Glaubens vom Nichtberechtigten erworben hätte. 146

Gl hatte SG zwar zur Weiterveräußerung ermächtigt (§ 185 I BGB). Die Veräußerungsbefugnis war ihrem Sinne nach aber auf die Fälle beschränkt, bei denen die vereinbarte Vorausabtretung der Kaufpreisforderungen wirksam werden kann.

Bei Vertragsbedingungen, wie sie zwischen SG und Gl bestanden, besteht eine Verfügungsermächtigung des Vorbehaltskäufers nicht, wenn er sich im Vertrag mit dem Zweitabnehmer auf ein Abtretungsverbot einlässt.[215]

hemmer-Methode: Greift allerdings § 354a I S. 1 HGB ein, so besteht auch die Verfügungsbefugnis nach § 185 BGB fort. Das ist insofern gerechtfertigt, als ja das Abtretungsverbot gegenstandslos ist.

hier besondere Erkundigungspflicht von Zweiterwerber

A könnte gutgläubig von SG gem. §§ 929, 932 I BGB erworben haben. Das wäre nicht der Fall, wenn A grob fahrlässig eine Nachforschungspflicht bezüglich der Verfügungsberechtigung des SG verletzt hätte. Der Abnehmer, der mit einem Zwischenhändler im Kaufvertrag ein Abtretungsverbot vereinbart, darf sich nicht einfach auf die Verfügungsberechtigung des Veräußerers verlassen, weil dessen vom Lieferanten erteilte Ermächtigung gerade die Fälle i.d.R. nicht umfasst, in denen die Abtretung des Kaufpreises ausgeschlossen ist. Eine Nachforschungspflicht bezüglich der Eigentumslage trifft den Erwerber, wenn er weiß oder wissen muss, dass in gewissen Branchen die Rohstofflieferung an einen Verarbeitungsbetrieb üblicherweise nur unter verlängertem EV erfolgt. Der legitimierende Rechtsschein des Besitzes (§ 1006 I S. 1 BGB) gilt hier nur noch bedingt.[216]

A hat hier keinerlei Erkundigungen eingezogen, obwohl er nach Lage der Dinge (A besitzt ein großes Möbelhaus und kennt daher die kaufmännischen Gepflogenheiten) damit rechnen musste, dass SG nicht Eigentümer der Stühle war. Gerade weil das Abtretungsverbot vereinbart wurde, muss mit einem EV gerechnet werden. Dann aber kann nicht gem. § 932 BGB gutgläubig erworben werden.

Da Gl noch Eigentümer ist, kann er Herausgabe nach § 985 BGB verlangen. Der Kaufvertrag zwischen A und SG begründet kein Recht zum Besitz für A gegenüber Gl i.S.d. § 986 I BGB.

213 Flume, NJW 1950, 841.

214 Palandt, § 950 BGB, Rn. 11.

215 BGHZ 27, 306-310; BGHZ 51, 113-119 = jurisbyhemmer.

216 BGHZ 77, 274-279 (279) = jurisbyhemmer.

hemmer-Methode: Die Rspr. verlagert somit die Lösung des Konfliktes von Vorauszession und Abtretungsverbot auf die Ebene des gutgläubigen Erwerbs. Der Abnehmer wird im Verhältnis zum Eigentümer (Gl) als bösgläubiger unrechtmäßiger Besitzer behandelt, der bei verschuldeter Verschlechterung oder Untergang der Sache dann gemäß §§ 989, 990 BGB haftet.[217] Beachten Sie auch, dass eine Verarbeitungsklausel (genau wie ein verlängerter EV) - im Gegensatz zum dinglichen Teil des EV selbst (vgl. oben) - bei widersprechenden AGB nicht einseitig durch den Veräußerer durchgesetzt werden kann, weil sie auf eine Handlung des Erwerbers abzielt und nicht auf einer Willenserklärung des Veräußerers basiert.

Auch § 366 I HGB ermöglicht hier keinen gutgläubigen Erwerb. Zum einen war der Veräußerer (= SG) kein Kaufmann.[218]

Zum anderen ist der gute Glaube des A an die Verfügungsbefugnis des SG wegen der Vereinbarung des Abtretungsverbots äußerst fraglich![219]

---

217 Dazu Maier, JuS 1982, 487 (490).

218 Beachten Sie, dass nach ganz h.M. § 366 I HGB keinen gutgläubigen Erwerb vom Scheinkaufmann ermöglicht, vgl. dazu K. Schmidt, JuS 1999, 921.

219 Vgl. zu diesem Fallbeispiel auch Leible/Sosnitza, Grundfälle zum Recht des Eigentumsvorbehalts in JuS 2001, 449 ff (451).

§ 3 DIE UNWIRKSAMKEIT DES SICHERUNGSVERTRAGES

unwirksame Sicherungsabrede ⇨ grds. Abstraktionsprinzip

In diesem Abschnitt wird untersucht, wie sich die Unwirksamkeit der Sicherungsabrede, also des Schuldverhältnisses zwischen SG und SN/Gl, aufgrund dessen der SG die Sicherheit bestellt, auf die Sicherheit selbst auswirkt. Der Sicherungsvertrag ist eine schuldrechtliche Abrede, die unwirksam sein kann, weil z.B. der SG geschäftsunfähig war, die gesetzlich vorgeschriebene Form nicht eingehalten worden ist oder der Vertrag angefochten worden ist. Das heißt aber nicht immer, dass die Bestellung der Sicherheit auch unwirksam ist. Sie kann dinglich wirksam bestellt sein, wenn sie nicht von dem Fehler mitumfasst wird, der das Kausalgeschäft hat untergehen lassen. Das Abstraktionsprinzip ist immer im Auge zu behalten: Unterscheiden Sie, wo nötig, das obligatorische Verpflichtungsgeschäft - die Sicherungsabrede - vom dinglichen Erfüllungsgeschäft, der Bestellung der Sicherheit. 147

hemmer-Methode: Wichtig: Rechtsgrund für die Bestellung ist nicht der Vertrag, aus dem die zu sichernde Forderung resultiert. Rechtsgrund für die Bestellung der Sicherheit ist der Sicherungsvertrag!

A) Die Personalsicherheiten: Bürgschaft und Schuldbeitritt

bei Personalsicherheiten nur Sekundäransprüche

Bei den Personalsicherheiten ist die Lage einfach, weil diese den Sicherungsvertrag in sich selbst tragen[220] (vgl. Rn. 6). Der SG kann nur aufgrund eines wirksamen Bürgschaftsvertrages vom Gl in Anspruch genommen werden, der sämtliche Abreden zwischen Bürge und Gläubiger hinsichtlich des Sicherungszwecks enthält. Wenn dieses Verpflichtungsgeschäft unwirksam ist, besteht kein Sicherungsmittel. 148

Davon zu trennen ist jedoch die Frage, ob zwischen Gläubiger und Hauptschuldner neben dem forderungsbegründenden Schuldverhältnis ein Sicherungsvertrag besteht, in dem sich der Gläubiger verpflichtet, eine Sicherheit zu stellen!

Ist dieser Vertrag unwirksam, stellt sich die Frage, wie sich dies auf die Geltendmachung der Bürgschaft auswirkt.

Dazu ist zunächst zu klären, wie sich die Unwirksamkeit in der Beziehung Gläubiger/Hauptschuldner auswirkt: Hier ist es so, dass das Verlangen nach einer Sicherheit zurückgewiesen werden kann. Ist die Sicherheit (Bürgschaft) gleichwohl bestellt worden, kann der Hauptschuldner dem Gläubiger einredeweise entgegenhalten, dass er den Bürgen nicht in Anspruch nehmen darf, da das Verlangen nach Bestellen einer Sicherheit unwirksam ist.

Nach ganz h.M. kann sich darauf wiederum der Bürge über § 768 S.1 BGB berufen. Zwar besteht die Einrede nicht unmittelbar gegen die gesicherte Forderung (der Hauptschuldner kann die Rückzahlung des Darlehens ja nicht unter Hinweis auf den unwirksamen Sicherungsvertrag verweigern).

Aus Sinn und Zweck des Akzessorietätsgedankens folgt jedoch, dass der Bürge sich ebenfalls auf diese Einrede berufen kann, vgl. § 821 BGB. Der Gläubiger ist insoweit ungerechtfertigt bereichert als dass er eine Bürgschaft erhalten hat, die er nicht verlangen konnte.

220 Vgl. auch Lorenz, JuS 1999, 1146.

Hat der Bürge mittlerweile gezahlt, steht ihm die Möglichkeit zu, das gezahlte gem. § 813 BGB zurückzuverlangen.

Dagegen wird z.T vorgetragen, der Bürge erlange ein Geschenk des Himmels, da er sich ja wegen der cessio legis bzw. aus § 670 BGB an den Hauptschuldner wenden könne.[221]

Der BGH[222] ist dem entgegengetreten und bejaht den Rückzahlungsanspruch aus § 813 BGB. Der Anspruch gegen den Hauptschuldner dürfte i.d.R. wertlos sein. Im Übrigen ist die Situation durch den Gläubiger verursacht worden, der die Unwirksamkeit des Sicherungsvertrages herbeigeführt hat.

hemmer-Methode: Im BGH-Fall war der Sicherungsvertrag unwirksam, weil darin AGB-mäßig dem Gläubiger abverlangt wurde, eine Bürgschaft mit Klauseln zu stellen, die vom BGH als unwirksam angesehen werden (Ausschluss des Rechts aus § 770 II BGB). Das Verbot der geltungserhaltenden Reduktion führt sodann dazu, dass der Gläubiger überhaupt keine Bürgschaft verlangen kann (=Unwirksamkeitsgrund für den Sicherungsvertrag).

B) Die Realsicherheiten

Bei den Realsicherheiten stellt sich die Frage, welchen Einfluss die Unwirksamkeit des Sicherungsvertrages auf die Wirksamkeit der Sicherheit hat. *149*

I. Fehleridentität

Grds. berührt die Unwirksamkeit des Kausalgeschäfts das Erfüllungsgeschäft nicht. Fehleridentität bedeutet, dass ausnahmsweise auch das Erfüllungsgeschäft von dem Unwirksamkeitsgrund betroffen ist, der beim Kausalgeschäft vorliegt. Das ist z.B. der Fall, wenn die Sicherungsabrede wegen Sittenwidrigkeit nichtig ist. Hier wird auch das sonst neutrale Erfüllungsgeschäft als sittenwidrig angesehen, weil sich in der Bestellung der Sicherheit gerade der missbilligenswerte Charakter des Kausalgeschäftes manifestiert.[223] *150*

II. Anwendbarkeit des § 139 BGB

Umstritten ist, ob § 139 BGB Anwendung findet im Verhältnis von Kausal- und Erfüllungsgeschäft. *151*

dagegen:
keine Umgehung von Abstraktionsgrds. durch § 139 BGB

Dagegen wird eingewandt, dass durch diese Anwendung des § 139 BGB das Abstraktionsprinzip beseitigt würde und die Trennung des Erfüllungs- vom Verpflichtungsgeschäft, wie sie das BGB vorgesehen hatte, unterlaufen würde.

Gleichwohl soll es möglich sein, dass die Parteien der Sicherungsabrede durch eine Bedingung die Wirksamkeit des dinglichen Sicherungsgeschäfts von der Wirksamkeit der zu Grunde liegenden schuldrechtlichen Absprache (des Sicherungsvertrages) abhängig machen können.[224]

221 So Lorenz a.a.O. (Seite 1149).

222 BGH, **Life&Law** 2018, 297 ff. = **juris**byhemmer.

223 S.o. Rn. 108.

224 Palandt, § 930 BGB, Rn. 19.

Dann ist es nur konsequent, bei Vorliegen konkreter Anhaltspunkte den auf Einheitlichkeit gerichteten Willen der Parteien auch im Rahmen des § 139 BGB zu berücksichtigen. Ein solcher Wille der Beteiligten kann natürlich da nicht anerkannt werden, wo er zu einer Gesetzesumgehung führen würde, z.B. wenn das Erfüllungsgeschäft, wie die Auflassung (§ 925 II BGB), bedingungsfeindlich ist.[225]

Die Rspr. wendet § 139 BGB im Verhältnis von Kausal- und Erfüllungsgeschäft an.[226] Für die Auffassung der Rspr. spricht, dass sie im Einzelfall flexibler ist und eine interessengerechte Entscheidung erlaubt. Sie lässt der Privatautonomie in größerem Maße Raum als die Gegenmeinung, die ein Verwässern des Abstraktionsprinzips befürchtet. Der BGH fordert konkrete Anhaltspunkte für einen Parteiwillen, der auf Einheitlichkeit gerichtet ist, die Gegenmeinung fordert ausdrücklich eine Bedingtheit des dinglichen Geschäfts.

Voraussetzungen für eine Erstreckung der Nichtigkeit des Kausalgeschäfts auf das Erfüllungsgeschäft nach § 139 BGB sind:

⇨ Kausal- und Erfüllungsgeschäft müssen eine Einheit bilden und

⇨ diese Einheitlichkeit ist von beiden Vertragsparteien gewollt.

konkrete Umstände notwendig, sonst § 139 BGB (-)

Wenn keine konkreten Umstände dafür sprechen, wird man i.d.R. zwischen beiden Geschäften Selbstständigkeit annehmen müssen; § 139 BGB entfällt dann.

III. Rückgabe der Sicherungsmittel

Rückgabe von Sicherungsmittel

Wenn feststeht, dass die Sicherungsabrede unwirksam ist, die Sicherung aber dinglich wirksam bestellt worden ist, möchte der SG sie gern zurückerhalten. Wegen der Abstraktheit der Realsicherheiten bedarf es eines besonderen dinglichen Rückübertragungsaktes. Hierauf hat der SG einen bereicherungsrechtlichen Anspruch. Wenn die Sicherungsabrede schuldrechtlich unwirksam ist, hat SG ohne Rechtsgrund geleistet. Der SG kann das Sicherungsmittel also gemäß § 812 I S. 1 Alt. 1 BGB herausverlangen. 152

nicht § 894 BGB, da Gl dinglich Berechtigter ist

Einen Anspruch hat der SG weder aus § 894 BGB auf Grundbuchberichtigung gegen den Gl, der trotz Unwirksamkeit der Sicherungsabrede Inhaber eines Buch-Grundpfandrechtes ist, noch aus §§ 985, 952 BGB, wenn er den Grundpfandrechtsbrief besitzt, oder aus § 985 BGB, wenn der Gl das Sicherungseigentum besitzen sollte. Dinglich Berechtigter bleibt der Gl bis zur Rückübertragung an den SG.

IV. Gegenrechte des Sicherungsgebers

Gegenrechte des SG: § 821 BGB

Nimmt der Gl den SG in Anspruch (bei den Grundpfandrechten aus § 1147 BGB, bei der Sicherungsübereignung aus § 985 BGB), obwohl die Sicherungsabrede unwirksam war, so kann der SG die Einrede der ungerechtfertigten Bereicherung (§ 821 BGB) erheben. Somit besteht der Anspruch des Gl zwar zunächst dem Grunde nach, er ist aber nicht durchsetzbar. 153

bei Sicherungszession besteht EinziehungsR; ggf. Bereicherungsanspruch

Bei der Sicherungszession steht der SG ungünstiger: Verwertet hier der Gl die Sicherheit, obwohl die Sicherungsabrede unwirksam ist, so geschieht das nicht durch Inanspruchnahme des SG, sondern durch Geltendmachung der Zession bei dem Dritt-S.

225 Palandt, § 139 BGB, Rn. 9.

226 BGH in st. Rspr., z.B. BGHZ 31, 321-329.

War die Sicherungszession dinglich wirksam, so ist der Gl Inhaber der Forderung geworden und kann sie beim Dritt-S einziehen, auch wenn er dies im Verhältnis zu SG nicht darf; darauf kann der Dritt-S sich nicht berufen. Der Gl muss dem SG das Erlangte aber gemäß §§ 812 I S. 1 Alt. 1, 818 I BGB herausgeben, da der Sicherungsvertrag als Rechtsgrund fehlt. § 816 II BGB greift nicht ein, weil der Gl zum Zeitpunkt der Einziehung dinglich Berechtigter war.

V. Die akzessorischen Realsicherheiten: Hypothek, Pfandrecht

akzessorische Realsicherheiten

Bsp. 1: *SG kauft von Gl ein Hausgrundstück in einem privatschriftlichen Kaufvertrag. Weil das Grundstück schon relativ hoch dinglich belastet ist, der Gl aber eine Sicherheit für seinen Kaufpreisanspruch verlangt, bestellt SG ihm an einem anderen seiner Grundstücke eine Hypothek. Als SG die Auflassung des gekauften Grundstücks verlangt, beruft sich Gl auf die Formnichtigkeit des Vertrages, weil er inzwischen von D ein besseres Angebot erhalten hat.* 154

Bsp. 2: *S hat bei Gl ein Darlehen aufgenommen. Zur Sicherheit bestellt sein Vater (SG) in Höhe der Kreditsumme eine Hypothek an seinem Grundstück, verpfändet diverse Wertpapiere und übereignet fünf seiner Lkw zur Sicherheit. Diese Vermögenswerte stellen das gesamte Vermögen des Vaters dar, was Gl weiß. Außerdem verlangt Gl, dass sich der Geschäftspartner des S für die Rückzahlung verbürge und seine Ehefrau der Schuld beitrete.*

Bsp. 3: *SG hat bei Gl einen Kredit aufgenommen. Der Rückzahlungsanspruch ist, wie SG erst später zusammenrechnet, mit 42 % zu verzinsen. SG hat dem Gl aber vorher schon ein wertvolles Gemälde verpfändet.*

wirksames Entstehen fraglich

In allen drei Fällen ist fraglich, ob die Hypothek bzw. das Pfandrecht entstanden ist.

Im ersten und im dritten Fall besteht keine gesicherte vertragliche Forderung, einmal wegen § 311b I BGB, zum anderen, weil der Darlehensvertrag wegen Wuchers nichtig war (§ 138 BGB).

Im zweiten Fall ist der Darlehensrückzahlungsanspruch wirksam entstanden, doch sind die Sicherungsabreden mit SG unwirksam, weil sich Gl übersichert hat. Sittenwidrig ist eine Übersicherung des Gl dann, wenn die Bestellung der Sicherheiten dazu führt, dass der SG in seiner wirtschaftlichen Betätigungsfreiheit übermäßig beschränkt wird, insbesondere wenn ihm die Mittel zur Befriedigung seiner sonstigen Gl entzogen werden und diese dadurch in seiner Kreditwürdigkeit getäuscht werden. Hiervon ist auszugehen.

Da die akzessorischen Sicherheiten den Bestand der gesicherten Forderung voraussetzen, besteht schon deshalb in den Beispielen 1 und 3 keine dingliche Sicherung. Die Folge ist, dass in Beispiel 1 eine EGS gemäß § 1163 I S. 1 BGB entstanden ist, in Beispiel 3 überhaupt kein dingliches Recht (es sei denn, dass das Pfandrecht auch für den Anspruch aus § 812 BGB gedacht ist).

u.U. § 139 BGB

Die Beispiele zeigen, dass eine akzessorische Realsicherheit nicht wirksam entsteht, wenn die zu sichernde Forderung nicht entstanden ist. 155

Ist der forderungsbegründende Vertrag isoliert betrachtet wirksam, aber die Sicherungsabrede unwirksam, kann sich im Einzelfall die Unwirksamkeit des forderungsbegründenden Rechtsgeschäfts – und damit die Nichtentstehung der akzessorischen Sicherheit – aus § 139 BGB ergeben. Dies wird aber nur ausnahmsweise der Fall sein.[227]

227 BGH, NJW 1994, 2885-2886 = jurisbyhemmer.

Im Beispiel 2 könnte wegen der Sittenwidrigkeit der Sicherungsverträge Fehleridentität vorliegen. Wäre dies nicht der Fall, wäre zu prüfen, ob Sicherungsverträge und dingliche Verträge jeweils ein einheitliches Geschäft bilden. Das ist im Zweifel abzulehnen. Die Hypothek ist also im Zweifel wirksam bestellt worden, auch wenn der Sicherungsvertrag nichtig ist. Die Hypothek kann der SG gemäß § 812 I S. 1 Alt. 1 BGB zurückfordern.

hemmer-Methode: Würde man im Zweifel § 139 BGB bejahen, würde das Abstraktionsprinzip zu stark eingeschränkt und hier teilweise leer laufen. Dies steht jedoch einer Abhängigkeit im Einzelfall nicht entgegen, wenn entsprechende Anhaltspunkte bestehen.
Unterscheiden Sie: Fehlt die Forderung oder ist die zu Grunde liegende Forderung nichtig, so gilt §§ 1163 I, 1177 BGB. Es entsteht eine EGS kraft Gesetzes. Ist der Sicherungsvertrag nichtig, so gilt grds. § 812 I S. 1 Alt. 1 BGB, es besteht nur ein Rückgewähranspruch.

VI. Die nicht-akzessorischen Realsicherheiten: Sicherungsgrundschuld, Sicherungsübereignung, Sicherungszession

bei nicht-akzess. Realsicherheiten Unabhängigkeit

Ganz anders ist die Lage bei den nicht-akzessorischen Realsicherheiten. Der Bestand einer zu sichernden Forderung ist nicht Voraussetzung für die Wirksamkeit der dinglichen Bestellung des Sicherungsmittels. Es ist also gleichgültig für das Entstehen des Sicherungsmittels, ob Sicherungsvertrag und/oder das forderungsbegründende Schuldverhältnis unwirksam sind. 156

ggf. Bedingung, bei erkennbarer Vereinbarung

Hätte im obigen Beispiel 3 der SG statt eines vertraglichen Pfandrechts dem Gl das Sicherungseigentum an dem Gemälde verschaffen wollen, so wäre dieses wirksam entstanden. Den Bestand einer Forderung setzt es ja nicht unbedingt voraus. Wenn die Übereignung durch das Bestehen der Forderung aufschiebend bedingt worden ist (§ 158 I BGB), entsteht natürlich auch kein Sicherungseigentum - aber diese Bedingung muss erkennbar vereinbart worden sein. 157

C) Der Eigentumsvorbehalt

bei EV unproblematisch, da Kaufvertrag und Sicherungsabrede identisch

Beim EV tauchen die mit der Unwirksamkeit der Sicherungsabrede zusammenhängenden Probleme nicht auf. Sicherungsvertrag und forderungsbegründendes Schuldverhältnis sind immer identisch. Bei Unwirksamkeit kann die Bedingung nicht eintreten, unter der SG das Volleigentum erwirbt. Er hat dann wegen seiner bereits erbrachten Leistungen gegen Gl einen Bereicherungsanspruch. 158

§ 4 DIE NICHTVALUTIERUNG

Nichtvalutierung

Dieser Abschnitt behandelt die Rechtslage, die entsteht, wenn der SG mit dem Gl einen wirksamen Sicherungsvertrag geschlossen und die Sicherung bestellt, der Gl die Kreditsumme aber noch nicht ausbezahlt hat. 159

A) Die Bürgschaft

Bürgschaft; Forderung erst bei Auszahlung

Für den Bestand einer Bürgschaftsverpflichtung ist es erforderlich, dass eine gesicherte Forderung existiert. Der Bürge kann also nur in Anspruch genommen werden, wenn der Haupt-S verpflichtet ist, vgl. § 767 I S. 1 BGB. Soll durch die Bürgschaft ein Darlehen gesichert werden, entsteht die Hauptschuld mit Auszahlung des Darlehens, vgl. den Wortlaut des § 488 I S. 2 BGB („zur Verfügung gestellt"). Zwar kommt der Darlehensvertrag schon vorher zustande, der Rückzahlungsanspruch entsteht aber erst bei Auszahlung. Erst dann entsteht auch die Bürgschaftsforderung. 160

künftige Forderung; bis Auszahlung Schwebezustand

Hat sich der Bürge für eine künftige Forderung verbürgt (§ 765 II BGB), so ist der Bürgschaftsvertrag, die Sicherungsabrede, zwar von Anfang an wirksam. Vor Entstehung der Hauptverbindlichkeit ist die Bürgschaft aber gegenstandslos.[228]

B) Die Hypothek

I. § 1163 BGB

bei Hypothek EGS, § 1163 BGB

Wie die Bürgschaft, so kann auch die Hypothek nicht ohne Forderung entstehen, sie kann aber bereits für eine künftige Forderung bestellt werden, § 1113 II BGB. Bis zur Entstehung der gesicherten Schuld besteht dann eine Eigentümergrundschuld gem. §§ 1163 I S. 1, 1177 I BGB, unabhängig davon, ob der Gl bereits als Gl des Buchrechts eingetragen worden ist, oder ob er als Gl des Briefrechts den Hypothekenbrief empfangen hat. 161

II. Löschungsanspruch aus § 1179a BGB

Löschungsanspruch, § 1179a BGB, Sicherung von Aufrückinteresse Wirkung

Gl gleich- oder nachrangiger Hypotheken haben nach § 1179a I BGB gegen den Eigentümer/SG einen Anspruch auf Aufhebung eines dem Eigentümer zufallenden gleich- oder vorrangigen Grundpfandrechts, der kraft Gesetzes wie durch eine Vormerkung gesichert ist.[229] Dieser gesetzliche, mit dem Grundpfandrecht inhaltlich zusammenhängende Anspruch sichert das Aufrückinteresse des nachrangigen Hypotheken- oder Grundschuld-Gl. 162

erst dann, wenn Kreditgeschäft endgültig gescheitert ist; Übersichtlichkeit des Grundbuchs

Der Löschungsanspruch besteht aber nur, wenn die Vereinigung von Forderung und Hypothek endgültig ist. Daraus zieht § 1179a II S. 1 BGB die Konsequenz: Die vorläufige Eigentümergrundschuld, die nach § 1163 I S. 1 BGB entsteht, solange die Kreditsumme nicht ausbezahlt worden ist, unterliegt dem Löschungsanspruch erst dann, wenn feststeht, dass das Kreditgeschäft gescheitert ist, und es zu keiner Valutierung mehr kommen wird. Die Beweislast dafür trägt der nachrangige Grundpfandgläubiger.[230]

228 MüKo, § 765 BGB, Rn. 67.

229 Vgl. Palandt, § 1179a BGB, Rn. 1.

230 Palandt, § 1179a BGB, Rn. 5.

Schutz wie Vormerkung

Wichtig ist, dass der gesetzliche Löschungsanspruch in gleicher Weise gesichert ist, als wenn zu seiner Sicherung zusammen mit der begünstigten Hypothek eine Vormerkung in das Grundbuch eingetragen worden wäre, § 1179a I S. 3 BGB. Grund für diese gesetzliche Regelung ist die bessere Übersichtlichkeit des Grundbuchs, denn früher musste jeder bestehende Löschungsanspruch durch eine Vormerkung gemäß § 883 BGB gesichert werden.[231] 163

Bsp.: *SG hatte bei der B-Bank einen Kredit aufnehmen wollen und ihr bereits eine Briefhypothek bestellt. Die Kreditverhandlungen zerschlugen sich, weil die B in Insolvenz ging, ehe sie die Darlehenssumme ausbezahlen konnte. In der Zwischenzeit hatte sich der Bauunternehmer U, der auf dem Grundstück des SG eine Garage errichtet hatte, für seine Werklohnforderung eine Sicherungshypothek einräumen lassen, §§ 1184, 648 I BGB.* 164

SG veräußert nun das Grundstück an D. Ein Teil des Kaufpreises sollte damit abgegolten werden, dass D die Werklohnforderung des U übernehme. Zur Sicherung des Restkaufpreises behielt SG das Grundpfandrecht, das infolge der fehlgeschlagenen Kreditaufnahme entstanden war.

Dem U war dies alles von SG schriftlich mitgeteilt worden, nachdem D ins Grundbuch eingetragen worden war. SG wies den U darauf hin, dass er der Schuldübernahme nur innerhalb von sechs Monaten widersprechen könne, weil sie sonst als genehmigt gelte.

U, der im darauf folgenden halben Jahr sehr beschäftigt ist, denkt gar nicht daran, „sich von diesem Lump nötigen zu lassen“. Erst nach Ablauf von acht Monaten erklärt er gegenüber SG, er „lasse sich auf seine windigen Geschäfte nicht ein“. Er verlangt von SG die Zahlung des Werklohns und die Löschung seines Grundpfandrechtes.

U hatte gegen SG eine Werklohnforderung aus § 631 BGB. SG könnte aber durch die Schuldübernahme durch D befreit worden sein. Fraglich ist, ob diese befreiende Schuldübernahme wirksam gewesen ist.

Die Schuldübernahme ist zwischen dem S/SG und dem Übernehmer D vereinbart worden. Zu ihrer Wirksamkeit bedarf sie der Genehmigung des Gl, § 415 I BGB. Nach h.M. liegt im Vertrag zwischen Altschuldner und Übernehmer eine Verfügung über die Forderung durch Nichtberechtigte, die der Gl gemäß § 185 II BGB genehmigen kann,[232] und die schuldrechtliche Verpflichtung des Übernehmers gegenüber dem Altschuldner, den Gl rechtzeitig zu befriedigen. Wird die Genehmigung des Gl verweigert, so ist die Verfügung über die Forderung unwirksam, der Altschuldner bleibt dem Gl gegenüber weiter verpflichtet; der Gl muss sich keinen möglicherweise weniger zahlungsfähigen S aufzwingen lassen. Die Verpflichtung des Übernehmers dem Altschuldner gegenüber bleibt aber als Erfüllungsübernahme wirksam, §§ 415 III, 329 BGB.

Fraglich ist, ob U nach Ablauf der sechs Monate nach seiner Benachrichtigung von der Schuldübernahme diese stillschweigend genehmigt hat. Grundsätzlich kann Schweigen nicht als Willenserklärung gedeutet werden, der Erklärungsempfänger kann auch nicht durch einseitige Erklärung bestimmen, dass das Schweigen der Gegenseite einen bestimmten Erklärungsgehalt haben soll. Ein Verkäufer, der unbestellte Waren mit dem Hinweis an potenzielle Kunden versendet, dass ein Kaufvertrag darüber zu Stande komme, wenn der Kunde nicht innerhalb einer bestimmten Frist widerspreche, kann auf diese Weise keinen Vertragsschluss herbeiführen. Entsprechend bestimmt § 415 II S. 2 BGB, dass die Genehmigung des Gl als verweigert gilt, wenn sie nicht in einer vom S oder Übernehmer gesetzten Frist erklärt wird.

231 Zur Vormerkung vgl. Hemmer/Wüst, Sachenrecht III, Rn. 98 - 132.

232 BGHZ 31, 321-329 (325) = **juris**byhemmer.

Ausnahmsweise gilt das Schweigen des Gl nach § 416 I S. 2 BGB als Annahme. Wenn die zu übernehmende Forderung hypothekarisch[233] gesichert ist, wird die Übernahme dadurch erleichtert, dass dem Gläubiger in Form des § 416 II BGB eine Mitteilung von der Übernahme gemacht werden kann. Nach Ablauf von sechs Monaten gilt die Genehmigung dann als erteilt. Das ist ein Fall des normierten Schweigens an Erklärungs Statt. Die Erklärung gilt kraft Gesetzes durch Schweigen als abgegeben. Der Schweigende kann nicht mit der Begründung nach § 119 I BGB anfechten, er habe eine Erklärung dieses Inhalts nicht abgeben wollen.[234]

Der Grund der Erleichterung in § 416 BGB liegt darin, dass der Gl bereits durch das Grundpfandrecht gesichert ist, er also weniger schutzwürdig ist. Da der SG dem U die Schuldübernahme in der erforderlichen Form angezeigt hat, galt die Genehmigung mit Ablauf der sechs Monate als erteilt. Seine spätere Verweigerung ist unbeachtlich. Da die Verfügung über die Forderung wirksam geworden ist, kann U nicht mehr vom SG, sondern nur noch von D Zahlung des Werklohnes fordern.

hemmer-Methode: Das Wort „nur" in § 416 I S. 1 BGB ist missverständlich. Die Genehmigung kann der Gläubiger auch nach § 416 I BGB erteilen, wenn z.B. die Mitteilung nicht in der Form des § 416 II BGB erfolgt ist. Die Schuldübernahme kann auch bei einer Hypothekenschuld zwischen Gl und S gemäß § 414 BGB vereinbart werden.[235]

U könnte von SG Löschung des Grundpfandrechts gemäß § 1179a I BGB verlangen. 165

Das dingliche Recht war ursprünglich als Verkehrshypothek für B bestellt worden. § 1196 III BGB steht dem Löschungsanspruch daher nicht entgegen. Im Range geht es der erst später entstandenen Sicherungshypothek des U vor (§ 879 I BGB). Solange die Kreditverhandlungen noch andauerten, bestand gemäß § 1163 I S. 1 BGB eine vorläufige Eigentümergrundschuld für den SG; diesbezüglich bestand wegen § 1179a II S. 1 BGB kein Löschungsanspruch des U. Spätestens als nach der Insolvenz der B feststand, dass die zu sichernde Forderung nicht entstehen würde, endete die Vorläufigkeit der Eigentümergrundschuld, und der Löschungsanspruch nach § 1179a II, I BGB besteht.

Schuldner des Löschungsanspruchs ist der Grundstückseigentümer zur Zeit der Eintragung des begünstigten Rechts, wenn während seiner Eigentumszeit die Vereinigung eintritt und er Eigentümer bleibt, § 1179a I S. 1 BGB. Das trifft auf den SG zu. Er bleibt auch alleiniger Anspruchsgegner, wenn er das Eigentum auf einen Sonderrechtsnachfolger überträgt (hier D), und hierdurch wieder eine Trennung von Grundpfandrecht und Forderung eintritt, § 1179a I S. 1 BGB.

Auch das ist hier der Fall: Indem der SG das Grundstück an D übertrug und die Eigentümergrundschuld zur Sicherung des Restkaufpreises behielt, wurden Grundschuld und Eigentum an dem belasteten Grundstück getrennt: Es entstand eine Fremdgrundschuld.

Der SG könnte einwenden, die Erfüllung dieses Anspruchs sei ihm unmöglich (§ 275 I BGB), weil er nicht mehr verfügungsberechtigt über das Grundstück ist und wegen der Zustimmungsbedürftigkeit der Aufhebung gemäß §§ 1183, 1192 BGB diese nicht allein herbeiführen könne.

Der Löschungsanspruch ist aber genauso gesichert, als wäre für ihn eine Vormerkung eingetragen (§ 1179a I S. 3 BGB). Und eine Vormerkung hat die Wirkung, dass eine Verfügung, die nach ihrer Eintragung über das Grundstück oder das Recht getroffen wird, unwirksam ist, soweit der gesicherte Anspruch dadurch beeinträchtigt würde (§ 883 II BGB).

233 Auf die Grundschuld analog anwendbar; s. MüKo, § 416 BGB, Rn. 4.

234 Medicus, Bürgerliches Recht, Rn. 54.

235 Palandt, § 416 BGB, Rn. 2.

Der SG kann daher die Löschung des Rechts im Grundbuch weiterhin durch einseitige Erklärung herbeiführen. Der neue Eigentümer D ist zur Abgabe der nach § 19 GBO notwendigen Zustimmung nach §§ 888 I, 1179a I S. 3, 1192 BGB verpflichtet.

hemmer-Methode: Merken Sie sich den Grundfall zur Vormerkung. Der Vormerkungsberechtigte geht gegen seinen Vertragspartner z.B. aus § 433 I BGB vor und kann von ihm noch Erfüllung verlangen. Dieser ist trotz zwischenzeitlicher Eintragung eines anderen als Eigentümer noch in der Lage (§ 275 I BGB entfällt), dem Vormerkungsberechtigten das Eigentum zu übertragen. Dies ermöglicht § 883 II BGB. Dem Vormerkungsberechtigten gegenüber ist jede weitere Verfügung relativ unwirksam. § 888 I BGB hilft gegenüber dem Erwerber.

III. Probleme bei der Zwischenfinanzierung

Zwischenfinanzierung

Die vorläufige Eigentümergrundschuld, die dem Grundstückseigentümer bis zur Valutierung der gesicherten Schuld zusteht, wird häufig zur Zwischenfinanzierung genutzt. 166

Bsp.: *SG will auf seinem Grundstück ein Haus bauen und nimmt bei der G-Bank ein Darlehen auf, für das er eine Briefhypothek bestellt. Die G will die Darlehenssumme aber erst auszahlen, wenn der Wert des Grundstücks (und somit der Haftungsmasse der Hypothek) durch die Fertigstellung des Rohbaus erhöht worden ist. SG braucht aber sofort Geld und fragt sich, was er nun tun kann.*

SG kann bei einer Zwischenfinanzierungsbank (Z) einen Zwischenkredit aufnehmen, mit dem er die Kosten des Rohbaus deckt. Diesen Kredit kann er sichern, indem er der Z die vorläufige Eigentümergrundschuld abtritt, die ihm bis zur Auszahlung der Darlehenssumme durch G noch zusteht. Die Abtretung der Eigentümergrundschuld erfolgt durch schriftliche Abtretungserklärung (§ 1154 I BGB) und Übergabe des Briefes. Ist G schon im Besitz des Briefes, kann die Übergabe durch Abtretung des Herausgabeanspruchs gegen G ersetzt werden (§§ 1154 I, 1117 I S. 2, 931 BGB). Dabei wird die Form des § 1155 BGB nicht eingehalten. Deshalb erwirbt Z auf jeden Fall nur die Rechtsstellung des SG, also eine vorläufige Grundschuld. Bei Auszahlung des Kredits erwirbt G die Hypothek.

Eine Buchhypothek eignet sich nach h.M. nicht zur Zwischenfinanzierung. Zwar entsteht auch hier vor der Valutierung eine Eigentümergrundschuld, aber die Übertragung dieses Rechts auf Z würde deren Eintragung ins Grundbuch erfordern (§§ 1154 III, 873 I BGB). Und zu dieser Eintragung ist nach § 19 GBO eine Bewilligung des als Gl Eingetragenen erforderlich. Das Grundbuch ist zwar vor Valutierung objektiv unrichtig, der Anspruch des Eigentümers auf die Berichtigungsbewilligung (§ 894 BGB) ist aber durch den Kreditvertrag mit B ausgeschlossen, wonach die vorläufige Eigentümergrundschuld sich nach Auszahlung des Darlehens in eine Buchhypothek verwandeln soll.[236]

Der Zwischenfinanzierer lässt sich i.d.R. auch noch den Darlehensauszahlungsanspruch des SG gegen den Gl in der Höhe des Zwischenkredits abtreten. Nach Fertigstellung des Rohbaus zahlt Gl dann die Darlehenssumme in der abgetretenen Höhe an Z aus, wodurch Z befriedigt ist. Damit entsteht gleichzeitig auch der Darlehensrückzahlungsanspruch des SN/Bank gegen SG, und die vorläufige Grundschuld wandelt sich in eine Verkehrshypothek um, die dem Gl zusteht.

Sollte sich die Valutierung seitens der Hypothekenbank aus irgendeinem Grunde zerschlagen, so verwandelt sich die Grundschuld, die Z, wie sie SG zustand, nämlich nur vorläufig erworben hat, in eine endgültige Sicherungsgrundschuld für den Zwischenkredit.[237] Das heißt, dann erwirbt die Z die vorläufige Grundschuld als normale Sicherungsgrundschuld.

236 Medicus, Bürgerliches Recht, Rn. 470.

237 Palandt, § 1163 BGB, Rn. 11.

hemmer-Methode: Wie der Zwischenfinanzierer geschützt wird, und wie ein interessensgerechtes Ergebnis erreicht wird, sollten Sie als Gesamtkonstellation kennen. Nur dann haben Sie das nötige Verständnis für dieses Problemfeld.

C) Das Pfandrecht

Bestellung von Pfandrecht vor Auszahlung

Auch das vertragliche Pfandrecht kann bereits vor der Auszahlung der Kreditsumme bestellt werden. Es sichert dann eine zukünftige Forderung, die im Zeitpunkt der Pfandrechtsbestellung zumindest irgendwie näher bestimmbar sein muss, § 1204 II BGB. 167

Entstehung der Forderung nicht maßgeblich

Der wichtigste Unterschied zu dem akzessorischen Grundpfandrecht, der Hypothek, ist, dass das Pfandrecht bereits im Zeitpunkt der Bestellung dem Gl gebührt. Dies hat insbesondere Bedeutung für die Rangstellung des Pfandrechts, vgl. § 1209 BGB. Auf den Zeitpunkt der Entstehung der Forderung kommt es nicht an. Ein zwischenzeitliches Eigentümerpfandrecht, das der SG zur Zwischenfinanzierung verwenden könnte, gibt es nicht, vgl. § 1256 I S. 1 BGB. Der Pfandgläubiger darf sich aber vor Valutierung nicht schon durch Pfandverkauf befriedigen (§§ 1228 I, 1233 ff. BGB). Dazu ist er erst berechtigt, sobald die Forderung ganz oder zum Teil fällig ist, also die Pfandreife eingetreten ist, § 1228 II BGB.

D) Die nicht-akzessorischen Realsicherheiten: Sicherungsgrundschuld, Sicherungsübereignung, Sicherungszession

nicht-akzess. Sicherungsmittel

Das Problem, dass der SN versucht, das Sicherungsmittel zu verwerten, bevor die gesicherte Forderung entstanden ist, taucht bei den nicht-akzessorischen Sicherungen häufig auf. 168

Entstehung von Valutierung unabhängig

Das liegt daran, dass die wirksame Bestellung des Sicherungsmittels von der Valutierung als Entstehungsvoraussetzung unabhängig ist.

Sicherungsübereignung und Sicherungszession sind auch dann wirksam, wenn die künftig zu sichernde Forderung noch nicht einmal ihrem Entstehungsgrunde nach bestimmbar ist. Es besteht daher theoretisch die Möglichkeit, dass der SN das Sicherungsmittel zu Geld macht, ehe die gesicherte Forderung überhaupt entstanden ist.

hemmer-Methode: Jetzt müsste der Unterschied zwischen akzessorischen und nicht-akzessorischen Rechten bei der Entstehung bekannt sein. Falls Sie sich noch unsicher sind, empfiehlt es sich, vor dem Weiterlesen nochmals die Rn. 91 ff. zu wiederholen!

I. Möglichkeiten des Sicherungsgebers

Der SG kann in dieser Situation offensiv vorgehen: Er kann versuchen, das Sicherungsmittel zurückzuerhalten. 169

e.A.: Rückübertragungsanspruch aus § 812 I S. 2 Alt. 2 BGB

Einen Rückübertragungsanspruch im Falle der Nichtvalutierung wollen einige Autoren aus § 812 I S. 2 Alt. 2 BGB herleiten. Die Sicherheit, die zur Erlangung des Kredits gegeben worden sei, könne kondiziert werden, wenn der nach dem Inhalt des Rechtsgeschäfts bezweckte Erfolg nicht eintritt.

Der Grund sei, dass der SG hier nicht zur Erfüllung einer Verbindlichkeit leiste, sondern der mit der Bestellung der Sicherheit bezweckte Erfolg ein über die Erfüllung hinausgehender sei: Er sei die Förderung des Abschlusses des forderungsbegründenden Schuldverhältnisses.[238]

h.M.: Vorrang des vertraglichen Anspruchs

Das ist aber nur dann richtig, wenn sich nicht bereits aus den vertraglichen Beziehungen zwischen SG und SN selbst ein Rückübertragungsanspruch ergibt. Besteht bereits ein vertraglicher Anspruch, ist für einen gleichgerichteten Bereicherungsanspruch kein Raum mehr. Wenn die Nichtvalutierung endgültig ist, ergibt sich in aller Regel eine **Rückübertragungspflicht aus der Sicherungsabrede**. Dies gilt auch, wenn der Sicherungsvertrag diesen Fall nicht ausdrücklich regelt, weil die Parteien nicht daran gedacht haben; dann kann die Lücke im Wege der ergänzenden Vertragsauslegung geschlossen werden (§ 157 BGB). 170

hemmer-Methode: Die (ergänzende) Auslegung des Sicherungsvertrags wird häufig auch bei anderen Fragen eine Rolle spielen, z.B. beim Umfang der Inanspruchnahme. Hier kommt es für Sie darauf an, die Interessenlagen der Parteien auszuloten. Denken Sie daran, dass bei vielen Sicherungsmitteln dem SN mehr Rechte übertragen werden, als er im Innenverhältnis ausüben darf („treuhänderische Bindung"). Dieses Risiko für den SG muss durch entsprechende Auslegung des Sicherungsvertrags verringert werden.

Dass die Parteien an diesen Fall bei Abschluss des Sicherungsvertrags nicht gedacht haben, schließt die ergänzende Vertragsauslegung nicht aus, sondern ist gerade Voraussetzung dafür.[239] Eine vertragliche Rückübereignungspflicht wäre aber diejenige Regelung, die die Parteien bei einer angemessenen Abwägung ihrer Interessen nach Treu und Glauben vereinbart hätten, wenn sie den nicht geregelten Fall bedacht hätten.[240]

auch Erzwingung der Valutierung; ggf. Rücktritt

Der SG kann auch darauf drängen, dass der Kredit ausgezahlt wird, wenn er zugleich der Kreditnehmer und somit persönlicher S ist. Er kann aus dem Darlehensvertrag auf Auszahlung klagen oder nach Fristsetzung mit Ablehnungsandrohung vom Vertrag zurücktreten. Dann erhält er die bereits bestellte Sicherheit gemäß § 346 BGB zurück.[241] Der SG hat in diesem Fall ein Wahlrecht. Er kann entweder die Rückübertragung der Grundschuld auf sich gemäß §§ 1192, 1154 BGB, Verzicht gemäß §§ 1191, 1168 BGB oder Aufhebung gemäß §§ 1192, 1183, 875 BGB verlangen. 171

II. Möglichkeiten gegen eine drohende Verwertung

Möglichkeiten nach Verwertung

Der SG muss sich aber auch zur Wehr setzen können, wenn der SN die Sicherheit vor der Valutierung verwerten will. Wie der SG die Nichtvalutierung gegen den SN geltend machen kann, hängt vom Sicherungsmittel ab. 172

238 Medicus, Bürgerliches Recht, Rn. 495.

239 Palandt, § 157 BGB, Rn. 3.

240 BGH, NJW 1982, 2184-2186 (2185) = jurisbyhemmer; Palandt, § 1191 BGB, Rn. 15, 19 für die Sicherungsgrundschuld.

241 Medicus, Bürgerliches Recht, Rn. 496.

1. Bei der Sicherungsgrundschuld

bei Sicherungsgrundschuld Klage auf Duldung d. ZV

Will der SN aus der Sicherungsgrundschuld gegen den SG vorgehen, so muss er ihn auf Duldung der Zwangsvollstreckung verklagen, wenn er nicht bereits eine vollstreckbare Urkunde nach §§ 794 I Nr. 5, 800 I ZPO besitzt (in der Praxis die Regel). Der SN benötigt jedenfalls immer einen vollstreckbaren Titel gegen den SG.[242] 173

Prozessuales

Klagt der SN, so kann der SG im Prozess einwenden, die GS sei nicht fällig, weil die gesicherte Forderung nicht entstanden sei. Eine solche Regelung enthält der Sicherungsvertrag zumeist. Sie ist Fälligkeitsbestimmung i.S.d. § 1193 II BGB. Wie sich der SG gegen die Inanspruchnahme durch einen Einzelrechtsnachfolger des SN zur Wehr setzen kann, dem dieser die GS abgetreten hat, wird später behandelt.[243] 174

Verzichtsanspruch

Steht fest, dass die Valutierung nicht mehr erfolgen wird, dann hat der SG eine dauernde Einrede gegen die Sicherungsgrundschuld. Er kann sich dann nicht nur gegen eine Inanspruchnahme wehren, sondern vom SN im Gegenzug den Verzicht auf die Grundschuld verlangen (§§ 1169, 1168, 1192 I BGB). Dieser gesetzliche Anspruch steht neben dem Rückübertragungsanspruch aus dem Sicherungsvertrag.[244] 175

Vollstreckungsabwehrklage

Geht der SN aus einer vollstreckbaren Urkunde gemäß § 794 I Nr. 5 ZPO vor, dann kann der SG alle Einreden, die sich gegen den Anspruch auf Duldung der Zwangsvollstreckung richten, im Wege der Vollstreckungsabwehrklage geltend machen (§§ 795, 767 ZPO), ohne durch die Präklusionswirkung des § 767 II ZPO beschränkt zu sein, § 797 IV ZPO. 176

2. Bei der Sicherungsübereignung

bei Sicherungsübereignung § 986 BGB

Will der SN das Sicherungsgut verwerten, dann muss er es in aller Regel erst vom SG herausverlangen. Dieser hat gemäß §§ 929, 930 BGB übereignet und ist unmittelbarer Besitzer geblieben. Gegen den Herausgabeanspruch (§ 985 BGB) kann der SG sich auf sein Besitzrecht aus dem Sicherungsvertrag berufen (§ 986 I BGB). Er ist besitzberechtigt, bis der gesicherte Anspruch fällig wird und der S nicht zahlen kann. Er ist aber erst recht besitzberechtigt, wenn der gesicherte Anspruch noch nicht einmal entstanden ist.[245] 177

hemmer-Methode: Ist der SN ausnahmsweise im unmittelbaren Besitz des Sicherungsgutes und veräußert er es an einen Dritten, ohne dass die gesicherte Forderung fällig oder gar entstanden wäre, ist der SG allerdings auf Schadensersatzansprüche beschränkt (§§ 280 I, 241 II, 823, 826 BGB). § 816 I BGB greift nicht ein, weil der Dritte vom dinglich Berechtigten erwirbt.

3. Bei der Sicherungszession

Sicherungszession

Bei der Sicherungszession ist der SG in einer vergleichsweise schlechten Situation. Der SN geht hier aus der sichernden Forderung vor, indem er sie beim Dritt-S einzieht. 178

242 Palandt, § 1147 BGB, Rn. 2, 3.

243 S.u. Rn. 307 - 314.

244 Palandt, § 1191 BGB, Rn. 23.

245 Medicus, Bürgerliches Recht, Rn. 496.

Der SN ist nach der Sicherungszession Gl des Dritt-S, und dieser kann i.d.R. nicht einwenden, der SN sei dem SG gegenüber zur Geltendmachung des Anspruchs (noch) nicht berechtigt. 179

kein § 986 BGB

Der SG steht hier deshalb schlechter, weil er keinen dem § 986 BGB entsprechenden Schutz genießt. Er ist auf Schadensersatzansprüche gegen den SN angewiesen (§§ 280 I, 241 II BGB, eventuell stattdessen §§ 280 I, III, 281 oder 283 BGB; § 826 BGB). § 816 II BGB greift hier nicht, weil die Leistung des Dritt-S an SN als Berechtigten erfolgte, vgl. dazu nochmals Rn. 153.

hemmer-Methode: Bei der Sicherungszession fehlt dem SG eine dem Besitz vergleichbare Rechtsposition, auch richtet sich die Verwertung nicht unmittelbar gegen ihn, sondern wird durch Einziehung beim Dritt-S durchgeführt. Deshalb ist der SG oft ungesichert, wie sich auch später noch in anderen Zusammenhängen zeigen wird.

E) Der Eigentumsvorbehalt

Eigentumsvorbehalt

Probleme mit der Nichtvalutierung tauchen beim EV nicht auf. Der Gl gibt dem S hier Kredit, indem er die Kaufpreisschuld stundet. Zur Sicherheit gibt der SG hier nicht etwas, sondern er erhält zunächst weniger, als er nach dem Kaufvertrag schließlich bekommen soll: statt des Volleigentums erst einmal nur das Anwartschaftsrecht. 180

§ 5 DAS ERLÖSCHEN DER GESICHERTEN FORDERUNG

Erlöschen der Forderung: Erfüllung, Aufhebung, Unmöglichkeit, Konfusion

In diesem Abschnitt geht es darum, wie sich das Erlöschen der Forderung auf das Sicherungsmittel auswirkt. Die Forderung des Gl gegen S kann aus verschiedenen Gründen erlöschen: durch die gesetzlich geregelten Fälle in §§ 362 - 397 BGB, durch einseitige rechtsgeschäftliche Aufhebungsakte (Rücktritt, Widerruf, Anfechtung), durch nicht-rechtsgeschäftliche Tatbestände (Zeitablauf, Endtermin gemäß § 163 BGB, Verwirkung) oder durch Aufhebungsvertrag. 181

Erlöschen kann eine synallagmatische Forderung gem. § 326 I S. 1 BGB schließlich infolge Unmöglichkeit der Leistung gem. § 275 I BGB und durch Konfusion (= das Zusammentreffen von Anspruch und Verbindlichkeit in einer Person).

Das Erlöschen der Forderung bedeutet ihre unmittelbare Beendigung, nicht bloß das Entstehen einer Einrede wie z.B. der Verjährung.[246] Die Situation ist also ähnlich der bei der Nichtvalutierung, nur „endgültiger".

Bürgschaft

A) Die Bürgschaft

I. Folgen der Akzessorietät

§ 767 I S. 1 BGB; bei Zahlung trotz Erlöschen BerR

Wenn die Hauptforderung erlischt, wird der Bürge automatisch frei. Das folgt aus § 767 I S. 1 BGB. Eine Zahlung des Bürgen in Unkenntnis des Erlöschens der gesicherten Forderung erfolgt ohne Rechtsgrund, der Bürge hat einen Rückerstattungsanspruch aus §§ 812 ff. BGB. 182

hemmer-Methode: Denken Sie bei der Bürgschaft (und ähnlich bei der ebenfalls akzessorischen Hypothek) daran: Das Erlöschen der Forderung muss nicht als Einrede, etwa über §§ 768, 770 BGB geltend gemacht werden, sondern führt zum Erlöschen der Bürgschaftsforderung (Einwendung!). Dies ist Folge der Akzessorietät.

Erlassvertrag zu Lasten des Bürgen

Gl und S können daher keinen Erlassvertrag schließen mit der Maßgabe, dass nur die Haupt-, nicht aber die Bürgenschuld erlassen sein soll. Ein solcher Vertrag würde zwar nicht gegen § 767 I S. 3 BGB verstoßen, wohl aber gegen den in § 767 I S. 1 BGB normierten Grundsatz der Akzessorietät der Bürgschaft. Diese Norm begrenzt automatisch die den Vertragspartnern mögliche vertragliche Gestaltungsfreiheit und kann nicht schuldrechtlich außer Kraft gesetzt werden. Zu denken ist auch an die Regelung des § 423 BGB: Eine Regelung wie hier zwischen Gl und S wäre gegenüber einem Gesamtschuldner nicht wirksam. Der Bürge kann nicht schlechter stehen.[247] 183

Sonderfälle

Einen gesetzlich geregelten Sonderfall enthält § 254 II InsO. Durch das Insolvenzverfahren wird die Bürgenschuld nicht betroffen. Es wird in den Fällen der Zahlungsunfähigkeit des S eingeleitet, also gerade dann, wenn sich das Bürgenrisiko zu verwirklichen droht. 184

Auf einen privatvertraglichen Vergleich lässt sich diese Sondervorschrift dagegen nicht übertragen. Hier muss unterschieden werden:

---

246 Dazu Palandt, Überbl. v. § 362 BGB, Rn. 1.

247 Eine Nichtigkeit könnten Sie auch über die Anwendung der §§ 134, 138 BGB zu konstruieren versuchen. Sie dürften dabei jedoch auf Probleme stoßen. Jedenfalls hätte B eine Einrede aus § 242 BGB gegen die Inanspruchnahme durch Gl vorzubringen.

⇨ Soweit der Vergleich einen teilweisen Erlass der Hauptverbindlichkeit beinhaltet, wird auch der Bürge frei (§ 767 I S. 1 BGB).

⇨ Soweit die Hauptverbindlichkeit verschärft wird, z.B. durch Verkürzung der Stundungsfrist, wirkt sich dies nicht zu Lasten des Bürgen aus (§ 767 I S. 3 BGB). Eine Klausel im Bürgschaftsvertrag, wonach sich der Bürge nicht auf einen außergerichtlichen Vergleich berufen dürfe, den der Gl später möglicherweise mit dem S schließen werde, ist mit dem Bürgschaftsrecht unvereinbar; sie ist ebenfalls aus der Wertung des § 767 I S. 1 BGB nichtig, sollte sie als AGB ausgestaltet sein, gemäß § 307 II Nr. 1 BGB, zumindest jedoch einredebehaftet gemäß § 242 BGB. Ob der übrige Bürgschaftsvertrag davon erfasst wird, ist nach § 139 BGB bzw. § 306 BGB zu beurteilen.[248]

Eine solche Abmachung kann aber im Rahmen eines Schuldbeitritts wirksam sein. Hier haftet der SG als Gesamtschuldner gemäß den §§ 421 ff. BGB, und bei der Gesamtschuld unterliegt jede Forderung ihrem eigenen Schicksal, vgl. § 425 BGB. Die strenge Akzessorietät der Bürgenschuld ist hier nicht gegeben. Deshalb kann beim Schuldbeitritt die fragliche Klausel Geltung haben.

Eine ähnliche Problematik wie im Rahmen des § 254 II InsO kann sich stellen, wenn eine GmbH als Hauptschuldnerin wegen Vermögenslosigkeit gem. § 60 I Nr. 7 GmbHG gelöscht wird. Mit der Löschung existiert die Hauptschuldnerin nicht mehr, demnach auch nicht mehr die zu sichernde Forderung.

Das darf aber nach Ansicht des BGH nicht zur Befreiung des Bürgen führen, denn bei Vermögenslosigkeit der Hauptschuldnerin realisiert sich ja gerade das typische Bürgenrisiko.[249] Trotz fehlender Hauptverbindlichkeit besteht also die Bürgschaft fort. Man könnte insoweit von einer fiktiven Akzessorietät sprechen.

Es stellt sich dann die Frage, inwieweit dann zumindest fiktive Einreden gegen die entfallene Hauptverbindlichkeit vom Bürgen geltend gemacht werden können. Der BGH hat hinsichtlich der Verjährung entschieden, dass sich der Bürge darauf gem. § 768 BGB berufen kann.[250] Die Existenz der Forderung vorausgesetzt, könnte diese noch verjähren. Es ist nach BGH kein Grund ersichtlich, warum bei bestehender Forderung das Berufen auf die Verjährung der Hauptforderung möglich sein soll, bei Wegfall der Hauptschuldnerin indes nicht. Wäre also die entfallene Forderung noch existent und dann verjährt, kann der Bürge dies gem. § 768 BGB geltend machen.

II. Abgrenzung Schuldumwandlung/Schuldabänderung

Abgrenzung v. Schuldumwandlung u. -abänderung

Ob die Hauptverbindlichkeit erloschen ist, oder ob sie nur in einer anderen Form weiter besteht, kann zuweilen zweifelhaft sein. **185**

Bsp. 1: *S und Gl stehen in ständiger Geschäftsverbindung; sie beliefern sich gegenseitig mit ihren Produkten. Beide machen aber ihre Zahlungsansprüche gegeneinander nicht sofort geltend, sondern stellen sie in ein Kontokorrent ein. Am Ende des Kalenderjahres werden dann alle Forderungen einer Partei zusammengerechnet und mit den addierten Forderungen der anderen Partei aufgerechnet. Übrig bleibt zum Schluss nur noch eine einzige Geldforderung in Höhe der Differenz der beiden Aktivposten. Diese Forderung steht dann demjenigen zu, der eine insgesamt höhere Forderungssumme in das Kontokorrent eingestellt hat.*

248 Vgl. Reinicke/Tiedtke, Kreditsicherung, S. 102 ff.

249 BGH, NJW 1982, 875-877 = **juris**byhemmer.

250 BGH, NJW 2003, 1250-1252 = **juris**byhemmer.

Im Laufe des Jahres hatte Gl auch eine Forderung gegen S erlangt, die durch eine Bürgschaft des SG gesichert war. Auch diese Forderung war in das Kontokorrent eingestellt worden. Bei der Saldierung am Jahresende bleibt dem Gl ein Überschuss, der niedriger ist als die durch die Bürgschaft gesicherte Einzelforderung. Sichert die Bürgschaft jetzt die Restforderung aus dem Saldo?

Bsp. 2: *S hatte bei Gl einen Lkw gekauft, und Gl hatte auch sofort geliefert, weil S für den Kaufpreisanspruch einen Bürgen, SG, gestellt hatte. Nun kommt aber S unverhofft in Zahlungsnöte und kann nicht sofort zahlen. Gl und S vereinbaren daher, die Kaufpreisschuld solle als Darlehen gewährt sein. Als aber auch das Darlehen fällig wird, ohne dass S in der Lage ist zu zahlen, nimmt Gl endlich den SG in Anspruch. Der meint, der Kaufpreisanspruch sei durch die Schuldabänderung untergegangen, und für den Darlehensrückzahlungsanspruch habe er sich nicht verbürgt. Hat er Recht?*

In Fällen wie diesen ist zu unterscheiden, ob eine Schuldumwandlung oder eine Schuldabänderung vorliegt.

Schuldumwandlung; ursprüngliche Forderung geht unter, Novation

Bei der Schuldumwandlung geht die ursprünglich gesicherte Verbindlichkeit unter und es entsteht eine neue, andersartige Schuld, die an die Stelle der alten treten soll. Es liegt eine sog. Novation vor,[251] deren Zulässigkeit sich nach h.M. aus der Vertragsfreiheit ergibt. 186

Hier erlöschen die akzessorischen Sicherheiten Bürgschaft und Pfandrecht mit dem Untergang der alten Schuld. Bei nichtakzessorischen Sicherheiten ist der Austausch der Forderung jedoch grundsätzlich möglich. Der praktisch wichtigste Fall der Novation ist nach h.M. der durch Verrechnung ermittelte Saldo im Kontokorrentverhältnis.

Dabei wird zwischen den Parteien ein abstraktes Schuldanerkenntnis gemäß § 781 BGB in Höhe des festgestellten Saldos geschlossen.

Diese neu begründete Verpflichtung ersetzt dann alle in das Kontokorrent eingestellten Einzelforderungen. Hier wird aber häufig die Sondervorschrift des § 356 HGB eingreifen, da das Kontokorrent i.d.R. von Kaufleuten betrieben wird. In diesen Fällen bleibt dem Gläubiger die Sicherheit trotz der Schuldumwandlung kraft Gesetzes erhalten.

Im ersten Beispiel hängt die Beantwortung der Frage, ob der Bürge auch für den Restsaldo haftet, davon ab, ob einer der an dem Kontokorrent Beteiligten Kaufmann ist und § 356 HGB daher Anwendung findet.

Schuldabänderung: Schuld bleibt mit geändertem Inhalt

Im Gegensatz zur Schuldumwandlung bleibt bei der Schuldabänderung das alte Schuldverhältnis als solches, wenn auch abgeändert, bestehen. 187

Bürgschaften und Pfandrechte bleiben danach grundsätzlich erhalten, sie haften aber nicht für eine Erweiterung der Schuld, §§ 767 I S. 3, 1210 I S. 2 BGB.

Die Umwandlung eines Schuldverhältnisses in Form einer Schuldabänderung ist i.d.R. anzunehmen beim Vereinbarungsdarlehen, wie es im zweiten Beispiel der Fall ist.

Abgrenzung durch Auslegung

Die Abgrenzung, die theoretisch klar ist, kann in der Praxis oft schwierig sein. Sie ist durch Auslegung zu treffen. Dabei sind besonders die Interessen des SG mit zu berücksichtigen, denn die Frage, ob die Sicherheit erhalten bleibt oder wegfällt, ist ja zumeist der praktische Kern des Streits um die Begriffe. 188

251 Palandt, § 311 BGB, Rn. 8.

Im Zweifel werden die Parteien nur eine Abänderung bezwecken.[252] Die Grenze ist aber da erreicht, wo die Hauptschuld inhaltlich so geändert wird, dass dies der Ersetzung der alten Forderung durch eine neue gleichkommt.[253]

Aus der Sicht des Bürgen ist schließlich zu beurteilen, ob ihm nach Treu und Glauben zugemutet werden kann, für die abgeänderte Hauptverpflichtung einzustehen.[254]

B) Die Hypothek

I. Entstehung einer Eigentümergrundschuld

Hypothek:
bei Erlöschen der Forderung EGS

Wenn die gesicherte Forderung erlischt, erlischt die dafür bestellte Hypothek nicht. Vielmehr erwirbt sie der SG, der Grundstückseigentümer, als Eigentümergrundschuld kraft Gesetzes, §§ 1163 I S. 2, 1177 I BGB. 189

II. Eigentümerhypothek

Eigentümerhypothek

Etwas anders liegt der Fall, wenn der SG, der nicht gleichzeitig auch der persönliche Schuldner ist, den Gläubiger befriedigt (§ 1142 BGB) und die Forderung des Gl gegen den S gem. § 1143 I BGB auf ihn übergeht. 190

Diese übergegangene Forderung ist dann wegen § 1153 I BGB durch eine Eigentümerhypothek am eigenen Grundstück gesichert, für die die Vorschriften über die Eigentümergrundschuld Anwendung finden, solange Forderung und Hypothek in einer Hand vereint sind, § 1177 II BGB. Verkauft der Eigentümer aber später das Grundstück und behält die Forderung, dann ist sie nicht durch eine Fremdgrundschuld, sondern durch eine Fremdhypothek gesichert.

Zahlung durch den Eigentümer

⇨ Eigentümer hat Befriedigungsrecht, § 1142 BGB

⇨ Soweit ihm im Innenverhältnis zum pers. Schuldner ein Regressanspruch zusteht (§§ 1143 I S. 2, 774 I S. 3 BGB), **erhält er die gesicherte Forderung** gegen den pers. Schuldner; **Legalzession**, § 1143 I BGB

⇨ Nach § 401 BGB läuft die akzessorische Hypothek mit, der Eigentümer erhält eine Eigentümerhypothek, § 1177 II BGB

III. Besonderheiten bei § 1164 BGB

§ 1164 BGB

§ 1164 BGB stellt eine Besonderheit dar: Die Forderung des Gl erlischt durch Zahlung des S, und trotzdem erwirbt der SG keine Eigentümergrundschuld. 191

252 Palandt, § 311 BGB, Rn. 8.

253 BGH, NJW 1980, 2412-2412 = jurisbyhemmer.

254 Palandt, § 767 BGB, Rn. 3.

Das Grundpfandrecht sichert jetzt nämlich einen Ersatzanspruch des S gegen den SG. § 1164 BGB stellt einen Fall des gesetzlichen Forderungsaustauschs dar.

Der häufigste Fall, in dem § 1164 BGB eine Rolle spielt, ist folgender:

Bsp.: *S verkauft dem SG ein Grundstück, das mit einer Hypothek zugunsten des Gl belastet ist. Die Hypothek sichert einen Kredit, den der Gl dem S gewährt hat. S und SG vereinbaren, dass der SG in Anrechnung auf den Kaufpreis für das Grundstück die Kreditschuld des S übernehmen solle (§§ 415, 416 BGB). Der Gl verweigert die Genehmigung der Schuldübernahme. S wird dadurch nicht frei und sieht sich gezwungen, das Darlehen selbst an Gl zurückzuzahlen.*

Die Schuldübernahme, die S und SG untereinander vereinbart haben, ist am Fehlen der erforderlichen Genehmigung des Gl gescheitert, § 415 II S. 1 BGB. Im Verhältnis S zu Gl bleibt daher alles beim Alten. Die fehlgeschlagene Schuldübernahme ist aber nicht völlig unwirksam: Im Verhältnis S zu SG bleibt sie im Zweifel als Erfüllungsübernahme wirksam, § 415 III S. 2 BGB. S hat dann einen Freistellungsanspruch gegen SG, ohne dass Gl von SG Zahlung verlangen kann, § 329 BGB.

Dieser Freistellungsanspruch wandelt sich in einen Zahlungsanspruch um, wenn S von Gl in Anspruch genommen wird und zahlt, §§ 280 I, III, 283, 329, 415 III BGB, da der Freistellungsanspruch des § 415 III BGB unmöglich wird.

Die gesicherte Forderung erlischt dann zwar, aber die Hypothek wandelt sich nicht in eine Eigentümergrundschuld um. § 1164 BGB macht aus Billigkeitsgründen eine Ausnahme von § 1163 I S. 2 BGB. Anstelle der Forderung Gl gegen S sichert die Hypothek nunmehr die Ausgleichsforderung des S gegen SG. Die gesicherte Forderung ist gesetzlich ausgetauscht worden, ohne dass es einer weiteren vertraglichen Abmachung zwischen S und SG bedürfte. Das ist aber gerecht: Wäre die Schuldübernahme wirksam gewesen, so wäre SG Schuldner der hypothekarisch gesicherten Darlehensschuld geworden. So ist er Schuldner des hypothekarisch gesicherten Ersatzanspruchs geworden, der dieselbe Höhe hat. Nur sein Gläubiger ist ein anderer.

Zahlung durch den Schuldner

⇩

- ⇨ Getilgte Forderung erlischt, § 362 I BGB
- ⇨ Soweit dem Schuldner ein Regressanspruch gegen den Eigentümer zusteht, erhält er nach **§ 1164 I BGB** die Hypothek, d.h.: die Hypothek sichert nun den Regressanspruch des Schuldners, Fall der **gesetzl. Forderungsauswechslung**

hemmer-Methode: Merken Sie sich zur Wiederholung: Die wichtigste Fallkonstellation, mit der Sie in diesem Kontext in der Klausur rechnen können, ist die Veräußerung eines Grundstücks an einen Dritten unter Anrechnung auf den Kaufpreis, wobei in der Regel die Schuldübernahme nicht genehmigt wird, auch nicht durch Schweigen nach § 416 I S. 1 BGB.
Wegen § 415 III BGB und aus dem Kaufvertrag kann von S gegen den Übernehmer gem. §§ 280 I, III, 283, 329, 415 III BGB Ersatz verlangt werden. Dem Übernehmer ist es unmöglich geworden, den Schuldner von der Verpflichtung freizustellen, wenn der Schuldner selbst die Schuld beglichen hat. Diesen Ersatzanspruch sichert nach § 1164 BGB die Hypothek am Grundstück des Käufers.

Denken Sie an § 1164 BGB auch in anderen Fällen, in denen im Innenverhältnis zum S der SG verpflichtet sein soll, so z.B. wenn der SG nach außen nicht als Kreditnehmer in Erscheinung treten will und deshalb S „vorschickt" und nur als SG in Erscheinung tritt, obwohl das Geld eigentlich dem SG zukommt.

C) Das Pfandrecht

Pfandrecht erlischt mit Forderung

Die Lage beim Pfandrecht ist einfach: Es erlischt mit der gesicherten Forderung, § 1252 BGB. Es gibt grds. kein Eigentümerpfandrecht, vgl. § 1256 I S. 1 BGB. 192

D) Der Schuldbeitritt

Schuldbeitritt, § 422 BGB

Der Gläubiger einer Forderung, die durch einen Schuldbeitritt gesichert ist, hat zwei Schuldner, die im Verhältnis zu ihm gleichermaßen verpflichtet sind. S und SG schulden beide die Befriedigung desselben Gläubigerinteresses. Gl hat gegen jeden seiner Schuldner eine selbstständige Forderung auf die gesamte Leistung, § 421 S. 1 BGB. Erfüllt aber einer der Gesamtschuldner, so wirkt sich dies auch zugunsten des anderen aus, der Gl verliert auch seine Forderung gegen ihn, § 422 I BGB. 193

Erlöschen der Forderung abhängig v. Innenverhältnis

Ob die gesicherte Forderung infolge der Zahlung eines Gesamtschuldners erlischt, hängt vom Innenverhältnis zwischen S und SG ab: 194

⇨ Wenn S zahlt, der im Innenverhältnis dem Gläubiger gegenüber alleinverpflichtet ist, erlischt die Forderung gemäß § 362 I BGB. Diese Rechtsfolge ist zwingend. Gläubiger und zahlender Gesamtschuldner können sie nicht zuungunsten des anderen Gesamtschuldners umgehen.

__Bsp.:__ S und SG schulden Gl gesamtschuldnerisch die Rückzahlung eines Darlehens. Im Innenverhältnis ist S alleinverpflichtet. S und Gl vereinbaren, dass S mit seiner Zahlung nicht erfüllen, sondern die Forderung gegen den SG kaufen will. S will nach Zahlung an Gl den SG in Anspruch nehmen.

S könnte einen Anspruch gegen SG aus §§ 488 I S. 2, 398 BGB haben, wenn ihm Gl den Darlehensrückzahlungsanspruch wirksam abgetreten hat. Das ist nicht der Fall, wenn der Anspruch gegen SG mit der Zahlung durch S dem Gl nicht mehr zustand und von ihm deshalb auch nicht mehr abgetreten werden konnte. Zwar können Vertragsparteien grundsätzlich auch Forderungen zum Gegenstand eines Kaufvertrages machen. Die Grenzen der rechtsgeschäftlichen Gestaltungsmöglichkeiten sind aber da gezogen, wo ein Rechtsgeschäft eine Umgehung zwingender gesetzlicher Bestimmungen darstellen würde.[255] Hier haben S und Gl mit dem Forderungskauf die zwingende Regelung der §§ 422, 426 BGB umgehen wollen. Wenn ein Gesamtschuldner seine Schuld tilgt (und das wollte S ja auch erreichen), so richtet es sich ausschließlich nach § 426 II, I BGB, ob er auf Grund dessen von dem anderen etwas verlangen kann. Der Gläubiger kann dann auch keine Forderung mehr abtreten, weil sie ihm gemäß § 422 I BGB nicht mehr zustand. Daran scheitert auch der erhobene Anspruch des S gegen SG aus §§ 488 I S. 2, 398 BGB.

⇨ Zahlt dagegen SG, der im Innenverhältnis vollen Ausgleich von S verlangen kann, bleibt die gesicherte Forderung erhalten. Sie steht dann aber nicht mehr dem Gl zu, sondern geht gemäß § 426 II BGB auf den SG über. § 426 II BGB macht den Weiterbestand der Forderung davon abhängig, ob der zahlende Gesamtschuldner einen Ausgleichsanspruch gegen den anderen hat.

255 Vgl. Palandt, § 134 BGB, Rn. 1.

hemmer-Methode: Dies ergibt sich aus dem Wortlaut des § 426 II S. 1 BGB: „... und von den übrigen Ausgleichung verlangen kann." Diese Formulierung bezieht sich auf § 426 I S. 1 BGB und damit auf das Innenverhältnis der Gesamtschuldner.

⇨ Auch der Höhe nach ist der Fortbestand der Forderung von der Ausgleichspflicht des nicht zahlenden Gesamtschuldners abhängig. Wenn SG dem S z.B. die Hälfte der Kreditsumme als Geschenk zukommen lassen wollte, er aber die gesamte Kreditsumme zurückzahlt, kann er von S nur zur Hälfte Erstattung verlangen. Er erwirbt daher die Gläubigerforderung gemäß § 426 II BGB auch nur zur Hälfte.

Im Übrigen richtet sich der Ausgleich zwischen den Gesamtschuldnern auch nach § 426 I S. 1 BGB.

E) Die Sicherungsgrundschuld

bei Sicherungsgrundschuld trennen

Wenn an den Gl einer durch eine GS gesicherten Forderung gezahlt wird, hängt das Schicksal der GS maßgeblich von der Frage ab, ob die Zahlung auf die Forderung **oder** auf die GS **oder** auf beide erfolgt ist. Sind Sicherungsgeber und Schuldner nicht identisch, muss weiter danach differenziert werden, wer die Zahlung vornimmt. 195

I. Zahlung auf Grundschuld durch den Sicherungsgeber

Zahlt der SG primär auf die GS – was er immer machen wird, wenn er nicht zugleich persönlicher Schuldner ist -, gilt Folgendes:

1. Rechtsfolge für die Grundschuld

Zahlung auf Grundschuld
⇨ Umwandlung in EGS

Die GS wandelt sich automatisch von einer Fremd- in eine Eigentümergrundschuld um. Die dogmatische Begründung ist strittig. Es werden drei Konstruktionen vertreten: 196

⇨ § 1163 I S. 2 BGB analog;

⇨ §§ 1168, 1170, 1171 BGB analog;

⇨ §§ 1142, 1143 BGB analog.[256]

Alle drei Lösungen sind anfechtbar. § 1163 BGB resultiert aus der Akzessorietät der Hypothek, §§ 1168, 1170 BGB sind schon dem Wortlaut nach Sondervorschriften und §§ 1142, 1143 BGB beziehen sich auf die Forderung. Alle Lösungen führen aber zum gleichen gewünschten Ergebnis. Die Begründung kann angesichts dessen offen bleiben.[257]

hemmer-Methode: Geben Sie in Ihrer Lösung zu erkennen, dass keine Bestimmung passt. Zitieren Sie aber alle Möglichkeiten und stellen Sie klar, dass es sich hier um einen bloßen dogmatischen Streit handelt.

256 Palandt, § 1191 BGB, Rn. 10.; BGH, WM 1970, 1516-1517 = **juris**byhemmer.

257 Vgl. Medicus, Bürgerliches Recht, Rn. 499.

Die Folge der Zahlung auf die GS ist, dass SG sie zurückerwirbt. Gegen den im Grundbuch eingetragenen Gl hat er den Grundbuchberichtigungsanspruch aus § 894 BGB, bei einer Brief-GS den Anspruch auf Herausgabe des GS-Briefs gemäß §§ 952 I, 985 BGB.

hemmer-Methode: Denken Sie daran, § 952 BGB beinhaltet eine Möglichkeit der Notendifferenzierung. Die wichtigsten Fälle des § 952 BGB sind die im Absatz 2 genannten, daneben das Sparbuch und der Fahrzeugbrief (Zulassungsbescheinigung Teil II).
Schlagwortartig gilt: Das Recht am Papier folgt dem Recht aus dem Papier. Damit ist Eigentümer immer der Inhaber des Rechts. Gem. § 985 BGB i.V.m. § 952 BGB kann der Rechtsinhaber die Urkunde als Eigentümer von jedem Besitzer herausverlangen.
Merken Sie sich: Die Vermutung aus § 1006 BGB gilt nicht, sodass z.B. der Besitz eines Sparbuchs nicht die Gläubigerstellung ausweist.[258]

2. Rechtsfolge für Forderung

Rechtsfolge für Forderung ist abhängig von Person des SG

Was mit der gesicherten Forderung geschieht, hängt davon ab, ob der 197
zahlende SG zugleich persönlicher Schuldner ist oder nicht.

⇨ Ist **SG mit S identisch**, so erlischt bei Tilgung der GS auch die Forderung, § 362 BGB, weil der SG, der zugleich persönlicher Schuldner ist, immer auch auf die Forderung zahlt (vgl. Rn. 206).

Zahlung des Eigentümers

Eigentümer kann sowohl auf Forderung als auch auf Grundschuld zahlen ⇨ Auslegung der **Tilgungsbestimmung**, vgl. § 366 BGB

⇩

Zahlung auf Grundschuld

Grundschuld wird **Eigentümergrundschuld** (Begründung str.: § 1143 I analog; § 1163 I S.2 analog; §§ 1168, 1179 analog); **Forderung erlischt**

⇨ Ist **SG nicht mit S** identisch, so geht nach h.M. die Forderung nicht unter.[259] Es muss dieselbe Lage eintreten, als hätte der SG auf eine zur Sicherheit bestellte Hypothek gezahlt. Dann aber erwirbt er, wenn er nicht der persönliche S ist, die Forderung des Gl gemäß § 1143 BGB.

Diese Vorschrift ist zwar als akzessorietätsbezogene Norm nicht auf die GS anwendbar, sie ist aber Vorbild für die Lösung des Problems, das bei der GS wie bei der Hypothek gleich ist. Mit der Zahlung erwirbt der SG einen Anspruch gegen Gl auf Abtretung der Forderung, der seinen Grund letztlich im Sicherungsvertrag hat.[260] Der SG „kauft" quasi die Forderung. Seine Berechtigung dazu leitet sich aus §§ 1192 I, 1142 I BGB her.[261]

258 MüKo, § 952 BGB, Rn. 15.

259 BGH, NJW 1982, 2308-2309 = **juris**byhemmer; Palandt, § 1191 BGB, Rn. 36.

260 Reinicke/Tiedtke, Kreditsicherung, S. 432 f.

261 Vgl. KG, NJW 1961, 414.

Zahlung des Eigentümers
(bei Personenverschiedenheit)

Merke: Über SiVertrag werden schuldrechtl. die gleichen Ergebnisse wie bei der **Hypothek** erzeugt!

↓

Zahlung auf Grundschuld

Grundschuld wird Eigentümergrundschuld. Soweit Eigentümer Regressanspruch gegen Schuldner hat, besteht aus SiV Anspruch gegen Gläubiger auf Abtretung der gesicherten Forderung (Ergebnis: wie § 1143 BGB)

Die Pflicht zur Abtretung der Forderung besteht aber nur, wenn und soweit der S im Verhältnis zu SG zur Zahlung verpflichtet ist. War SG im Verhältnis zu S verpflichtet, den Gl in vollem Umfang zu befriedigen, kann er nicht vom Gl dessen Forderung gegen S verlangen. 198

Bsp.: SG benötigt einen Kredit. Er möchte aber nicht selbst als Kreditnehmer in Erscheinung treten und vereinbart deshalb mit S, dieser solle für ihn bei Gl ein Darlehen aufnehmen, für das SG zur Sicherheit an seinem Grundstück eine GS bestellen wolle. S schließt daraufhin in eigenem Namen den Kreditvertrag ab und leitet das Geld an SG weiter.

Im Außenverhältnis (zu Gl) ist S alleiniger Schuldner des Rückzahlungsanspruchs von Gl. Gl kann SG nicht aus dem Darlehensvertrag, sondern nur aus der Grundschuld in Anspruch nehmen. Im Innenverhältnis (zwischen S und SG) soll aber schließlich SG den Kredit zurückzahlen. Wenn SG jetzt gemäß §§ 1192 I, 1142 BGB den Gl befriedigt, kann er von ihm nicht die Abtretung des Rückzahlungsanspruchs verlangen. Die Begründung für den Einfluss des Innenverhältnisses auf das Außenverhältnis folgt aus der Regelung, die das Gesetz für die Hypothek (und die Bürgschaft) getroffen hat: Wenn hier der alleinverpflichtete SG den Gl befriedigt, wirkt sich das Innenverhältnis auf den gesetzlichen Forderungsübergang über §§ 1143 I S. 2, 774 I S. 3 BGB aus. Bei der Grundschuld, bei der der gesetzliche Forderungsübergang durch die Abtretungspflicht des Gl ersetzt wird, entfällt stattdessen die Pflicht in dem Umfang, in dem der SG letztlich zur Erfüllung verpflichtet ist.

Tritt der Gl ihm dennoch in Unkenntnis des Innenverhältnisses S/SG die Forderung ab, so geht diese Abtretung ins Leere. Die Forderung ist mit der Zahlung durch den SG bereits erloschen.[262]

hemmer-Methode: Denken Sie für die Frage nach dem Erlöschen (und dem damit eng verbundenen Rückgriff) immer an das Innenverhältnis, das die Auslegung des Sicherungsvertrages bestimmt. Wieder gilt: Ziehen Sie zur Unterstützung Ihrer Auslegung auch gesetzliche Wertungen aus dem Hypothekenrecht heran, hier z.B. §§ 1143 I S. 2, 774 I S. 3 BGB.

II. Zahlung auf Forderung

bei Zahlung auf Forderung bleibt Gl Inhaber

Wird nur auf die Forderung gezahlt[263], dann bleibt Gl Inhaber der Fremd-Grundschuld. Dem SG steht jedoch aus der Sicherungsabrede ein schuldrechtlicher Anspruch auf Rückgewähr der Grundschuld zu.[264] 199

262 Reinicke/Tiedtke, NJW 1981, 2145-2151 (2148).

263 Dies wird i.d.R. nur dann geschehen, wenn S und SG nicht identisch sind und S zahlt, oder – bei Identität - wenn eine Teilzahlung erbracht wird, vgl. Rn. 206.

264 Dieser Anspruch kann als Aufhänger für eine Klausur mit schuldrechtlichem Schwerpunkt gemacht werden. Erfüllt der Sicherungsnehmer den entstandenen Rückübertragungsanspruch nicht, kann der Sicherungsgeber Ersatz des daraus resultierenden Schadens verlangen. Eine interessante BGH-Entscheidung dazu finden Sie in **Life&Law 09/2013, 653 ff.**

Das Grundpfandrecht fällt nicht mit der Rückzahlung der Kreditsumme mit dinglicher Wirkung an den SG zurück. Dieser hat also nicht den Grundbuchberichtigungsanspruch aus § 894 BGB gegen den Gl, denn das Grundbuch ist richtig, solange Gl die Grundschuld nicht zurückgewährt.

hemmer-Methode: Ist der Schuldner gleichzeitig Sicherungsgeber, wird er in aller Regel auch auf die Grundschuld zahlen. Dann wird diese zu einer Eigentümergrundschuld, vgl. oben Rn. 196. Die hier dargestellte Konstellation betrifft i.d.R. den Fall, dass Schuldner und Sicherungsgeber personenverschieden sind.

Diesen Anspruch kann Gl nach Wahl des SG bzw. nach der im Sicherungsvertrag getroffenen Regelung erfüllen durch

⇨ Rückübertragung (§§ 1192, 1154 BGB),

⇨ Verzicht (§§ 1192, 1168 BGB) und

⇨ Aufhebung (§§ 1192, 875, 1183 BGB).

In den ersten beiden Fällen entsteht eine Eigentümergrundschuld, während bei der Aufhebung das Grundpfandrecht erlischt.

bei Verkauf geht Anspruch nur kraft Abtretung auf Käufer über

Wechselt das Eigentum an dem belasteten Grundstück, geht der Rückgewähranspruch nur kraft (auch stillschweigend möglicher) Abtretung auf den neuen Eigentümer über.[265] Eine stillschweigende Abtretung ist in der Regel anzunehmen, wenn der Erwerber des Grundstücks die gesicherte persönliche Schuld in Anrechnung auf den Kaufpreis übernimmt.[266] 200

Der Rückgewähranspruch kann durch eine Vormerkung gesichert werden; er ist durch die Tilgung der Forderung aufschiebend bedingt.

kein § 1164 BGB für GS, da keine Akzessorietät

§ 1164 BGB ist bei der Grundschuld unanwendbar, weil diese Vorschrift auf der Akzessorietät der Hypothek beruht. Wenn im Verhältnis S zu SG aber zuletzt der SG die Kreditsumme tragen soll, kann S, wenn er zahlt, die Übertragung der Grundschuld auf sich aus der Sicherungsabrede von Gl verlangen, wenn S Partei der Sicherungsabrede war. Sonst kann S von dem ersatzpflichtigen SG die Abtretung seines Rückgewähranspruchs oder die Übertragung der Grundschuld selbst verlangen. Schuldrechtlicher Grund für diesen Anspruch ist das Rechtsverhältnis zwischen S und SG, aus dem folgt, dass der SG ersatzpflichtig ist. 201

Zahlung des Schuldners
(bei Personenverschiedenheit)

⇩

Zahlung auf **Forderung**; diese **erlischt**, § 362 I BGB. Wenn Schuldner gegen Eigentümer Regressanspruch hat, steht ihm gegen diesen insoweit ein **Anspruch auf Abtretung des Rückgewähranspruchs** des Eigentümers gegen den Gläubiger bzgl. der Grundschuld zu (Ergebnis: wie § 1164 BGB!)

265 Palandt, § 1191 BGB, Rn. 26 und Rn. 29.

266 BGH, NJW 1983, 2502 = **juris**byhemmer.

hemmer-Methode: Es gilt auch hier der Gedanke, dass über schuldrechtliche Ansprüche diejenige Lage geschaffen werden soll, die bei der Hypothek kraft Gesetzes eintritt.[267]

III. Zahlung auf Forderung oder Grundschuld?

Zahlung auf Forderung oder GS? Wichtig wegen Rechtsfolgen

Bei diesen so unterschiedlichen Rechtsfolgen ist es wichtig, genau festzustellen, ob Zahlungen auf die Grundschuld oder die persönliche Schuld geleistet wurden. 202

bei Banken i.d.R. Anrechnungsabrede ⇨ nur auf Forderung

In der Praxis treffen die Parteien des Sicherungsvertrages häufig eine Anrechnungsabrede. Die Kreditinstitute nehmen in ihre Bedingungen zumeist die Klausel auf, dass die Darlehensrückzahlungen nur auf die persönliche Schuld, nicht auch auf die Grundschuld geleistet werden. So bleibt ihnen die Grundschuld dinglich erhalten, bis der Kredit ganz zurückgezahlt worden ist und der SG seinen Rückgewähranspruch erheben kann. 203

primär: Wille des Leistenden: bei Anrechnungsabrede muss Bank ggf. widersprechen

Primär ist aber der Wille des Zahlenden maßgeblich.[268] Die Anrechnungsabrede stellt kein unumstößliches Indiz dar. Wenn der Zahlende abredewidrig erklärt, er leiste auch auf die Grundschuld, muss der Gl widersprechen, sonst entsteht eine Eigentümergrundschuld.[269] 204

Auch nachdem bereits auf die Forderung gezahlt worden ist, können Gl und Zahlender vereinbaren, dass die Zahlung auch auf die Grundschuld erfolgt sein sollte, die mit dieser Vereinbarung Eigentümergrundschuld wird.[270]

ohne Anrechnungsabreden § 366 BGB analog

Der Wille des Zahlenden ist auch dann maßgeblich, wenn die Sicherungsabrede keine Anrechnungsklausel enthält. Der S kann dann die Bestimmung alleine treffen, analog § 366 BGB.[271] 205

bei fehlenden Anhaltspunkten Auslegung und Interessenlage

Fehlen dagegen konkrete Anhaltspunkte für die Bestimmung, so ist sie durch Auslegung unter Berücksichtigung der Interessenlage zu ermitteln. Zahlt der alleinige persönliche S, so wird er auf die Forderung leisten wollen. Zahlt der alleinige SG, so ist anzunehmen, dass er auf die Grundschuld leisten will, die er dadurch sofort zurückerhält. Steht der S/SG mit dem Gl in dauernder Geschäftsverbindung, ist davon auszugehen, dass die Zahlung nur auf die Forderung erfolgt sein sollte, weil die GS dadurch als Sicherungsmittel weiterhin erhalten bleibt.[272] 206

Bei Ratenzahlungen wird im Zweifel auf die Forderung gezahlt werden, bei Fälligkeit der Grundschuld im Zweifel auf sie. Zahlt der S/SG den vollen Betrag zurück, so wird er mangels anderer Anhaltspunkte Forderung und Grundschuld tilgen wollen.[273]

hemmer-Methode: Merken Sie sich: Wird auf die Forderung gezahlt, so gilt § 362 BGB. Bei Abtretung der Forderung ist ein gutgläubiger Erwerb nicht möglich (Ausnahme § 405 BGB). Wird auf die Grundschuld gezahlt, so erlischt diese, es entsteht eine Eigentümergrundschuld (s.o.). Bei Abtretung der Grundschuld kann über §§ 1192, 1154 BGB (Abtretung der Grundschuld) gem. § 892 BGB gleichwohl die Grundschuld gutgläubig als Fremdgrundschuld erworben werden.

267 Reinicke/Tiedtke, Kreditsicherung, S. 432.
268 BGH, NJW 1976, 2340 = jurisbyhemmer.
269 Palandt, § 1191 BGB, Rn. 39 f.
270 BGH, LM § 1192 BGB NR. 6.
271 Reinicke/Tiedtke, Kreditsicherung, S. 427 f.
272 Medicus, Bürgerliches Recht, Rn. 501.
273 Nach Palandt, § 1191 BGB, Rn. 40 Zahlung nur auf die Grundschuld.

IV. Einrede aus Sicherungsvertrag

Einrede aus Sicherungsvertrag gegen Verwertung durch SN

Wenn die gesicherte Forderung erlischt, die Grundschuld aber zunächst als Fremdgrundschuld beim Gl bleibt, kann dieser das ihm nach wie vor zustehende Verwertungsrecht aus der Grundschuld nicht durchsetzen. Dem steht die Sicherungsabrede entgegen, die die Grundschuld mit der nunmehr untergegangenen Forderung verknüpft hat: 207

Die schuldnerbezogene Einwendung des Erlöschens der Forderung steht dem SG als Einrede gegen eine Inanspruchnahme aus der Grundschuld zu.[274]

F) Die Sicherungsübereignung und die Sicherungszession

SiÜ und SiZess, Wirkung abhängig von Sicherungsvertrag

Das Erlöschen der gesicherten Forderung kann auf das Sicherungsmittel unterschiedlich wirken, je nachdem, wie der Sicherungsvertrag ausgestaltet ist. 208

I. Erlöschen als auflösende Bedingung

auflösende Bedingung, Eigentum fällt SG zu

Der Sicherungsvertrag kann das Erlöschen der Forderung zur auflösenden Bedingung der Sicherungsübereignung machen, § 158 II BGB. Das Eigentum fällt dann mit dem Untergang der Forderung ohne weiteres wieder dem SG zu. 209

II. Schuldrechtlicher Rückübertragungsanspruch

schuldr. Rückübertragungsanspruch, ausdr. Übereignung notwendig

Die andere Möglichkeit besteht darin, dass der SN/Gl lediglich schuldrechtlich verpflichtet ist, das Sicherungseigentum auf den SG zurückzuübertragen. Damit der SG wieder Eigentümer wird, bedarf es hier also einer ausdrücklichen Rückübertragung gemäß § 929 S. 2 BGB („brevi manu traditio“). 210

III. Fehlen einer ausdrücklichen Vereinbarung

bei Fehlen ausdr. Vereinbarung strittig:
Auslegen!

Haben die Parteien des Sicherungsvertrages keine ausdrückliche Vereinbarung getroffen, so muss im Wege der Auslegung eine Lösung gesucht werden. Welcher der gerade genannten Alternativen im Zweifel der Vorrang gebührt, ist strittig. 211

e.A.:
Im Zweifel aufl. Bedingung

Der BGH hatte in einer Entscheidung zur Sicherungsabtretung[275] die Auffassung vertreten, das Sicherungsmittel sei in diesem Fall nur auflösend bedingt übertragen worden. Der Gl habe nach der Rückzahlung des Kredites i.d.R. kein schutzwürdiges Interesse mehr an der Aufrechterhaltung der Sicherheit. Für den Eigentumsvorbehalt, der der Sicherungsübereignung darin ähnele, dass ebenfalls ein Zahlungsanspruch durch das Eigentum an einer beweglichen Sache geschützt wird, habe das Gesetz ausdrücklich in der Auslegungsregel des § 449 BGB den dinglichen Rechtsübergang unter eine Bedingung gestellt.[276] 212

a.A.:
im Zweifel Rückübertragung, Ähnlichkeit mit EV

Die gegenteilige Auffassung geht davon aus, dass im Zweifel eine ausdrückliche Rückübereignung erforderlich ist.[277]

274 Reinicke/Tiedtke, Kreditsicherung, S. 413 f.

275 NJW 1982, 275-277 = **juris**byhemmer; vgl. auch BGH, NJW 1986, 977-978 = **juris**byhemmer.

276 So auch Tiedtke, DB 1982, 1709.

277 Palandt, § 930 BGB, Rn. 21.

Die Sicherungsübereignung bzw. -zession sei ein nicht-akzessorisches Sicherungsmittel, und die Verknüpfung von Sicherung und Forderung über eine auflösende Bedingung, die ja zu einer begrenzten Akzessorietät führt, bedürfe daher einer ausdrücklichen Vereinbarung.

neuere Rechtsprechung: im Zweifel keine aufl. Bedingung

Dieser Meinung hat sich der BGH sodann angeschlossen.[278] I.d.R. sei bei der Sicherungsübereignung eine durch die Rückzahlung der Darlehenssumme auflösende Übereignung nicht anzunehmen. Der BGH begründet dieses Ergebnis folgendermaßen: 213

in Praxis unüblich

⇨ Die auflösende Bedingung sei in der Formularpraxis der Banken unüblich. Dort überwiege die unbedingte Übereignung mit Rückübertragungspflicht. Die auflösend bedingte Übereignung wäre damit als Ausnahmeregelung ausdrücklich zu vereinbaren.

Rechtsklarheit; ggf. Strafbarkeit von SG

⇨ Die unbedingte Übereignung diene der Rechtsklarheit. Die dingliche Eigentumslage könne insbesondere dann fraglich sein, wenn Zweifel daran bestehen, ob dem Gl die gesicherte Forderung noch zusteht. Diese könnten dadurch verhindert werden, dass die Rückübereignung nicht vom Erlöschen der gesicherten Forderung, sondern von einem eindeutigen Willensakt des Gl abhängig gemacht werde. Der SG werde so auch durch den Druck der strafrechtlichen Sanktion für Unterschlagung eher von weiteren Verfügungen über das Sicherungsgut abgehalten.

kein allgemeiner Rechtsgedanke aus § 449 BGB

⇨ Aus § 449 BGB sei auch kein allgemeiner Rechtsgedanke ableitbar, dass der Bestand nicht akzessorischer Sicherungsrechte im Zweifel an den Bestand der gesicherten Forderung geknüpft sein soll. Es handele sich lediglich um die Klarstellung des Parteiwillens in Zweifelsfällen beim Eigentumsvorbehalt.

für BGH vor allem Pragmatik

Der BGH stellt vor allem praktische Gesichtspunkte in den Vordergrund seiner Überlegungen. Ihm ist zu folgen. Die Parallele zur Regelung des § 449 BGB sollte auch nicht überschätzt werden: Bei der Sicherungsübereignung verlangt der Gl die Sicherung heraus, um sich wegen seines zu Grunde liegenden Zahlungsanspruches zu befriedigen. Dieser Anspruch erlischt beim Eigentumsvorbehalt aber i.d.R. mit dem Rücktritt des Gl, § 449 II BGB. 214

hemmer-Methode: Vergegenwärtigen Sie sich noch einmal, es geht hier um die Frage, was im Zweifel gelten soll. Sowohl in der Praxis als auch in der Klausur sind deshalb ausdrückliche oder durch Auslegung zu gewinnende Regelungen vorrangig! Denken Sie daran, wenn in der Klausur die entsprechende Stelle des Sicherungsvertrages mit abgedruckt ist. Wenn Sie diesen ausgelegt haben, können Sie die Zweifelsregel noch als „Überdies“-Argumentation heranziehen.

IV. Rückübereignungspflicht aus § 812 BGB?

Rückübereignungspflicht aus Vertrag, BerR nur, wenn Vertrag unwirksam

Falsch ist es i.d.R., die Rückübereignungspflicht auf § 812 I S. 2 Alt. 1 BGB zu stützen, statt auf den Sicherungsvertrag.[279] Ein bereicherungsrechtlicher Rückgewähranspruch kommt aber dann in Betracht, wenn der Kreditvertrag (z.B. wegen Anfechtung) unwirksam ist und deshalb auch der Sicherungsvertrag über § 139 BGB nichtig ist (vgl. nochmals Rn. 156). 215

278 BGH, NJW 1984, 1184-1186 (1186) = jurisbyhemmer.

279 Medicus, Bürgerliches Recht, Rn. 498.

G) Der Eigentumsvorbehalt

Eigentumsvorbehalt Erlöschen durch Zahlung

Erlischt die Kaufpreisforderung des Vorbehaltsverkäufers durch Befriedigung, so erlischt das Vorbehaltseigentum, und die Anwartschaft des Käufers wandelt sich mit Bedingungseintritt (§ 158 I BGB) zum Vollrecht um (§ 449 BGB). 216

anderweitiges Erlöschen ⇨ Akzessorietät

Geht die Forderung aber unter, ohne dass der Verkäufer ihretwegen befriedigt wird oder auf sie verzichtet, sondern weil der Vertrag etwa angefochten oder aufgehoben wird, kann die Bedingung der vollständigen Kaufpreiszahlung nicht mehr eintreten. Das Anwartschaftsrecht des Käufers erlischt, der Verkäufer erwirbt wieder uneingeschränktes Volleigentum. 217

bei Unmöglichkeit § 446 BGB beachten

Der Kaufpreisanspruch kann insbesondere dadurch untergehen, dass dem Verkäufer die Erbringung seiner eigenen Vertragspflicht unmöglich wird, weil die Kaufsache zerstört worden ist (§§ 275 I, 326 I BGB). Vielfach wird hier aber § 446 I BGB eingreifen, wenn dem Käufer die Sache schon übergeben worden ist. Weil er die Sache bereits jetzt wirtschaftlich nutzen kann, trägt er auch das Risiko, zahlen zu müssen, obwohl das Sicherungsmittel untergegangen ist (Preisgefahr).

§ 6 GELTENDMACHEN VON EINREDEN DES PERSÖNLICHEN SCHULDNERS DURCH DEN SG

Erheben d. Einreden d. S durch SG

Eine rechtsvernichtende oder rechtshindernde Einwendung aus dem Sicherungsvertrag kann der SG dem Gl immer entgegenhalten. Beide sind Parteien dieser schuldrechtlichen Verbindung, die untereinander getroffenen Vereinbarungen wirken unmittelbar zwischen ihnen. So steht es mit der Einwendung, dass der Sicherungsvertrag angefochten oder sittenwidrig sei. Ebenso steht es mit den rechtshemmenden Einwendungen, den Einreden:[280] Die Verjährung oder die Stundung der Verpflichtung des SG, die sich aus der Sicherungsabrede ergibt, kann der SG dem Gl ohne weiteres als eigenes Gegenrecht entgegenhalten. 218

wenn SG nicht identisch mit S

Gerade wenn SG und S personenverschieden sind, kann es aber bedeutsam sein, wie sich das forderungsbegründende Schuldverhältnis zwischen S und Gl (der Kreditvertrag) auf den Sicherungsvertrag zwischen SG und Gl/SN auswirkt. Einige dieser Auswirkungen haben wir schon kennengelernt: die Nichtvalutierung und den Untergang der gesicherten Forderung. In diesen Fällen konnte sich der SG gegenüber dem Gl befreien, wobei er sich auf das Rechtsverhältnis S zu Gl berufen konnte. Im folgenden Abschnitt geht es um weitere Einreden des S, z.B. Stundung und Verjährung der gesicherten Forderung. Wie kommen sie dem SG zugute, wie wirken sie in das Sicherungsverhältnis hinein?

hemmer-Methode: Natürlich spielt diese Frage aber auch bei Identität von S und SG eine Rolle: Der S/SG kann hier u.U. auf verschiedene Einreden verwiesen sein, je nachdem ob er aus der Forderung in Anspruch genommen oder das Sicherungsmittel verwertet werden soll.

A) Die Bürgschaft

I. § 768 I S. 1 BGB

Bürgschaft, § 768 I S. 1 BGB

Während eine Einwendung gegenüber der Hauptverbindlichkeit zum Erlöschen der Bürgschaftsschuld gemäß §§ 765, 767 I S. 1 BGB führt, bleibt die Bürgschaft erhalten, wenn der Kreditschuld eine rechtshemmende Einrede entgegensteht. Der Bürge kann die schuldnerbezogene Einrede gegenüber dem Gl aber gemäß § 768 I S. 1 BGB als bürgenbezogene Einrede geltend machen.[281] 219

Bsp.: SG hat sich für eine Kaufpreisschuld des Kaufmanns S gegenüber dem Fabrikanten Gl verbürgt. Infolge widriger Umstände dauert es fünf Jahre, bis Gl feststellt, dass S die Warenlieferung seinerzeit nicht bezahlt hat. Als er S in Anspruch nehmen will, beruft sich dieser auf Verjährung. Daraufhin will Gl wenigstens Zahlung von SG; dessen Bürgschaftsschuld, so meint Gl, sei ja noch nicht verjährt.

Der Zahlungsanspruch des Gl aus § 433 II BGB für die Lieferung von Waren verjährt in drei Jahren (§ 195 BGB) ab dem Schluss des Jahres, in dem der Anspruch entstanden ist, § 199 I Nr. 1 BGB.

Der Anspruch gegen den Bürgen ist eine rechtlich selbstständige und von der Hauptschuld zu unterscheidende Verpflichtung. Auch wenn die Hauptschuld eventuell einer anderen Frist unterliegt, verjährt die Bürgenschuld in drei Jahren, § 195 BGB.[282] 220

280 Zur begrifflichen Unterscheidung siehe Medicus, Bürgerliches Recht, Rn. 732.

281 Die Regelung ist damit ebenfalls Ausfluss des Akzessorietätspinzips: BGH, NJW 2010, 1284-1290 (zu § 273 BGB) = jurisbyhemmer.

282 OLG Stuttgart, NZBau 2010, 761 = jurisbyhemmer.

Der Bürge kann aber über § 768 I S. 1 BGB die Einrede erheben, dass die Hauptschuld verjährt sei. Der Bürge kann dann ebenfalls die Leistung verweigern (§ 214 I BGB).[283] Wenn der Bürge aber schon gezahlt hat, kann er das Geleistete nicht mehr nach § 813 I BGB zurückfordern (§§ 813 I S. 2, 214 II BGB)!

Allerdings verliert der Bürge das Recht, sich gegenüber dem Gläubiger auf den Ablauf der ursprünglichen Regelverjährung der Hauptforderung zu berufen, wenn aufgrund eines gegen den Hauptschuldner ergangenen rechtskräftigen Urteils gegen diesen eine neue 30-jährige Verjährungsfrist in Lauf gesetzt wird, und sich der Hauptschuldner erfolglos auf die Einrede der Verjährung berufen hatte.[284]

Ausnahmen zu § 768 I S. 1 BGB:

Es gibt aber Fälle, in denen der Hauptschuldner nur beschränkt für die gesicherte Verbindlichkeit einstehen muss und sich der Bürge darauf nicht berufen kann. Eine solche Lage entsteht dann, wenn sich das Bürgenrisiko zu verwirklichen droht; sie folgt aus dem Wesen der Bürgschaft. 221

Die wichtigsten Fälle sind:

§ 1975 BGB nur bzgl. Erbe, nicht bzgl. Bürgen

- § 768 I S. 2 BGB: Der Hauptschuldner S stirbt und wird von E beerbt. Da das Vermögen des S nur noch aus Schulden bestand, beantragt E die Eröffnung des Insolvenzverfahrens über den Nachlass (§ 1980 BGB). Damit beschränkt sich seine Haftung für die Nachlassverbindlichkeiten, zu denen auch die durch Bürgschaft gesicherte Hauptverbindlichkeit gehört, auf den Nachlass, § 1975 BGB. Im Insolvenzverfahren kommt dem Bürgen aber nicht zugute, wenn die Gl nicht vollständig befriedigt werden können. § 1975 BGB will verhindern, dass der Erbe für die Schulden des Erblassers aufkommen muss. Er will nicht verhindern, dass auch der Bürge durch den Tod des S begünstigt wird.

§ 254 II InsO

- § 254 II InsO: Diese Vorschrift bestimmt, dass der Bürge sich nicht auf die Festlegungen des Insolvenzplanes nach §§ 221, 254 I S. 1 InsO berufen kann. Auch hier realisiert sich das typische Bürgenrisiko.

II. § 768 II BGB

§ 768 II BGB; Verzicht auf Einreden durch S wirkt nicht gegen Bürgen

Gemäß § 768 II BGB wirkt es sich für den Bürgen nicht nachteilhaft aus, wenn der Hauptschuldner auf eine Einrede verzichtet.[285] Dem liegt – wie bei § 767 I S.3 BGB – das Verbot der Fremddisposition zugrunde. Dieser Rechtsgedanke hat noch weiter reichende Konsequenzen. 222

> ***Bsp.:*** *Gl klagt gegen S auf Zahlung der Kreditschuld. Im Prozess erscheint aber der Anwalt des S nicht. Deshalb berücksichtigt das Gericht nicht, dass der streitige Anspruch verjährt ist und erlässt ein Versäumnisurteil gegen S, in dem der Anspruch festgestellt wird. Weil S vermögenslos ist, verklagt Gl anschließend den Bürgen SG. Dieser beruft sich im Prozess darauf, dass die Hauptschuld verjährt gewesen sei.*
>
> Die Verjährung ist eine Einrede, die der S im Prozess erheben muss, wenn sie das Gericht berücksichtigen soll. Das Gericht darf das Gegenrecht nur beachten, wenn es entweder schon vorprozessual geltend gemacht worden ist und dies im Prozess zur Sprache kommt, oder wenn der Berechtigte es im Prozess ausübt.

---

283 S. dazu **Life&Law 12/1998, 759 ff.**

284 BGH, NJW 2016, 3158 ff. = **juris**byhemmer.

285 Dies gilt auch bei einem Verzicht auf künftige Einreden, vgl. BGH, VersR 2008, 366-368 = **juris**byhemmer.

Im Beispiel ist ein Versäumnisurteil gegen den beklagten Hauptschuldner ergangen, in dem nur das tatsächliche mündliche Vorbringen des klagenden Gl Berücksichtigung gefunden hat (§ 331 II, I S. 1 ZPO). Dass der Hauptschuldner sich nicht verteidigt hat, darf sich im Bürgschaftsprozess aber nicht zu Lasten des SG auswirken. Das Nichtausüben des Gegenrechts wirkt sich wie ein faktischer Verzicht aus. Diesen muss der Bürge aber nach § 768 II BGB analog nicht gegen sich gelten lassen. Er kann sich weiterhin auf die Verjährung der Hauptschuld berufen.[286]

keine Anwendung bei Verhandeln und dadurch bedingter Hemmung der Hauptforderung gem. § 203 BGB

Einen ähnlichen Fall hatte der BGH im Jahr 2009 zu entscheiden.[287] Hier wurde der Bürge innerhalb der gegen ihn laufenden Verjährungsfrist verklagt. Der Hauptschuldner wurde nicht verklagt. Die Verjährung der Hauptforderung war aber gem. § 203 BGB über einen längeren Zeitraum gehemmt, weil Gläubiger und Hauptschuldner miteinander verhandelten. Wegen der Verhandlungen konnte sich der Bürge daher nicht auf die Verjährung der Hauptforderung berufen. Er meinte, das Verhandeln könne dem Rechtsgedanken des § 768 II BGB entsprechend nicht zu seinen Lasten gehen.

Der BGH sieht dies anders. Der Rechtsgedanke des § 203 BGB sei es, Rechtsstreitigkeiten zu vermeiden. Dieses Ziel würde bei einer Nichtwirkung gegenüber dem Bürgen verfehlt, denn der Gläubiger könnte nicht „in Ruhe" verhandeln, wenn er die Verjährung anderweitig hemmen müsste. Außerdem können die Verhandlungen auch zu einer Reduzierung der Hauptforderung, und damit wegen der Akzessorietät auch zu einer Reduzierung der Bürgenforderung führen.

III. § 770 BGB

§ 770 BGB bei Anfechtbarkeit oder Aufrechenbarkeit

§ 770 BGB trifft eine Regelung für den Fall, dass der Hauptschuldner das forderungsbegründende Schuldverhältnis anfechten kann (Abs. 1) oder dass der Gl gegen eine fällige Forderung des S aufrechnen kann (Abs. 2). 223

1. Sinn und Zweck des § 770 BGB

Sinn: Rechte bleiben bei Schuldner

Die Vorschrift hat folgenden Sinn: Die Anfechtbarkeit und die Aufrechenbarkeit begründen ein Gestaltungsrecht des berechtigten Vertragsteils. Wegen ihrer Auswirkung auf den Bestand der Hauptverbindlichkeit kann die Ausübung nicht dem Bürgen überlassen werden, der nicht Partei des Schuldverhältnisses ist. Die Entscheidung darüber, ob der Vertrag angefochten wird oder ob mit der Hauptverbindlichkeit aufgerechnet wird, kann nur die berechtigte Partei selbst treffen. Wenn das Gestaltungsrecht aber erst ausgeübt wird, nachdem der Bürge bereits gezahlt hat, ist dieser auf einen Rückgewähranspruch aus ungerechtfertigter Bereicherung angewiesen und trägt das Risiko, dass sich dieser nicht durchsetzen lässt. 224

Um den Bürgen in dieser Lage zu schützen, gibt ihm das Gesetz statt der Möglichkeit, das Gestaltungsrecht selbst auszuüben, eine Einrede gegen die Bürgschaftsverpflichtung. Man könnte diese als „Einrede der Gestaltbarkeit" bezeichnen. Sie besteht grundsätzlich so lange wie das Gestaltungsrecht. § 768 BGB gilt in diesen Fällen nicht, da der Schuldner selbst keine Einrede der Gestaltbarkeit hat. Er muss sich entscheiden, ob er das Gestaltungsrecht ausübt (Konsequenz für die Bürgschaft: § 767 I S. 1 BGB) oder nicht (Konsequenz für die Bürgschaft: § 770 BGB, solange das Gestaltungsrecht ausgeübt werden kann).

286 BGHZ 76, 222-231 = **juris**byhemmer.

287 **Life&Law 11/2009, 736** (Entscheidungsbackground). Der BGH hat dies genauso für den Hemmungstatbestand des § 205 BGB entschieden, NJW 2016, 397 f. = **juris**byhemmer.

str.: Leistungsverweigerungsrecht bei Aufrechnungsmöglichkeit des S

Strittig ist, ob der Bürge auch ein Leistungsverweigerungsrecht hat, wenn nicht der Gl aufrechnen kann (wie in § 770 II BGB normiert), sondern wenn nur der S dazu befugt ist. Das kann der Fall sein, wenn einer Aufrechnung durch Gl ein Aufrechnungsverbot entgegensteht (z.B. § 393 BGB, § 19 II S. 2 GmbHG). Das Gesetz regelt nur den umgekehrten Fall, in dem nur der Gl aufrechnen kann. Daraus schließen einige, dass andersherum der Bürge kein Leistungsverweigerungsrecht hat.[288] 225

Die gegenteilige Auffassung gibt dem Bürgen immer die Aufrechnungseinrede, und zwar wenn die Aufrechnung sowohl vom Gl als auch vom S erklärt werden kann und wenn nur jeweils einer der Parteien dieses Recht zusteht.

Begründen lässt sich diese Auffassung mit dem Sinn des § 770 BGB: Der Bürge soll nicht in Anspruch genommen werden können, solange noch nicht sicher ist, ob die Hauptverbindlichkeit nicht nachträglich erlischt. Das statuiert Abs. 1 ausdrücklich für jeden Fall, egal ob der Gl oder der S anfechten kann. Dieser Gedanke lässt sich auch für die Aufrechnung heranziehen. Der Bürge, der häufig uneigennützig diese Verpflichtung auf sich genommen hat, ist schutzwürdig. Er soll auch hier vor der Gefahr bewahrt werden, auf eine Forderung zahlen zu müssen, die sich im Nachhinein als rechtsgrundlos erweist,[289] und auf einen Bereicherungsanspruch verwiesen zu werden.[290] V.a. aber käme sonst z.B. § 393 BGB, der eigentlich den Schuldner schützen soll, mittelbar dem Gläubiger entgegen, da dem Bürgen kein Leistungsverweigerungsrecht zusteht. Der Bürge hat also auch in diesem Falle ein Leistungsverweigerungsrecht.

hemmer-Methode: Es handelt sich hier um einen Klassiker, den Sie kennen sollten. Letztlich hat sich dabei keine Ansicht völlig durchgesetzt, da gegen die hier vertretene Meinung der Gesetzeswortlaut spricht. Wichtig ist also in der Klausur, das Problem zu erkennen und sich mit Begründung einer Meinung anzuschließen, das Ergebnis ist zweitrangig.

Schließt der Hauptschuldner im Bürgschaftsvertrag die Einrede des § 770 II BGB formularmäßig aus, liegt darin eine unangemessene Benachteiligung gem. § 307 I BGB.[291]

2. § 770 I BGB, analoge Anwendung

§ 770 BGB entsprechend bei anderen Gestaltungsrechten

§ 770 I BGB gilt entsprechend für andere Gestaltungsrechte des Hauptschuldners.[292] Das betrifft insbesondere die Minderung und ein gesetzliches oder vertragliches Rücktrittsrecht.[293] Solange der Hauptschuldner noch mindern kann, braucht auch der Bürge nur für die geminderte Schuld einzustehen; er hat die Einrede der Minderbarkeit gem. § 770 I BGB. Es ist aber stets genau danach zu differenzieren, in welchem „Stadium" sich das kaufrechtliche Mängelrecht gerade befindet. Sind Minderung und Rücktritt unwirksam gem. §§ 438 IV S. 1, 218 BGB, weil der Nacherfüllungsanspruch verjährt ist, hat der Bürge die Einrede gemäß §§ 438 IV S. 2, V BGB i.V.m. § 768 I S. 1 BGB. Für eine Analogie zu § 770 I BGB ist dann kein Raum. 226

288 RGZ 137, 34 (36) = **juris**byhemmer.

289 Wegen § 389 BGB: Die Aufrechnung wirkt ex tunc.

290 Vgl. Tiedtke, JZ 2006, 940 (947); vom BGH bislang offengelassen.

291 **BGH, Life&Law 2018, 297 ff.** = **juris**byhemmer. Ein individualvertraglicher Ausschluss wäre demgegenüber wirksam, BGH, WM 2002, 1179 ff. = **juris**byhemmer.

292 Palandt, § 770 BGB, Rn. 4.

293 Schlosser, JZ 1966, 428 (433).

Da nach h.M. der Schuldner vor Verjährung keine Einrede aus der Mangelhaftigkeit hat (er kann ja gestalten)[294], greift vor Verjährung nur § 770 I BGB. Sofern der Käufer indes noch Nacherfüllung verlangen kann, steht ihm die Einrede aus § 320 BGB zu. Diese wiederum kann der Bürge gem. § 768 BGB geltend machen, sodass auch hier kein Raum ist für eine analoge Anwendung des § 770 I BGB.

Verteidigungsmöglichkeiten des Bürgen bei Mängeln der Kaufsache

vor Verjährung,
Nacherfüllung **möglich**:
Käufer hat **§ 320 BGB**,
Bürgenschutz: **§ 768 BGB**

nach Verjährung hat Käufer
§ 438 IV S. 2 BGB
Bürgenschutz: **§ 768 BGB**

vor Verjährung,
Nacherfüllung **unmöglich**:
Käufer kann mindern/zurücktreten,
Bürgenschutz: **§ 770 I BGB analog**

Wenn Minderung/Rücktritt
bereits erklärt:
Bürgenschutz: **§ 767 BGB**

hemmer-Methode: Bei der Vormerkung fehlt eine den §§ 768 I, 770 I, 1137 I, 1211 I S. 1 BGB entsprechende Bestimmung. Gleichwohl wird man eine Analogie zu obigen Bestimmungen zulassen müssen.[295]
So z.B. in dem Fall, in dem V an K ein Grundstück verkauft und für diesen eine Auflassungsvormerkung eintragen lässt. Danach veräußert V das Grundstück an D. Klagt K gegen D aus § 888 I BGB auf Zustimmung zu seiner Eintragung, so kann D in Analogie zu obigen Bestimmungen eine Einrede erheben, solange V den Kaufvertrag mit K anfechten kann. Die Vormerkung ist in Entstehung, Durchsetzbarkeit und Erlöschen streng akzessorisch und entspricht damit den oben genannten Rechtspositionen. Es liegt damit eine für die Analogie erforderliche vergleichbare Interessenlage vor.

IV. Auswirkung von Urteilen im forderungsbegründenden Schuldverhältnis auf die Bürgschaft und umgekehrt

1. Abweisung der Klage Gl - S

Abweisung der Klage Gl-S wirkt zug. des Bürgen

Klagt der Gl gegen den S und wird er rechtskräftig abgewiesen, dann wirkt dieses Urteil auch zugunsten des Bürgen. 227

Es liegt ein Fall der Rechtskrafterstreckung wegen materiell-rechtlicher Abhängigkeit vor.[296] Wird der Bürge also später vom Gl verklagt, kann er sich unter Hinweis auf das Urteil zwischen Gl und S darauf berufen, die Hauptverbindlichkeit bestehe nicht (§ 767 I S. 1 BGB).

294 Vgl. Hemmer/Wüst, Schuldrecht BT I, 256 ff.
295 Vgl. dazu Palandt, § 888, Rn. 6.
296 Hemmer/Wüst, ZPO I, Rn. 563 ff.

2. Erfolgreiche Klage Gl – S

erfolgreiche Klage Gl - S, keine Rechtskrafterstreckung

Ist der Gl mit seiner Klage gegen S erfolgreich, so wirkt dieses Urteil noch lange nicht zu Lasten des Bürgen.[297] Wird dieser von Gl aus § 765 BGB verklagt, so kann er dennoch einwenden, die Hauptschuld bestehe nicht (mehr) und damit durchdringen. 228

Die materielle Rechtskraft des vorangegangenen Urteils erstreckt sich nicht auf den Bürgen, §§ 322 I, 325 ZPO.

Ausnahme: Prozessbürgschaft

Etwas anderes gilt bei der Prozessbürgschaft. Der Prozessbürge sichert einen vorläufig vollstreckbaren Anspruch[298] des Gl gegen den Hauptschuldner. Durch die Stellung eines Bürgen kann der Hauptschuldner die Vollstreckung aber abwenden, bis über den streitigen Anspruch endgültig entschieden worden ist, §§ 711, 712 I S. 1, 108 ZPO, §§ 232 II, 239 BGB. Der Prozessbürge soll den Gl ebenso sichern wie die Hinterlegung eines Geldbetrages durch den S. Darauf hätte Gl aber ohne weiteres zurückgreifen können, wenn sein Anspruch gegen S endgültig festgestellt worden ist. Könnte der Prozessbürge nun die Nichtexistenz der gesicherten Forderung vortragen, so wäre der Sinn des prozessualen Sicherungsmittels verfehlt.[299] Der Bürge hat hier die Verpflichtung übernommen, die Rechtskraft im Urteil des Gl gegen S gegen sich gelten zu lassen.[300]

3. Urteil im Prozess Gl - Bürge

Urteil im Prozess Gl - Bürge keine Wirkung ggü. Schuldner

Ein Urteil im Prozess zwischen Gl und Bürge wirkt sich nicht im Verhältnis zum Hauptschuldner aus. Eine Verurteilung des Bürgen vor dem Hauptschuldner ist möglich, wenn eine selbstschuldnerische Bürgschaft vorliegt, d.h. der Bürge auf die Einrede der Vorausklage (§ 771 BGB) verzichtet hat oder sie nach § 773 I Nr. 2 - 4 BGB ausgeschlossen ist. 229

B) Die Hypothek

Hypothek, § 1137 BGB, Verweis auf § 770 BGB

Im Hypothekenrecht spielt der § 1137 BGB die Rolle, die § 768 BGB im Bürgschaftsrecht innehat. Er verweist auch direkt auf den § 770 BGB, der hier entsprechende Anwendung findet. Der SG, der vom Gl auf Duldung der Zwangsvollstreckung in Anspruch genommen wird, kann dagegen die schuldnerbezogenen Einreden grundsätzlich geltend machen. Das geschieht im Rahmen der gegen den Eigentümer gerichteten Klage aus § 1147 BGB oder gemäß §§ 795, 767 ZPO, wenn ein Vollstreckungstitel bereits existent ist (i.d.R. notarielle Urkunde). 230

Auch hier sind wichtige Ausnahmen zu beachten. Insbesondere nicht berufen kann sich der SG auf die beschränkte Erbenhaftung, § 1137 I S. 2 BGB, und auf die Festlegung des Insolvenzplans, § 254 II InsO. Es gelten hier die gleichen Grundsätze wie bei der Bürgschaft.

Schlechterstellung bei Verjährung

Außerdem kann er sich nicht auf die Verjährung der gesicherten Forderung berufen, § 216 I BGB. Das ist ein wichtiger Unterschied zur Bürgschaft. Der „Hypothekenschuldner“ steht also schlechter.

---

297 BGH, WM 1971, 614.

298 Arrest, einstweilige Verfügung, vorläufig vollstreckbares Urteil gemäß §§ 708 ff. ZPO.

299 Reinicke/Tiedtke, Kreditsicherung, S. 176 f.; BGH, NJW 1975, 1119 = **juris**byhemmer.

300 Reinicke/Tiedtke, Kreditsicherung, S. 176 f.

hemmer-Methode: Merken Sie sich: § 216 BGB führt zur Durchbrechung der Akzessorietät bei der Durchsetzung des Rechts. Die Verjährung der persönlichen Forderung hindert nicht die dingliche Inanspruchnahme. Lernen Sie, die akzessorischen Sicherungsmittel vom Grundgedanken der Akzessorietät her zu verstehen, und achten Sie dann auf die Durchbrechungen des Akzessorietätsdogmas. Es gilt auch hier: Regel ist die Akzessorietät, Ausnahme ist die Durchbrechung. So sind Durchbrechungen auch § 1138 BGB und § 1156 BGB, sowie § 1164 BGB.

Steht der Geltendmachung der Hypothek eine dauernde Einrede entgegen, kann der Eigentümer des belasteten Grundstücks, der SG, verlangen, dass der Gl auf die Hypothek verzichtet, § 1169 BGB. Dabei ist es gleichgültig, ob sich diese Einrede aus dem Sicherungsvertrag zwischen SG und Gl ergibt, oder ob der Eigentümer dieses Gegenrecht über § 1137 BGB aus dem Kreditverhältnis herleiten kann. *231*

C) Das Pfandrecht

Pfandrecht, § 1211 BGB, bei Verjährung ebenfalls anders

Die dem § 1137 BGB bzw. §§ 768, 770 BGB im Pfandrecht entsprechende Vorschrift ist § 1211 BGB. Der Verpfänder steht darüber ebenso gut und ebenso schlecht da wie der Eigentümer eines mit einer Hypothek belasteten Grundstücks. So kann er sich auch nicht auf die Einrede der Verjährung der gesicherten Schuld berufen, § 216 I BGB.[301] Steht dem Verpfänder eine dauernde Einrede zu, so kann er vom Pfandgläubiger die Rückgabe des Pfandes verlangen; damit erlischt das Pfandrecht, §§ 1254, 1253 I BGB. *232*

D) Der Schuldbeitritt

Schuldbeitritt, § 425 BGB

Der Schuldbeitretende haftet rechtstechnisch nicht für eine fremde Schuld, sondern für eine eigene. Bei der Entstehung der Verpflichtung des Schuldbeitretenden ist es zwar erforderlich, dass der Gl auch eine wirksame Forderung gegen den S hat; das ist ja der Zweck der Sicherungsabrede. Danach können sich die Ansprüche gegen den Kredit-S und gegen den Schuldmitübernehmer SG aber verschieden entwickeln. Einreden und Einwendungen des einen Gesamtschuldners müssen dem anderen nicht zugutekommen, denn die Forderungen sind nicht akzessorisch zueinander. Diese Trennung spricht besonders § 425 I BGB aus.[302] *233*

Gesetzliche Regelungen, die die beiden Verpflichtungen verbinden, stellen aber die §§ 422 - 424 BGB dar.

I. Bedeutung des § 422 I BGB

§ 422 I BGB, Innenverhältnis maßgeblich

§ 422 I BGB besagt, dass dem Gl gegen keinen Gesamtschuldner mehr eine Forderung zusteht, wenn einer von ihnen erfüllt. Ob die Forderung gegen den anderen Gesamtschuldner erlischt oder auf den Zahlenden übergeht, hängt vom Innenverhältnis zwischen den Verpflichteten ab. *234*

301 Anders gem. § 216 III BGB, wenn es sich bei der gesicherten Forderung um wiederkehrende Leistungen handelt. Um solche handelt es sich beispielsweise bei Nachforderungen zu Nebenkostenabrechnungen im Mietrecht, **BGH, Life&Law 01/2017, 25 f.**

302 Dazu ausführlich Hemmer/Wüst, Rückgriffsansprüche, Rn. 267 ff.

II. Bedeutung des § 422 II BGB

§ 422 II BGB

§ 422 II BGB stellt klar, dass der SG nicht mit einer Forderung des S aufrechnen kann, wenn er von Gl in Anspruch genommen wird. 235

***Bsp.:** SG hat sich für die Kaufpreisforderung gegen S im Wege des Schuldbeitritts mitverpflichtet. S hat gegen Gl später eine Schadensersatzforderung erlangt, weil dieser einen Verkehrsunfall verursacht hat, bei dem S zu Schaden gekommen ist. Als Gl den SG aus dem Schuldbeitritt in Anspruch nehmen will, meint dieser, es müsse ihm doch zugutekommen, dass der S sich durch Aufrechnung befreien könne.*

Dass SG hier nicht mit der Schadensersatzforderung des S gegenüber Gl aufrechnen kann, ergibt sich nicht nur aus § 422 II BGB, sondern schon aus § 387 BGB: Es fehlt an der Gegenseitigkeit der aufgerechneten Forderungen.

§ 422 II BGB hat aber darüber hinaus noch die Bedeutung, dass dem Gesamtschuldner grundsätzlich eine Aufrechnungslage nicht zugutekommt, die zwischen dem Gl und einem anderen Gesamtschuldner besteht.

kein § 770 II BGB analog; strenger als Bürgschaft

Er hat daher in aller Regel auch kein Leistungsverweigerungsrecht analog § 770 II BGB, § 129 II HGB; eine Einrede der Aufrechenbarkeit, wie sie der Bürge hat, steht dem Schuldbeitretenden nicht zu. Der Grund dafür ist, dass der Gl gemäß § 421 BGB grundsätzlich frei bei der Inanspruchnahme seiner S ist. Durch die Einrede der Aufrechenbarkeit soll er nicht gezwungen werden, sich im Wege der Aufrechnung befriedigen zu müssen und so gegen einen bestimmten Gesamtschuldner Zugriff nehmen zu müssen.

hemmer-Methode: Auch insofern ist die gesetzliche Regelung für den Schuldbeitritt strenger als für die Bürgschaft. Die Aufrechenbarkeit kann aber dem SG zugutekommen, wenn der Sicherungsvertrag etwas Abweichendes bestimmt, vgl. § 425 I BGB. Dafür reicht allerdings alleine der Sicherungszweck ohne nähere Abmachungen nicht aus, da sonst § 425 I BGB auf den Kopf gestellt würde.

III. Bedeutung des § 423 BGB

§ 423 BGB

§ 423 BGB regelt den Fall, dass ein Erlassvertrag zwischen dem Gläubiger und einem Gesamtschuldner gemäß § 397 BGB mit der Absicht, das gesamte Schuldverhältnis aufheben zu wollen, geschlossen wird. Ein solcher Erlassvertrag stellt eine Verfügung zugunsten Dritter dar. Damit ist § 423 BGB eine Ausnahmevorschrift, denn Verfügungen mit dinglicher Wirkung zugunsten Dritter sind grundsätzlich nicht möglich.[303] 236

§ 333 BGB ist hier analog anzuwenden: Ein durch den Erlass begünstigter Gesamtschuldner kann die Befreiung gegenüber dem Gl zurückweisen.

entscheidend ist Parteiwille

Soll der Erlass nicht das gesamte Schuldverhältnis aufheben, sind mehrere Auslegungsmöglichkeiten denkbar. Entscheidend ist, was die Parteien des Erlassvertrages erreichen wollten. 237

pactum de non petendo nicht im Innenverhältnis

⇨ Wenn sie nur ausschließen wollten, dass der am Erlass beteiligte Gesamtschuldner gerade von Gl in Anspruch genommen werden kann, so hat der Erlass die Wirkung eines pactum de non petendo; der S hat die vertragliche Einrede gegen die Inanspruchnahme aus der fortbestehenden Forderung. Dieses Gegenrecht besteht aber nur gegenüber Gl.

303 Palandt, Einf. vor § 328 BGB, Rn. 8.

Wenn der andere Gesamtschuldner zahlt, geht die Außenforderung des Gl gegen den begünstigten Gesamtschuldner gemäß § 426 II BGB auf ihn über. Der begünstigte Gesamt-S kann die Einrede aus dem pactum de non petendo bezüglich der Außenforderung zwar auch dem Zahlenden entgegenhalten (§ 404 BGB), die Einrede nutzt ihm aber nichts gegen die Innenforderung gemäß § 426 I BGB. Letztlich muss der Begünstigte hier also doch zahlen, wenn zwar nicht an den Gl, so doch beim Ausgleich der Gesamtschuldner untereinander.

hemmer-Methode: Für den Ausgleichsberechtigten kann sich aber dadurch gleichwohl ein Nachteil ergeben, da mangels cessio legis auch die sonstigen Sicherungsrechte nicht nach §§ 412, 401 BGB mit übergehen.

⇨ Der Erlassvertrag kann aber auch die Wirkung haben, dass dem Begünstigten aus dem der Gesamtschuld zu Grunde liegenden Rechtsverhältnis überhaupt keine Zahlungsverpflichtung mehr obliegen solle. Der Gl kann dem am Erlass beteiligten S natürlich nicht auch noch die Ausgleichsforderung erlassen; die steht dem anderen Gesamtschuldner aufgrund des Innenverhältnisses zwischen den Schuldnern zu. Der Erlass kann aber einen Freistellungsanspruch des Begünstigten gegen den Gl begründen, wenn er vom Zahlenden im Wege des Ausgleichs in Anspruch genommen wird.

hemmer-Methode: Merken Sie sich: Der Erlass der Forderung gegenüber der OHG, aber Fortbestand der Forderung gegen den Gesellschafter ist unzulässig. Zum Teil wird hier Perplexität (Widersprüchlichkeit) angenommen. Es wird nämlich die Stellung des weiterhaftenden Gesellschafters verschlechtert, weil ihm die Rechte aus §§ 161 II, 129 HGB genommen werden. Die Befreiung der Gesellschaft und die Forthaftung des Gesellschafters passen nicht zusammen.[304]

IV. Bedeutung des § 424 BGB

§ 424 BGB

Gemäß § 424 BGB wirkt der Verzug des Gl (§§ 293 ff. BGB) gegenüber einem Gesamtschuldner auch für die anderen S. 238

Gl bei Geld in Annahmeverzug

Bsp.: *A und B schulden Gl gesamtschuldnerisch 5.000,- €. Vereinbarungsgemäß kommt A am Abend des 01.09. mit dem Geld bei Gl vorbei, aber Gl ist nicht da. Auf dem Rückweg wird A von einem unbekannten Maskierten überfallen und ausgeraubt. Gl entschuldigt sich später, er sei wegen einer unvorhersehbaren Familienangelegenheit verhindert gewesen. Er verlangt aber weiterhin Zahlung von A und B.*

A könnte von seiner Zahlungsverpflichtung dadurch frei geworden sein, dass ihm das Geld zu einem Zeitpunkt gestohlen worden ist, als die Leistungsgefahr bereits auf Gl übergegangen war, der Gl also das Risiko für den Untergang oder die Verschlechterung des Leistungsgegenstandes trug. Die bei Gattungsschulden dafür erforderliche Konkretisierung gemäß § 243 II BGB ist zwar durch die Gefahrregelung in § 270 BGB ausgeschlossen. Der S trägt hier die Verlustgefahr, wenn das Geld den Empfänger nicht erreicht.[305] Der Gefahrübergang erfolgt jedoch gemäß § 300 II BGB, der auf Geldschulden zumindest analog anwendbar ist.[306] Gl war hier gemäß §§ 293, 294, 299 BGB in Gläubigerverzug gekommen, ohne dass es auf ein Verschulden ankäme.[307] Als dem A das Geld gestohlen wurde, trug also bereits der Gl die Leistungsgefahr. Das hat die Folge, dass A davon frei wird, erneut zahlen zu müssen.

304 Medicus, Bürgerliches Recht, Rn. 155.

305 Medicus, Bürgerliches Recht, Rn. 259; Palandt, § 270 BGB, Rn. 8.

306 Medicus, Bürgerliches Recht, Rn. 261.

307 Vgl. Palandt, § 293 BGB, Rn. 10.

Dem B kommt das Freiwerden des A über § 424 BGB zugute; auch er wird somit frei. Der Grund liegt darin, dass die Annahme des Geldes durch Gl die Erfüllung bewirkt hätte, also gemäß § 422 I BGB auch den B gegenüber Gl befreit hätte.

V. Bedeutung des § 425 BGB

§ 425 BGB

Andere als die in den §§ 422 - 424 BGB bezeichneten Tatsachen, heißt es in § 425 I BGB, wirken nur für und gegen denjenigen Gesamtschuldner, dessen Verpflichtung davon betroffen ist. § 425 II BGB bringt Beispiele für solche Tatsachen. Die gesetzliche Regelung geht also dahin, dass sich die Verpflichtungen der Gesamtschuldner nach ihrem Entstehen grundsätzlich selbstständig und unabhängig voneinander entwickeln. 239

Gegen eine Inanspruchnahme durch den Gl hat ein Gesamtschuldner grundsätzlich nicht die Möglichkeit, sich darauf zu berufen, dass die Forderung gegen einen anderen Gesamtschuldner verjährt sei oder dass der Gl rechtskräftig mit seiner Klage abgewiesen worden sei. Andererseits schadet es dem einen S auch nicht, wenn der andere die Leistung schuldhaft unmöglich gemacht hat (dann haftet nur der andere aus §§ 280 I, III, 283 BGB) oder im Verzug ist.

tritt hinter Abreden aus Schuldverhältnis zurück

Diese Unabhängigkeit der Verpflichtungen gilt mit einer wichtigen Einschränkung: Wenn sich aus dem Schuldverhältnis etwas anderes ergibt, kann sich doch eine gegenüber dem einen Gesamtschuldner eingetretenen Tatsache gegenüber dem anderen auswirken. Beim Schuldbeitritt zur Sicherung eines Kredits kann sich das aus dem Sicherungszweck, aber auch aus dem Schutzzweck der einschlägigen Norm ergeben.

Bsp.: *Der Ehemann S kaufte beim Autohaus Gl einen neuen Pkw. Der Gl behielt sich das Eigentum bis zur vollständigen Zahlung des Kaufpreises vor, der in Raten beglichen werden sollte. Dieser Verpflichtung war die Ehefrau des S, die SG, gesamtschuldnerisch beigetreten.* 240

Nach einiger Zeit konnte S die Raten nicht mehr aufbringen und geriet in Zahlungsverzug (das Vorliegen der qualifizierten Verzugsvoraussetzungen der §§ 508, 498 I Nr. 1 und 2 BGB wird im Folgenden unterstellt). Gl nahm daher aufgrund des Eigentumsvorbehalts den Pkw wieder an sich und verkaufte ihn an einen Dritten. Gl verlangt von SG aber weiterhin Zahlung der Kaufpreisraten.

Anspruchsgrundlage für das Zahlungsverlangen des Gl gegen die SG ist §§ 433 II, 421, 427 BGB. Der Anspruch könnte aber durch den Rücktritt des Gl vom Kaufvertrag erloschen sein.

Nachdem S mit der Zahlung in Verzug gekommen ist, war Gl nicht automatisch zum Rücktritt berechtigt, § 449 II BGB, jedenfalls galt die Rücknahme der verkauften Sache durch den Verkäufer als Ausübung des Rücktrittsrechts, § 508 S. 1, 5 BGB.

§ 508 S. 5 BGB

hemmer-Methode: § 508 S. 5 BGB gilt nicht nur, wenn der Verkäufer die Sache aufgrund des Eigentumsvorbehalts zurücknimmt, sondern bei jedem Wiederansichnehmen. Ausreichend ist jeder Entzug der Nutzungsmöglichkeiten an der Sache für den Käufer und Besitzverschaffung oder Zuführung des wirtschaftlichen Wertes für den Verkäufer. §§ 491 ff. BGB sind im Anwendungsbereich weiter als das frühere Abzahlungsgesetz. Für die Anwendung des § 508 S. 5 BGB muss daher kein Eigentumsvorbehalt bestehen, der Verkäufer muss die Rücknahme nicht mit seinem Eigentum begründen, er muss nicht einmal Eigentümer sein.[308]
Es muss aber natürlich ein entgeltlicher Zahlungsaufschub i.S.d. § 506 I BGB vorliegen!

308 Im Einzelnen vgl. Palandt, § 508 BGB, Rn. 6 ff.

Fraglich ist, ob sich der Rücktritt vom Kaufvertrag mit S auch auf die Verpflichtung der SG auswirkt. Aus § 425 BGB ergibt sich, dass erhebliche Tatsachen grundsätzlich nur für und gegen den Gesamtschuldner wirken, in dessen Person sie eingetreten sind. Hier könnte sich aber aus dem Schuldverhältnis etwas anderes ergeben.

§ 508 BGB bewirkt zum Schutz des Käufers, dass an Stelle des ursprünglichen Darlehensanspruchs (bzw. Kaufpreisanspruchs) nunmehr die dort geregelten Abwicklungsansprüche (i.V.m. §§ 346 ff. BGB) treten. Diese Bestimmungen dienen ausschließlich dem Schutz des Verbrauchers und können daher auf Dritte, die gegenüber dem Rücktrittsberechtigten vor der Übergabe der Sache die gesamtschuldnerische Haftung für die Forderung aus dem Kaufvertrag übernommen haben, ohne im Besitz der Kaufsache zu sein, nicht unbedingt entsprechend angewendet werden.[309]

Der von der Rspr. entschiedene Fall betraf aber einen Schuldbeitritt im Eigeninteresse des Beitretenden. Dort hatte der S, um eine Sache zu erwerben, ein Darlehen aufgenommen. Der Gl hatte die Kaufsumme bezahlt und sich die Sache zur Sicherheit übereignen lassen. Der Verkäufer SG war der Darlehensschuld des S zur Sicherheit beigetreten. Hier galt, nachdem die Bank aufgrund der Zahlungsschwierigkeiten des S die Sache an sich genommen hatte, gegenüber S die Rücktrittsfiktion des § 508 S. 5 BGB.

Im vorliegenden Fall besteht aber ein Unterschied: Die Ehefrau des Schuldners gerät durch ihre Mithaftungserklärung in eine ähnlich schutzwürdige Situation wie der Verbraucher selbst. Während dem mithaftenden Verkäufer, der sich aus einem unmittelbaren wirtschaftlichen Eigeninteresse verpflichtet hat, die Rücktrittsfiktion nicht zugutekommt, kann nach dem BGH[310] der Schutzzweck der §§ 491 ff. BGB auch solche Gesamtschuldner umfassen, die mit dem Verbraucher eng wirtschaftlich verbunden sind. 241

Das betrifft insbesondere den mithaftenden Ehegatten, der die Rückgängigmachung des Kaufvertrags regelmäßig ebenso spürt wie der Käufer selbst. Hier ergibt sich also aus dem Schuldverhältnis eine Ausnahme zu § 425 BGB, die Rücktrittsfiktion des § 508 S. 5 BGB kommt beiden Gesamtschuldnern zugute. Den Interessen des Verkäufers ist hinreichend Rechnung getragen, wenn der die Mithaftung übernehmende Ehegatte nur in demselben Umfang haftet wie der Verbraucher selbst.

Die SG haftet wegen § 508 S. 5 BGB daher nur gemäß § 508 S. 3 u. 4 BGB (i.V.m. §§ 346 ff. BGB) aus §§ 421, 427 BGB, nicht aber ist sie zur Ratenzahlung aus § 433 I BGB verpflichtet.

E) Die Sicherungsgrundschuld

bei Sicherungsgrundschuld Sicherungsvertrag maßgeblich

Bei der Sicherungsgrundschuld ist § 1137 BGB nicht anwendbar. Dem SG stehen daher die Einreden des S nicht kraft Gesetzes zu.[311] 242

Der dingliche SG kann sich aber auf die schuldnerbezogenen Einreden über den Sicherungsvertrag berufen. Aus diesem lässt sich, sofern nicht ausdrücklich geregelt, zumindest im Wege ergänzender Vertragsauslegung ableiten, dass der Gl die Grundschuld nur im Rahmen der gesicherten Forderung geltend machen darf.[312]

Wenn daher z.B. dem S die persönliche Schuld gestundet worden ist, kommt dies auch dem SG wegen seiner schuldrechtlichen Beziehungen zum Gl aufgrund der Sicherungsabrede zugute.

309 BGHZ 47, 248-253 (250) zum AbzG = **juris**byhemmer; die Ausführungen des BGH besitzen auch für §§ 491 ff. BGB Gültigkeit.

310 BGHZ 64, 268-272 (270) = **juris**byhemmer.

311 Palandt, § 1137 BGB, Rn. 8.

312 Reinicke/Tiedtke, Kreditsicherung, S. 402 ff.

F) Die Sicherungsübereignung und die Sicherungszession

I. Sicherungsübereignung

bei Sicherungsübereignung Sicherungsvertrag maßgeblich

Auf schuldnerbezogene Einreden kann sich der SG nur über die Sicherungsabrede gegenüber dem Gl berufen. Sinn des Sicherungsvertrages ist es, die Sicherheit mit der Forderung zu verbinden und sie dem Zugriff des Gl auszusetzen, wenn dieser wegen Zahlungsunfähigkeit des S seinen Anspruch nicht mehr realisieren kann. 243

Daran hat sich eine Auslegung des Sicherungsvertrages zu orientieren, die erforderlich ist, wenn eine ausdrückliche Regelung über die Wirkung von schuldnerbezogenen Einreden auf den Sicherungsvertrag nicht getroffen worden ist. I.R.d. Auslegung wird man im Zweifel auf eine Analogie zu § 1211 BGB zurückgreifen können.

hemmer-Methode: Denken Sie daran, es handelt sich bei der Sicherungsübereignung um ein verdecktes Pfandrecht, deswegen kommen Schutzbestimmungen zugunsten des Sicherungsgebers wie § 1211 BGB in Betracht.

II. Sicherungszession

Bei der Sicherungszession ergibt sich wieder eine Sondersituation daraus, dass die Geltendmachung der Forderung regelmäßig nicht beim SG, sondern beim Drittschuldner erfolgt. Dieser kann aber (wenn keine nähere Abrede getroffen ist, etwa analog § 328 BGB) Einreden aus dem Sicherungsvertrag, die an sich genauso bestünden wie bei der Sicherungsübereignung, nicht geltend machen. 244

§ 7 ÜBERTRAGUNG V. FORDERUNG UND SICHERUNG AUF DRITTE (GUTGLÄUBIGER ERWERB)

gutgläubiger Erwerb ist vertraglich nicht ausschließbar, § 137 S. 1 BGB

Bis jetzt ging es darum, die Rechtsbeziehungen zwischen S und Gl und zwischen SG und SN abzuklären. Viele Probleme ergeben sich aber zusätzlich daraus, dass der Gl die Forderung an einen Dritten abtritt, der SN die Sicherung auf einen Dritten überträgt. 245

Dabei kann auch der Fall auftreten, dass der SN über das Sicherungsgut als Nichtberechtigter verfügt. Hier ist regelmäßig die Frage aufgeworfen, ob der Dritte die Sicherung gutgläubig erworben hat.

A) Die Bürgschaft

Bürgschaft, § 401 BGB

Tritt der Gl die Forderung an einen Dritten ab, so geht die Forderung gegen den Bürgen ebenfalls auf den Dritten über, § 401 BGB. Die strenge Akzessorietät der Bürgschaft wirkt also nicht nur bei der Entstehung, sondern auch bei der Übertragung. 246

I. Unwirksamkeit des Bürgschaftsvertrages

Unwirksamkeit des Bürgschaftsvertrages, dann auch kein Erwerb mögl.

Ist nur der Bürgschaftsvertrag zwischen SG (dem Bürgen) und Gl unwirksam, so erwirbt der Dritte durch die Abtretung zwar die Kreditforderung, aber keine Rechte gegen den Bürgen. Es gibt keinen gutgläubigen Erwerb der Rechtsstellung des durch die Bürgschaft Begünstigten. Das ergibt sich schon daraus, dass es grundsätzlich keinen gutgläubigen Forderungserwerb gibt.[313] Daraus folgt auch für den Fall, dass die gesicherte Forderung nicht besteht, dass der Dritte weder die Forderung noch Rechte aus der Bürgschaft erwirbt. 247

Der Bürge kann also alle rechtsvernichtenden Einwendungen gegen die Bürgschaft auch dem Dritten, dem Abtretungsempfänger, gegenüber geltend machen.

II. Trennung von Forderung und Bürgschaft

Trennung v. Forderung u. Bürgsch. nach h.M. nicht möglich

Nach h.M. können Forderung und Bürgschaft nach ihrer Entstehung nicht getrennt werden. Der SN/Gl kann also nicht die Forderung behalten und die Ansprüche aus dem Bürgschaftsvertrag an D abtreten oder die Forderung abtreten und die Rechte aus der Bürgschaft behalten oder an D 1 die Forderung und an D 2 die Bürgschaft abtreten.[314] 248

a.A.: Möglichkeit besteht; dagegen § 401 BGB

Nach anderer Meinung ist es denkbar, dass der Gl seinen (zukünftigen) Anspruch gegen den Bürgen an einen Dritten abtritt. Dadurch verändere sich nicht der Inhalt der Bürgenschuld, sondern nur die Person des Forderungsberechtigten. Der Abtretungsempfänger könne von dem Bürgen nur fordern, an den Gl zu zahlen.[315] Die Autoren gehen davon aus, dass sich die Akzessorietät der Bürgschaft nur bei der Entstehung und dem Fortbestand der Sicherung auswirke, nicht aber bei der Übertragung. Das dürfte aber mit § 401 BGB nicht vereinbar sein. Der h.M.[316] ist daher zu folgen.

313 Palandt, § 405 BGB, Rn. 1; eine Einschränkung trifft § 405 BGB.

314 Palandt, § 765 BGB, Rn. 26.

315 Reinicke/Tiedtke, Kreditsicherung, S. 269 f.

316 BGH, WM 1980, 372-374 = **juris**byhemmer; Palandt, § 399 BGB, Rn. 7.

Haben der Bürge und der Gl für den Fall der Abtretung der Forderung den Übergang der Bürgschaft gemäß § 401 BGB vertraglich ausgeschlossen, so erlischt in diesem Fall die Bürgschaft.[317] Hierfür wird § 1250 II BGB analog angewendet.

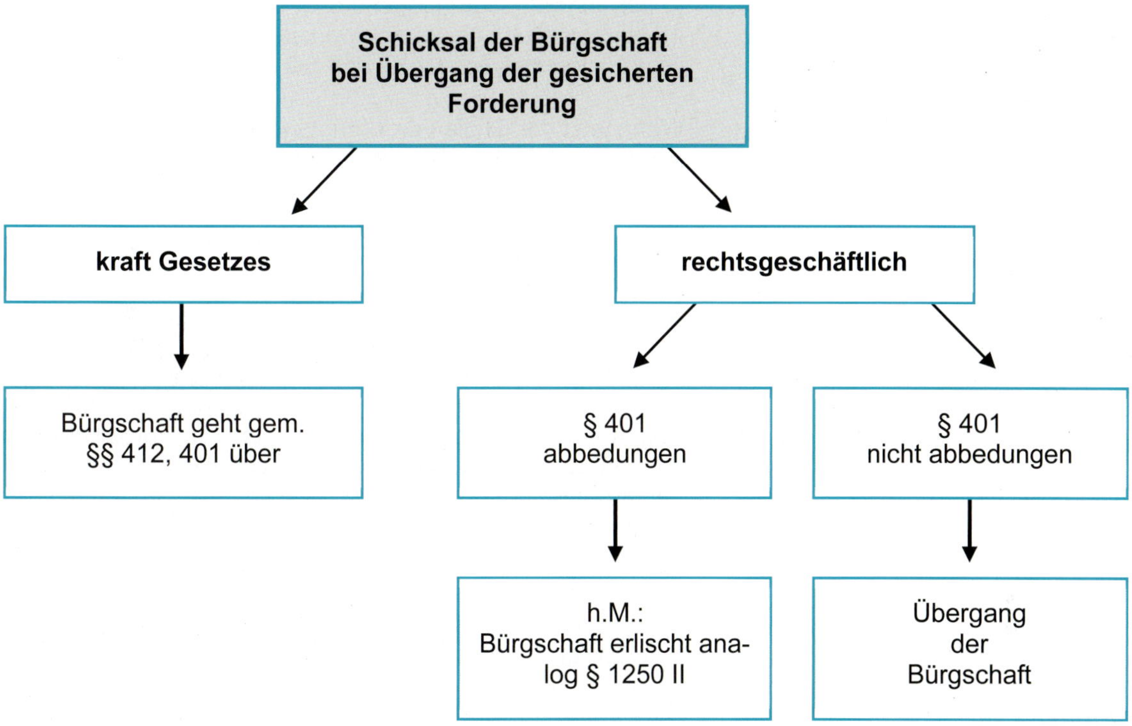

B) Die Hypothek

Hypothek: bei Übertragung der Forderung § 1154 BGB

Der Gl kann eine hypothekarisch gesicherte Forderung genauso auf einen Dritten übertragen wie eine ungesicherte Forderung. Er muss dabei aber § 1154 BGB beachten: Abweichend von der gewöhnlichen Forderungsübertragung ist eine Abtretung einer Forderung, für die eine Hypothek bestellt ist, formbedürftig. **249**

Der Grund liegt in der strengen Akzessorietät der Hypothek. Sie erfordert, dass das im Sachenrecht geltende Offenkundigkeitsprinzip auch auf die Forderung erstreckt wird. Um eine hypothekarisch gesicherte Forderung wirksam abzutreten, muss der Gl also die Formvorschrift des § 1154 BGB einhalten (Merksatz: „Die Dienerin“ (die Hypothek) „zwingt der Herrin“ (der Forderung) „ihre Form auf“).

Forderung und Hypothek sind nicht trennbar

Hat der Gl die Forderung in dieser Form wirksam übertragen, so geht die Hypothek kraft Gesetzes auf D über (§ 1153 I BGB). Forderung und Hypothek können nicht getrennt übertragen werden (§ 1153 II BGB). **250**

hemmer-Methode: Der Sachverhalt in einer Klausur spricht häufig von der „Abtretung einer Hypothek“. Weil der Hypothekeninhaber über das Grundpfandrecht nicht gesondert verfügen kann, ist die Formulierung als „Abtretung der hypothekarisch gesicherten Forderung“ auszulegen. Ein Problem mehr: Nur so geht der Fall weiter. Lernen Sie klausurtypisch, d.h. anwendungsorientiert.

317 BGH, WM 1980, 1085-1087 = jurisbyhemmer.

Schwierigkeiten ergeben sich, wenn die Hypothek nicht wirksam entstanden ist.

I. Mangel in der Hypothek

erste Fallgruppe

In der ersten Fallgruppe ist der Gl Inhaber der Forderung, die Hypothekenbestellung war aber unwirksam, z.B. weil keine wirksame dingliche Einigung zwischen Gl und SG zu Stande gekommen ist. 251

Wenn jetzt der Gl die Forderung an einen Dritten überträgt, kann dieser die Hypothek kraft guten Glaubens vom Nichtberechtigten erwerben. Zu unterscheiden ist der gutgläubige Erwerb einer Buchhypothek von dem einer Briefhypothek:

1. Buchhypothek

Buchhypothek

Die Buchhypothek erwirbt der Abtretungsempfänger gemäß § 1153 I BGB, wenn ihm die Forderung in Form der §§ 1154 III, 873 BGB übertragen worden ist. Der Dritte muss, um die Forderung erwerben zu können, als neuer Gl im Grundbuch eingetragen sein. Ist Gl nicht Inhaber der Buchhypothek, aber als solcher im Grundbuch eingetragen, so kann der Dritte von ihm unter den Voraussetzungen des § 892 BGB das Grundpfandrecht gutgläubig erwerben. 252

2. Briefhypothek

Briefhypothek

Die Forderung, die durch eine Briefhypothek gesichert ist, erwirbt der Dritte, wenn der Gl eine schriftliche Abtretungserklärung abgibt und den Hypothekenbrief übergibt (§ 1154 I BGB). 253

Die schriftliche Abtretungserklärung kann durch die Eintragung der Abtretung im Grundbuch ersetzt werden, § 1154 II BGB. Wenn das nicht geschieht, und das ist beim Briefrecht die Regel, vollziehen sich Übertragung von Forderung und Hypothek außerhalb des Grundbuches. Das Grundbuch weist daher nicht sicher den Eingetragenen als Rechtsinhaber aus. Der Gutglaubenserwerb ist beim Briefrecht über das Grundbuch hinaus auch auf frühere Abtretungen erweitert worden, die nicht im Grundbuch erscheinen, die aber öffentlich beglaubigt sind (§§ 1155, 129 BGB). Tritt z.B. der Gl seine hypothekarisch gesicherte Darlehensforderung gemäß § 1155 BGB an Gl 1 ab, dieser wiederum gemäß § 1155 BGB an Gl 2 und dieser schließlich privatschriftlich an Gl 3, so erwirbt der Letzte, wenn Gl 1 die Abtretung wirksam anficht, trotzdem gutgläubig vom Nichtberechtigten.

Die letzte Abtretung Gl 2/Gl 3 entsprach zwar nicht der Form des § 1155 BGB, aber wichtig ist, dass der abtretende Nichtberechtigte Gl 2 durch eine öffentliche Abtretungserklärung ausgewiesen ist.

hemmer-Methode: Als Merksatz gilt: „Die Kette der öffentlich beglaubigten Abtretungserklärungen wird ins Grundbuch projiziert“, die Abtretungserklärungen wirken, als seien sie externe Bestandteile des Grundbuchs. Machen Sie sich nochmals klar: Es kommt auf die Abtretungen an, die derjenigen vorausgehen, bei der der gutgläubige Erwerb in Frage steht. Für die letzte (bzw. für eine einzige) Abtretung ist keine Beglaubigung erforderlich!

Erweiterung des öfftl. Glaubens des Grundbuchs: § 1155 BGB	**Beschränkung des öfftl. Glaubens des Grundbuchs: § 1140 BGB**
Übertragung der Briefhypothek vollzieht sich außerhalb des Grundbuchs; die fehlende grundbuchrechtl. Legitimation des Erwerbers wird durch eine **Kette beglaubigter Abtretungserklärungen** ersetzt, § 1155 BGB	Sofern sich Unrichtigkeit des Grundbuchs aus dem Hypothekenbrief ergibt, ist der **öfftl. Glaube des Grundbuchs zerstört**

a) Die gefälschte Abtretungserklärung[318]

gefälschte Abtretungserklärung

254 ***Bsp.:*** *F hat sich von Gl privatschriftlich eine hypothekarisch gesicherte Forderung abtreten lassen. Später stellt er fest, dass der Gl überhaupt nicht Inhaber von Forderung und Hypothek war. Sie stand vielmehr dem X zu, der auch im Grundbuch eingetragen war. F will die Forderung aber günstig weiterverwerten und fälscht daher eine öffentlich beglaubigte Abtretungserklärung des X.*

Damit spiegelt er dem Y, dem er nun die Forderung gemäß § 1154 I BGB abtritt, vor, der X habe ihm die Forderung und die Hypothek direkt übertragen. Hat Y die Forderung und die Hypothek erworben?

Der Erwerb der Forderung ist unproblematisch. F war nicht Inhaber der Forderung, da Gl ihm nichts abtreten konnte. Er konnte die Forderung auch nicht als Berechtigter auf Y weiterübertragen. Einen gutgläubigen Erwerb kennt das Gesetz mit Ausnahme von § 405 BGB nicht.

Der Erwerb der Hypothek ist davon unabhängig zu beurteilen. F hatte die Hypothek nicht gutgläubig von Gl erworben, da zur Zeit der Abtretung der X im Grundbuch eingetragen war; § 892 BGB greift nicht zugunsten des F ein. Damit konnte Y von F die Hypothek nur erwerben, wenn zu seinen Gunsten die Gutglaubensvorschriften bei Verfügungen von Nichtberechtigten eingreifen.

§ 892 BGB gilt nicht direkt, da immer noch X und nicht F im Grundbuch als Hypothekengläubiger eingetragen ist.

§ 892 BGB könnte aber zugunsten des Y über § 1155 BGB Anwendung finden. § 1155 BGB besagt, dass ein Briefbesitzer, der durch eine auf einen eingetragenen Gl zurückführende Reihe öffentlich beglaubigter Abtretungserklärungen bzgl. der Gutglaubensvorschriften (§§ 891 ff. BGB) so behandelt wird, als wäre er im Grundbuch eingetragen.

Der Hypothekenbrief erleichtert damit die Verkehrsfähigkeit der Hypothek, insofern er einen Rechtserwerb außerhalb des Grundbuchs ermöglicht. Wäre die Abtretungserklärung, aus der hervorgeht, dass der X dem F Forderung und Hypothek übertragen hat, echt, dann wäre der F in der Lage gewesen, dem gutgläubigen Y die Hypothek zu übertragen. Fraglich ist aber, ob auch eine gefälschte Abtretungserklärung nach § 1155 BGB den guten Glauben des Erwerbers schützt. Das RG hat das in einer Entscheidung[319] bejaht; schon der Anschein einer öffentlich beglaubigten Abtretungserklärung sei geeignet, den Rechtserwerb kraft guten Glaubens zu ermöglichen.

318 Vgl. dazu auch die Fallbesprechung in JA –Ü 1991, 1 ff.

319 RGZ 93, 41 = **juris**byhemmer.

Die h.M. ist gegenteiliger Ansicht.[320] Ein Erwerb kraft guten Glaubens ist aufgrund einer gefälschten Abtretungserklärung ebenso wenig möglich wie aufgrund einer gefälschten Grundbucheintragung. Dem ist aus folgender Erwägung zu folgen: Der gutgläubige Erwerb bedarf eines Rechtsscheinsträgers, der den Veräußerer als Rechtsinhaber legitimiert. Beim Erwerb des Eigentums oder des Pfandrechtes an beweglichen Sachen erzeugt den Rechtsschein grundsätzlich der Besitz,[321] beim gutgläubigen Erwerb eines Rechtes an einem Grundstück grundsätzlich die Grundbucheintragung (§ 891 BGB) bzw. die öffentlich beglaubigten Abtretungserklärungen (§§ 1155, 891 BGB). Einer Fälschung kommt dagegen diese Legitimationswirkung nicht zu. Der dingliche Rechtserwerb kann hier nicht davon abhängen, wie gut dem Fälscher die Vorspiegelung des Rechtsscheins gelungen ist.

hemmer-Methode: Erforderlich ist, dass der Rechtsschein den Verfügenden legitimiert, nicht der Anschein eines Rechtsscheins. Ähnlich wie nach der vorzugswürdigen Ansicht zum sog. gutgläubigen Geheißerwerb gilt: Geschützt ist der gute Glaube aufgrund eines Rechtsscheintatbestandes, nicht an ihn.[322]

b) Die Unterbrechung der Abtretungskette

Unterbrechung der Abtretungskette

255 *Bsp.: A überträgt seine hypothekarisch gesicherte Forderung gemäß §§ 1155, 1154 I BGB auf B, dieser tritt sie privatschriftlich an C ab, dieser wiederum gemäß §§ 1155, 1154 I BGB an D. Hat D die Hypothek erworben, wenn A, B oder C als Nichtberechtigte verfügt haben?*

War A Nichtberechtigter, so konnte B die Hypothek gutgläubig gemäß § 892 I BGB erwerben. Danach sind alle Verfügungen von dinglich Berechtigten getroffen worden. War B bösgläubig, konnte C von ihm die Hypothek gutgläubig gemäß §§ 1155, 892 BGB erwerben.

Haben sowohl B als auch C die Hypothek wegen Bösgläubigkeit nicht erworben, hilft dem D sein guter Glaube aber nicht, weil er vom Nichtberechtigten C erwerben wollte, der nicht durch eine ununterbrochene Kette öffentlich beglaubigter Abtretungserklärungen legitimiert war.

hemmer-Methode: Entscheidend ist also, ob in der Kette der Verfügenden derjenige das Recht erwirbt, den bei Fortsetzung der Reihe kein ausreichender Rechtsschein legitimiert (im Beispiel C). Erwirbt er wirksam, so kann die Kette der Abtretungserklärungen gemäß § 1155 BGB von ihm aus fortgesetzt werden; erwirbt er nicht, schadet die Unterbrechung allen nachfolgenden Abtretungen in der Reihe.[323]

II. Mangel in der Forderung

zweite Fallgruppe

256 Die Forderung, die Gl an den Dritten abtritt, besteht nicht. Sonst waren aber alle Entstehungsvoraussetzungen für die Hypothek gegeben. Es besteht also eine Eigentümergrundschuld (§§ 1163 I S. 1, 1177 I BGB).

forderungsentkleidete Hypothek

Wenn Gl im Grundbuch eingetragen oder durch eine Kette öffentlich beglaubigter Abtretungserklärungen legitimiert ist (§ 1155 BGB), kann er dem Dritten eine sog. „forderungsentkleidete" Hypothek verschaffen, wenn der Dritte bezüglich des Bestehens der Forderung gutgläubig war. Das ermöglicht § 1138 BGB, der wiederum auf die Grundbuchbestimmungen der §§ 891 - 899 BGB verweist.

320 Palandt, § 1155 BGB, Rn. 4.

321 Vgl. auch § 1006 I BGB.

322 Medicus, Bürgerliches Recht, Rn. 564.

323 Palandt, § 1155 BGB, Rn. 3.

§ 1138 BGB, Hypothek als „Anhängsel“

Der Abtretungsempfänger erwirbt die Hypothek gewöhnlich kraft Gesetzes als „Anhängsel“ der Forderung gemäß § 1153 BGB, wenn diese gemäß § 1154 BGB abgetreten wird. Um den gutgläubigen Grundpfandrechtserwerb zu ermöglichen, fingiert § 1138 BGB das Bestehen einer Forderung, wenn der Übergang der Hypothek nur daran scheitern würde. § 1138 BGB löst den Konflikt, der durch die Kollision dreier rechtlicher Grundsätze entstanden ist: 257

- ⇨ Der Grundsatz, dass ein gutgläubiger Erwerb einer Forderung grundsätzlich gemäß §§ 398 ff. BGB nicht möglich ist.
- ⇨ Der Grundsatz, dass ein im Grundbuch eingetragenes Recht gutgläubig erworben werden kann, § 892 BGB.
- ⇨ Der Grundsatz der Akzessorietät von Forderung und Hypothek bei Übertragung dieser Rechte, § 1153 II BGB.

§ 1138 BGB opfert den Grundsatz der Akzessorietät zugunsten der beiden anderen. Die Folge ist, dass der Dritte in dieser Fallgruppe eine Hypothek ohne Forderung erwirbt. § 1138 BGB führt nur dazu, dass der Erwerb des Grundpfandrechtes nicht daran scheitert, dass die Forderung nicht existiert; die Vorschrift bewirkt aber nicht, dass der Dritte auch die Forderung erwirbt; bzgl. der Forderung bleibt es dabei, dass bei §§ 398 ff. BGB ein gutgläubiger Forderungserwerb (Ausnahme § 405 BGB) nicht möglich ist.

hemmer-Methode: § 1138 BGB baut damit die Brücke für die Hypothek, indem er gegenüber einem Gutgläubigen bei eingetragener Forderung (vgl. § 1115 I BGB) einen gutgläubigen Erwerb der Forderung fingiert. Die Hypothek „läuft“ wegen § 1153 I BGB über diese Brücke. Ist die Hypothek „am anderen Ufer angelangt“, so stürzt die Brücke des § 1138 BGB wieder in sich zusammen!

Die Folge ist, dass der Dritte nicht gegen S aus der Forderung vorgehen kann, wohl aber gegen SG aus der Hypothek. Der Eigentümer kann sich gegen die Geltendmachung der Hypothek nicht mit der Einwendung verteidigen, die gesicherte Forderung bestehe nicht, wenn der Erwerber gutgläubig auf die Eintragung (§ 1115 BGB) vertrauen durfte.

III. Mangel in Forderung und Hypothek

dritte Fallgruppe

Schließlich ist der Fall denkbar, dass die zu sichernde Forderung nicht entstanden ist und die Hypothek daneben an einem selbstständigen Wirksamkeitsmangel leidet. 258

> ***Bsp.:** Der Darlehensvertrag zwischen S und G ist wirksam zu Stande gekommen, die Valuta aber noch nicht ausgezahlt. Bei der Bestellung der Hypothek war S schließlich unerkannt geisteskrank.*

Wird die vermeintliche Forderung mit der vermeintlich wirksamen Hypothek an einen gutgläubigen Dritten abgetreten, so ergibt sich folgende Rechtslage:

Der Dritte erwirbt unstreitig keine Forderung, da es einen gutgläubigen Forderungserwerb nicht gibt. Bezogen auf die Hypothek ist ein gutgläubiger Erwerb dagegen möglich, wobei § 892 BGB zweimal zur Anwendung kommt: einmal direkt zur Überwindung des dinglichen Mangels, zum anderen über § 1138 BGB zur Überwindung des Mangels in der Forderung, damit der gutgläubige Erwerb nicht aus Akzessorietätsgründen scheitert. Es liegt eine Kombination der beiden zuerst diskutierten Fallgruppen vor.

Tritt G im obigen Beispielsfall seinen angeblichen Darlehensrückzahlungsanspruch an D ab und wird die Valuta auch später nicht ausgezahlt, so ergibt sich für die Lösung des Falles Folgendes: 259

Einen Anspruch aus § 488 BGB hat D nicht erworben. Der Rückzahlungsanspruch entsteht erst mit Auszahlung. Ein gutgläubiger Forderungserwerb scheidet aus.

Der dingliche Mangel bei der Hypothekenbestellung aufgrund der Geschäftsunfähigkeit des S wird über §§ 1154, 1155, 892 BGB überwunden. Aber auch auf diese Weise wird der D noch nicht Inhaber der Hypothek, denn eine solche besteht mangels der zu sichernden Forderung nicht.

Über diesen Mangel in der Forderung hilft in Ansehung der Hypothek § 1138 BGB, der auf § 892 BGB verweist. Nur durch die doppelte Anwendung des § 892 BGB ist ein gutgläubiger Erwerb der Hypothek durch D möglich.

IV. Sicherungshypothek

Sicherungshypothek ⇨ § 1138 BGB (-)

Bei der streng akzessorischen Sicherungshypothek ist § 1138 BGB nicht anwendbar, § 1185 II BGB. Das Wesen der Sicherungshypothek besteht gerade darin, dass sich ihr Bestand in jedem Falle nach der gesicherten Forderung richtet, § 1184 I BGB. Ein gutgläubiger Erwerb der Sicherungshypothek ist daher nur bei der ersten Fallgruppe möglich, also wenn die gesicherte Forderung besteht und nur sonstige Wirksamkeitsvoraussetzungen fehlen.[324] 260

Tritt dagegen der Gl die Sicherungshypothek vor Valutierung oder nach Rückzahlung an einen Gutgläubigen ab, so erwirbt dieser weder die Forderung noch die Hypothek.

V. Gutgläubiger Erwerb einer Forderung

Grundsätzlich führt § 1138 BGB nicht zu einem gutgläubigen Forderungserwerb. Der Übergang der Forderung wird nur fingiert, damit die akzessorische Hypothek übergehen kann. Gleichwohl stellt sich in einigen Fällen die Frage, ob es bei diesem Ergebnis bleiben soll. Steht nämlich die vermeintlich abgetretene Forderung nach wie vor einem Dritten zu, so besteht für den Schuldner ggfs. die Gefahr, dass er doppelt in Anspruch genommen wird. Daher wird diskutiert, ob der gutgläubige Hypothekenerwerber nicht ausnahmsweise auch die Forderung erwerben soll, damit Hypothek und Forderung wieder in einer Hand sind. 261

Bsp.: *S nimmt bei Gl ein Darlehen in Höhe von 50.000,- € auf. Gl, ein Schulfreund des S, ist als Rechtsanwalt steinreich geworden und gewährt das Darlehen gern, lässt sich aber zur Sicherheit am Grundstück des S eine Briefhypothek bestellen und wird als Hypotheken-Gl im Grundbuch eingetragen. Aufgrund seiner permanenten Beschäftigung mit dem Recht wird Gl aber geisteskrank i.S.d. § 104 Nr. 2 BGB, und ein Betreuer wird für ihn bestellt, § 1896 BGB. Dennoch gelingt es Gl, die Hypothek in öffentlich beglaubigter Form an den X abzutreten, der von den Vorgängen um Gl keine Kenntnis hat. X überträgt später die Hypothek in der gleichen Form auf Y, der ebenfalls von den vorangegangenen Ereignissen keine Kenntnis hat.*

Als das Darlehen fällig wird, verlangen sowohl Y als auch der Betreuer des Gl Zahlung von S. Der will wissen, an wen er zahlen muss.

324 Reinicke/Tiedtke, Kreditsicherung, S. 375.

S muss möglicherweise an Y zahlen, um die Zwangsvollstreckung in sein Grundstück abzuwenden, wenn Y Inhaber der Hypothek ist und daher nach § 1147 BGB vorgehen könnte (§ 1142 I BGB).

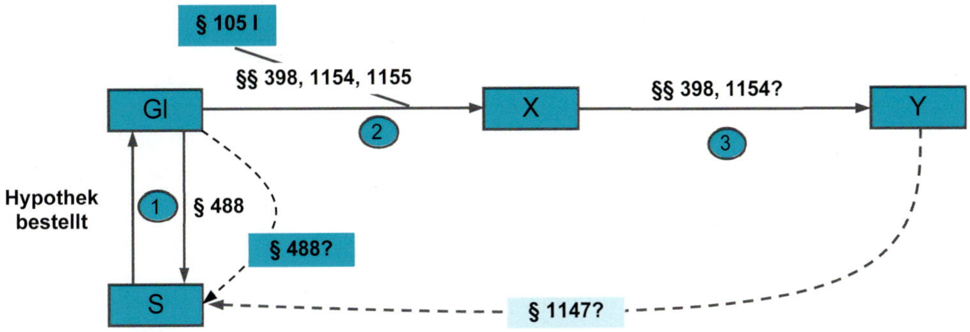

Problem:

- Y hat die Hypothek vom Nichtberechtigten X gutgläubig erworben, §§ 1154, 1138 Alt. 1, 1155, 892 BGB (forderungsentkleidete Hypothek)
- Gl ist aber weiterhin Inhaber der Forderung aus § 488 BGB (kein gutgl. Forderungserwerb! Abtretung Gl an X wg. § 105 I BGB nichtig)

⇨ Gefahr für S, doppelt in Anspruch genommen zu werden?

Y könnte die Hypothek von X durch Abtretung der Darlehensforderung erlangt haben, §§ 1153, 1154 BGB. Der Sachverhalt spricht zwar nur von der Übertragung der Hypothek, die ohne gleichzeitige Abtretung der Forderung nicht wirksam wäre, § 1153 II BGB. Es ist aber davon auszugehen, dass die Parteien diejenigen rechtsgeschäftlichen Handlungen vornehmen wollten, die die Übertragung der Hypothek erfordert. X und Y haben sich daher über den Forderungsübergang geeinigt. Y hat die Forderung gemäß § 1154 I BGB erworben, wenn X als Berechtigter darüber verfügt hat. 262

X könnte seinerseits die Darlehensforderung von Gl, dem sie ursprünglich zustand, im Wege der Abtretung erworben haben. Auch die Abtretung nach § 1154 BGB setzt eine wirksame Einigung der Parteien über den Forderungsübergang voraus. 263

Gl war zum Zeitpunkt der Abtretung an X aber bereits geisteskrank und somit geschäftsunfähig. Er konnte also die Forderung nicht wirksam abtreten, dies hätte allenfalls sein Betreuer für ihn tun können, § 1902 BGB. Da dies nicht geschehen ist, war die Abtretung unwirksam.

Da die Abtretungserklärung des Gl rechtsunwirksam war, konnte X die Forderung nicht im Wege der Abtretung erwerben. Ein gutgläubiger Forderungserwerb findet nicht statt. Damit konnte X gegenüber dem Y auch nicht als Berechtigter über die Forderung verfügen.

Y könnte die Hypothek gutgläubig gemäß §§ 1138, 892 BGB erworben haben. Zugunsten des Erwerbers einer hypothekarisch gesicherten Forderung gilt das Grundbuch auch in Ansehung der Forderung als richtig. Zwar ist als Inhaber der Darlehensforderung nicht der dem Y gegenüber verfügende X, sondern immer noch Gl im Grundbuch eingetragen. X konnte jedoch seine Gläubigerberechtigung durch eine öffentlich beglaubigte Abtretungserklärung von dem eingetragenen Gl ableiten und galt so dem Erwerber Y gegenüber ebenfalls als Grundbuch-Legitimierter, § 1155 BGB. Weil Y hinsichtlich der Gläubigerstellung des X gutgläubig war, hat er über den fingierten Forderungserwerb nach §§ 1138, 892 BGB jedenfalls die Hypothek erworben. 264

strittig

Umstritten ist, wem nunmehr die ja weiter bestehende Darlehensforderung zustehen soll. 265

e.A.: Forderung und Hypothek bleiben getrennt

Da der geisteskranke Gl die Forderung nicht wirksam abtreten konnte und ein gutgläubiger Forderungserwerb nach § 1138 BGB nicht möglich ist, soll nach einer Meinung[325] die strenge Akzessorietät von Forderung und Hypothek durchbrochen werden. Danach erwirbt Y eine forderungsentkleidete Hypothek und Gl behält die Forderung ohne die Hypothek, sog. „Trennungstheorie".

Der zusätzliche Rechtserwerb für den Y sei ein „Geschenk des Himmels", das sich durch die Schutzwürdigkeit des S nicht rechtfertigen lasse. Denn dieser brauche an den Gl aufgrund der Sicherungsabrede nur zu zahlen, wenn der Gl die Hypothek löschen lässt oder den Hypothekenbrief an den S zurückgibt (§§ 1161, 1160 I BGB).

a.A.:
Hypothek zieht Forderung mit

Eine a.A.[326] macht dagegen in dem Falle, dass die Forderung besteht und die Hypothek von einem gutgläubigen Dritten erworben wird, eine Ausnahme von dem Grundsatz, dass ein gutgläubiger Forderungserwerb nicht möglich ist. Der Erwerber Y erlangt mit der Hypothek damit auch die gesicherte Forderung über § 1153 II BGB, sog. „Einheitstheorie". Der Akzessorietätsgrundsatz verdiene den Vorrang. Diese Meinung stellt auf die Schutzwürdigkeit des Schuldners ab, der davor bewahrt werden soll, dem Zugriff zweier Rechtsinhaber ausgesetzt zu sein und so Gefahr zu laufen, doppelt belastet zu werden.

hemmer-Methode: Für die erste Ansicht könnte man noch anführen, dass der Schuldner, der die Einrede aus §§ 1161, 1160 BGB nicht erhebt, gem. § 813 BGB das Geleistete zurückfordern kann. Außerdem verstößt die Gegenansicht schlicht gegen das Gesetz. Denn in § 1138 BGB hat sich der Gesetzgeber nun einmal dafür entschieden, den Akzessorietätsansatz zu durchbrechen. Diese examenstypische Konstellation merken Sie sich am besten mit dem Schlagwort: „Mitreißtheorie". Einen kritischen und sehr lesenswerten Beitrag von Petersen/Rothenfußer finden Sie in WM 2000, 657 ff.

Im Ergebnis hat Y damit Hypothek und Forderung erworben. S braucht daher nur an ihn zu zahlen.

C) Das Pfandrecht

I. Gutgläubiger Eigentumserwerb vom Pfandrechtsgläubiger

Gutgläubiger Erwerb vom PfandGl ⇨ §§ 932 ff. BGB

Wenn sich der Pfandgläubiger Gl gegenüber dem Erwerber D als Eigentümer des Pfandes ausgibt, kann der Dritte (selbstverständlich) gutgläubig gemäß §§ 932 ff. BGB erwerben. Der Verpfänder SG verliert dann sein Eigentum. 266

II. Gutgläubiger Erwerb des Pfandrechts

Gutgläubiger Erwerb des PfandR

Anders ist es, wenn der Gl dem Dritten nur das Pfandrecht an der Sache verschaffen will: 267

⇨ Bestehen gesicherte Forderung und Pfandrecht, so erwirbt der Dritte die Forderung gemäß § 398 BGB, das Pfandrecht gemäß §§ 1250 I S. 1 bzw. 401 I BGB (der insoweit verdrängt wird, vgl. dazu auch unten Rn. 343 ff.). Das Sicherungsmittel geht kraft Gesetzes über, es ist streng akzessorisch auch bei der Übertragung, § 1250 I S. 2 BGB.

325 Reinicke/Tiedtke Kreditsicherung, S. 374 f.

326 Karper, JuS 1989, 33.

⇨ Besteht die gesicherte Forderung nicht, so existiert auch kein Pfandrecht. Der gutgläubige Dritte kann hier auch kein „forderungsentkleidetes“ Pfandrecht erwerben, weil eine Parallelvorschrift zu § 1138 BGB im Recht des Vertragspfandes nicht besteht. Der Abtretungsempfänger erwirbt hier nichts.

⇨ Besteht die gesicherte Forderung, war die Pfandrechtsbestellung aber unwirksam, so erwirbt der Dritte zunächst die Forderung gemäß § 398 BGB. Ein Pfandrecht erwirbt er nach h.M. aber nicht.[327]

Dem ist aus zwei Gründen zu folgen: Zum einen besteht kein Rechtsscheinstatbestand, an dem der gute Glaube sich festmachen könnte. Der angebliche Pfandgläubiger Gl ist zwar im Besitz der Sache, wodurch eine Eigentumsvermutung begründet werden kann. Diese Vermutung hat er aber selbst widerlegt, als er erklärt hat, er verfüge nicht als Eigentümer, sondern nur als Pfandgläubiger über die Sache. Eine gesetzliche Vermutung, dass der Besitz ihn dann wenigstens als Pfandgläubiger ausweist, besteht aber nicht. Außerdem vollzieht sich der Übergang des Pfandrechtes gemäß § 1250 BGB unsichtbar: Es geht bereits mit der Abtretung der Forderung auf den neuen Gl über, nicht erst mit der Übergabe der Pfandsache! Das ergibt sich aus § 1251 I BGB: Der neue Pfandgläubiger ist schon dinglicher Rechtsinhaber, bevor er die Pfandsache vom Altgläubiger erhalten hat. Das ist bei der Verkehrshypothek anders. Ihr Übergang manifestiert sich entweder in der Grundbucheintragung oder in der Übergabe des Hypothekenbriefes durch den legitimierten (§§ 892, 1155 BGB) Gl. Der neue Pfandgläubiger, der ohne eine solche Rechtsscheinsgrundlage erwirbt, kann das nicht existente Sicherungsrecht dagegen nicht erhalten.[328] *268*

gutgläubiger Erwerb nur bei Bestellung

hemmer-Methode: Merken Sie sich also: „Der gutgläubige Erwerb eines Pfandrechtes ist nur bei der Bestellung (§ 1207 BGB), niemals bei der Übertragung durch einen Nichtberechtigten möglich.“ Lernen Sie aber nicht nur, dass es eben so ist, sondern vergegenwärtigen Sie sich die dahinter stehende Wertung: Es besteht kein Rechtsscheinsträger und die Übertragung ist in keine sichtbare Form (Publizitätsprinzip!) gekleidet. Wenn Sie in der Klausur Verständnis für die grundlegenden Zusammenhänge zeigen, nehmen Sie den Korrektor für sich ein und sind in der Lage, auch in unbekannten Konstellationen überzeugend zu argumentieren.

D) Der Schuldbeitritt

I. Forderungsübergang durch Vertrag Gl - Dritter

Schuldbeitritt, Forderungsübergang

Überträgt der Gl gemäß § 398 S. 2 BGB die gesicherte Forderung auf einen Dritten, so geht die Forderung gegen den Schuldbeitretenden SG, der gesamtschuldnerisch neben S haftet, nicht kraft Gesetzes mit über. Beide Ansprüche, gegen S und gegen SG, sind selbstständig. *269*

Gl kann sie einzeln abtreten und die nicht abgetretene Forderung behalten, er kann die Forderungen auch an verschiedene Abtretungsempfänger übertragen: die Forderung gegen S an D 1, die Forderung gegen SG an D 2. Die Sache hat aber einen Haken: Die Ansprüche gegen die Gesamtschuldner bleiben auch nach einer Übertragung durch die Wirkung des § 422 I S. 1 BGB verbunden.

327 Palandt, § 1250 BGB, Rn. 1.

328 Reinicke/Tiedtke, JA 1984, 212.

Erwirbt der Dritte nur eine Forderung gegen einen Gesamtschuldner und zahlt der andere danach an Gl, so erlischt auch der Anspruch des Dritten. Der S des Dritten wird nicht dadurch benachteiligt, dass er einem neuen Gl schuldet. Er kann das Erlöschen seiner Verpflichtung gegenüber dem Gl gemäß § 404 BGB auch nach der Übertragung geltend machen. Der Erwerber D erhält also ein sehr unsicheres Recht, wenn er nur einen Anspruch (z.B. gegen S) erlangt.

§ 401 BGB analog

Deshalb wendet der BGH den Rechtsgedanken des § 401 BGB entsprechend an bei einem Schuldbeitritt, der nur der Sicherung einer Forderung dient (nicht für jede Gesamtschuld!).[329] Die vertragliche Übertragung der Forderung des Gl gegen S beinhaltet daher i.d.R. auch die Übertragung der Forderung des Gl gegen den SG, wenn dies nicht ausdrücklich ausgeschlossen worden ist. 270

hemmer-Methode: Eine ausführliche Darstellung dieses Problems finden Sie im Skript Hemmer/Wüst, Rückgriffsansprüche, Rn. 580 ff. Auch in unserem Hauptkurs ist die Problematik des Rückgriffs vom BGB-AT bis zum Gesellschaftsrecht ein Dauerbrenner. Vertrauen Sie unserer Erfahrung mit dem Examensniveau vieler Klausuren aus dem Kreditsicherungsrecht. Nur durch das Erlernen eines Problems in unterschiedlichen Fallkonstellationen werden Sie das nötige Verständnis entwickeln!

II. Gesetzlicher Forderungsübergang

gesetzlicher Forderungsübergang ⇨ auch §§ 412, 401 BGB analog

Von entscheidender Bedeutung ist die Frage, ob die sichernde Forderung der gesicherten folgt, allerdings zumeist nicht beim vertraglichen, sondern beim gesetzlichen Forderungsübergang, auf den die wichtigsten Abtretungsvorschriften über § 412 BGB zur Anwendung kommen. Der gesetzliche Forderungsübergang hat seine größte Bedeutung im Rückgriffsverhältnis: Ein SG zahlt an den Gl, erwirbt kraft Gesetzes die Forderung gegen S (z.B. über §§ 774 I, 1143 I, 1225 BGB) und damit auch über §§ 412, 401 BGB die Forderungen gegen andere SG. Hier ist es entscheidend, dass der BGH den § 401 BGB auf den sichernden Schuldbeitritt analog anwendet.[330] 271

III. Unwirksamkeit des Schuldbeitritts

Unwirksamkeit des Schuldbeitritts: kein gutgl. Forderungserwerb

Besteht die Sicherung nur vermeintlich, ist der Schuldbeitritt also nicht wirksam zustande gekommen oder angefochten worden, so erwirbt der Dritte nichts kraft guten Glaubens. 272

Die Sicherung besteht aus einem schuldrechtlichen Anspruch gegen den SG, der nicht gutgläubig erworben werden kann. Es kommen dann möglicherweise Sekundäransprüche auf Schadensersatz in Betracht.

E) Die Sicherungsgrundschuld

I. Anwendbarkeit des § 1154 BGB

Sicherungsgrundschuld § 1154 BGB (-), da Trennung mögl.

Der Gl kann eine durch Grundschuld gesicherte Forderung gemäß § 398 BGB auf D übertragen. 273

329 BGH, NJW 1972, 437 = jurisbyhemmer.

330 Reinicke/Tiedtke, Kreditsicherung, S. 21 f.

Er braucht die Form des § 1154 BGB nicht einzuhalten. Gemäß § 1154 BGB wird der Forderung eine sachenrechtliche Form „aufgezwungen“, um das Auseinanderfallen von Forderung und Hypothek zu verhindern. Das ist bei Forderungen, die durch eine Grundschuld gesichert sind, unnötig, weil hier eine Trennung gesetzlich zulässig ist. Der Gl kann also die Forderung behalten und nur die Grundschuld übertragen, er kann die Grundschuld behalten und die Forderung übertragen und er kann die Forderung an D 1, die Grundschuld an D 2 übertragen.

hemmer-Methode: Zur unbefugten Trennung von Forderung und Grundschuld bearbeiten Sie bitte die Falllösung unter Rn. 315.

nicht auf Forderung, aber auf GS

§ 1154 BGB findet zwar nicht auf die durch die Grundschuld gesicherte Forderung, aber auf die Grundschuld selbst Anwendung. Die Übertragung des Grundpfandrechtes vollzieht sich also gem. §§ 413, 398 BGB in der Form, die für die Abtretung einer hypothekarisch gesicherten Forderung maßgeblich ist. § 1154 BGB liest sich für die Grundschuld-Abtretung daher: 274

Abs. 1: Zur Übertragung der Grundschuld ist die schriftliche Erklärung, die Grundschuld werde abgetreten, und die Übergabe des Grundschuldbriefes erforderlich.

Abs. 3: Ist die Erteilung des Grundschuldbriefes ausgeschlossen, so finden auf die Übertragung der Grundschuld die Vorschriften der §§ 873, 878 BGB entsprechende Anwendung.

Der Grund ist folgender: Die Grundschuld kann nicht, wie die Hypothek, gemäß § 1153 I BGB der abgetretenen Forderung folgen. § 1153 BGB ist die Kernbestimmung für die Akzessorietät der Hypothek, und diese gilt für die Grundschuld gerade nicht (§ 1192 I BGB). Die Grundschuld folgt der Forderung auch nicht nach § 401 BGB, weil sie nicht akzessorisch ist. Es bliebe dann nichts anderes übrig, als die Grundschuld als dingliches Recht gemäß § 873 BGB zu übertragen.

Das wäre aber für die Briefgrundschuld unsachgemäß: Sie könnte dann den Inhaber wechseln, ohne dass der Brief zu übergeben werden bräuchte.[331] Daher ist die entsprechende Anwendung des § 1154 BGB auf die Grundschuld die beste Lösung (umstr.).

hemmer-Methode: Im Gegensatz zur Übertragung der hypothekarisch gesicherten Forderung liegen hier also ggf. zwei Rechtsgeschäfte vor: die formlose Abtretung der Forderung (§ 398 BGB) und die der Grundschuld (§§ 413, 398 BGB), für die § 1154 BGB analog anzuwenden ist. Halten Sie diese beiden Vorgänge sauber auseinander und bemühen Sie sich in der Klausur um eine richtige (und unmissverständliche) Formulierung!

II. Unwirksamkeit der Grundschuldbestellung

Unwirksamkeit der GS-Bestellung, Erwerb gem. §§ 892, 398 BGB

Wenn die Forderung des Gl gegen S besteht, die Grundschuldbestellung aber unwirksam war, so kann der Dritte vom Gl die Forderung gemäß § 398 BGB erwerben. Außerdem kann er die Grundschuld erwerben, und zwar: 275

⇨ die Buchgrundschuld gutgläubig gemäß § 892 BGB;

⇨ die Briefgrundschuld gemäß § 892 BGB, evtl. i.V.m. § 1155 BGB.

331 Reinicke/Tiedtke, Kreditsicherung, S. 400.

III. Nichtbestehen der Forderung

Nichtbestehen der Forderung

Besteht die gesicherte Forderung in Wirklichkeit nicht (z.B. weil S den Darlehensvertrag angefochten hat), war die Grundschuldbestellung aber wirksam, so ist, anders als bei fehlender hypothekarisch gesicherter Forderung, nicht gemäß § 1163 I S. 1 BGB eine vorläufige Eigentümergrundschuld entstanden. Diese Vorschrift gilt nicht für die Sicherungsgrundschuld; das Entstehen einer Fremdgrundschuld ist nicht vom Bestand einer gesicherten Forderung abhängig. 276

Bei einer Übertragung von Gl auf den Dritten kann der Abtretungsempfänger zwar keine Forderung gegen S erhalten, denn diese bestand nicht. Er erwirbt aber die Grundschuld, und zwar auch dann, wenn er weiß, dass dem Gl keine Forderung gegen S zustand. Denn der Dritte erwirbt hier nicht kraft guten Glaubens vom Nichtberechtigten, sondern vom Berechtigten. Für den dinglichen Rechtserwerb ist Gutgläubigkeit dann nicht erforderlich.

Eine andere Frage ist die, ob der Erwerber aus der Grundschuld gegen den Eigentümer mangels Valutierung vorgehen kann. Hier gilt § 1192 Ia BGB, denn aus dem Sicherungsvertrag ergibt sich, dass bei Nichtvalutierung die Duldung der Zwangsvollstreckung nicht geschuldet ist (Einrede des mangelnden Sicherungsfalles).

IV. Nichtbestehen von Forderung und Grundschuld

Nichtbestehen von Forderung und GS; nur GS nach § 892 BGB

Bestehen bei der Übertragung von Gl auf den Dritten sowohl Forderung als auch Grundschuld nicht (z.B. weil der SG/S den Kaufvertrag, dem die gesicherte Forderung entstammt, und die dingliche Einigung, die für das Entstehen der Grundschuld erforderlich ist, angefochten hat), erwirbt der Dritte zwar keine Forderung. Die Abtretung geht insoweit „ins Leere". Er kann aber gutgläubig die Grundschuld erwerben (§ 892 BGB und evtl. § 1155 BGB). 277

F) Die Sicherungsübereignung

Sicherungsübereignung

Die Sicherungsübereignung wird i.d.R. gemäß §§ 929, 930 BGB vollzogen. Dadurch wird der SN zum mittelbaren Eigenbesitzer (§§ 868, 872 BGB), der SG wird unmittelbarer Fremdbesitzer. Der SN erwirbt am Sicherungsgut Volleigentum; eine Verfügungsbeschränkung, die zwischen SG und SN ausgemacht worden ist, wirkt nicht mit dinglicher Kraft Dritten gegenüber (§ 137 BGB). 278

I. Veräußerung gem. §§ 929, 931 BGB

SN kann an Dritten gem. §§ 929, 931 BGB übereignen

War die Sicherungsübereignung wirksam, kann der SN einem Dritten durch die Veräußerung des Sicherungsgutes das Eigentum daran verschaffen. Er kann dem Dritten seinen (potenziellen) Herausgabeanspruch gegen SG aus dem Besitzkonstitut abtreten, sodass der Dritte gemäß § 931 BGB Eigentümer wird. Das kann der SG nicht dadurch verhindern, dass er mit dem SN vereinbart, dass dieser das Sicherungsgut nicht weiterveräußern dürfe, vgl. § 137 BGB. 279

II. Abtretung von Forderung und Übertragung des Sicherungseigentums

bei Abtretung von Forderung kein § 401 BGB

Tritt SN die gesicherte Forderung zusammen mit der Sicherung an einen Dritten ab, geht die Forderung gemäß § 398 S. 2 BGB auf den Dritten über, das Sicherungsgut gemäß §§ 929, 930 BGB. § 401 BGB findet auf die Sicherungsübereignung keine Anwendung, weil es an der Akzessorietät fehlt.[332] 280

S = SG; Befreiung über § 407 BGB

Der SG, der gleichzeitig persönlicher S ist, kann nunmehr die gesicherte Forderung durch Zahlung an den Dritten zum Erlöschen bringen. Weiß der Zahlende nichts von der Abtretung und leistet er deshalb an den Altgläubiger, so wird er gemäß § 407 I BGB frei. Insofern bestehen keine Besonderheiten. 281

Wirkung: aufl. Bedingung bzw. Rückübereignung?

Wie sich die Zahlung mit Erfüllungswirkung auf die Sicherung auswirkt, hängt davon ab, ob die Sicherungsübereignung auflösend bedingt vereinbart worden ist und somit ohne weiteres mit dem Erlöschen der Forderung endet, oder ob die Parteien vereinbart haben, dass nach Erledigung des Sicherungszweckes die Rückübereignung förmlich vollzogen werden muss, was im Zweifel anzunehmen ist. 282

bei aufl. Bedingung gilt § 161 I/II BGB

Die auflösende Bedingung wirkt auch gegen den Dritten. Das folgt aus § 161 II, I BGB. Das Sicherungseigentum des Gl ist hier mit einem Anwartschaftsrecht des SG belastet: Zwar erwirbt der Dritte zunächst von Gl das Volleigentum an dem Sicherungsgut, aber diese Verfügung wird unwirksam, sobald das Sicherungseigentum des Verfügenden Gl durch den Bedingungseintritt geendet hat. Der SG ist somit gut geschützt.

gutgläubiger lastenfreier Erwerb, § 161 III BGB? AWR ist Minus

Zu prüfen bleibt aber immer, ob der Dritte nicht gutgläubig lastenfreies Eigentum erworben hat. Diese Möglichkeit eröffnet § 161 III BGB, dem folgende Erwägung zu Grunde liegt: Wenn ein Nichtberechtigter gemäß §§ 932 ff. BGB sogar das Eigentum des Berechtigten untergehen lassen kann, so muss erst recht das Anwartschaftsrecht untergehen, wenn der Eigentümer über die Sache verfügt. § 161 III BGB verweist auf § 936 BGB, der das Erlöschen von Rechten Dritter beim gutgläubigen Erwerb regelt. Wichtig wird hier der Abs. 3: Weil der SG im Falle der Sicherungsübereignung regelmäßig unmittelbarer Besitzer der Sache ist, veräußert der Gl an den Dritten gemäß § 931 BGB. Und dann erlischt das Anwartschaftsrecht auch gegenüber dem gutgläubigen Dritten nicht. 283

Das Gesetz schützt hier den Anwartschaftsberechtigten aufgrund seines Besitzes mehr als den Erwerber aufgrund seines guten Glaubens.

hemmer-Methode: Hieraus leitet eine weit verbreitete Ansicht die allgemeine Voraussetzung für den gutgläubigen Erwerb ab, dass der Erwerber besitzrechtlich näher an der Sache „dran" sein müsse als der Eigentümer.[333]

War ausnahmsweise einmal nicht der SG, sondern Gl unmittelbarer Besitzer, so erwirbt der Dritte allerdings lastenfrei, und der SG erhält die Sache durch Erfüllung der gesicherten Forderung nicht wieder zurück. Das ist aber gerechtfertigt: Unter diesen Umständen hätte der Dritte sogar gutgläubig vom Nichtberechtigten das Volleigentum erwerben können, sodass er erst recht gutgläubig lastenfrei erwerben können muss.

332 Palandt, § 401 BGB, Rn. 5.

333 Palandt, § 934 BGB, Rn. 3.

wenn Zahlung nicht aufl. Bedingung

Wenn die Zahlung nicht die auflösende Bedingung für die Sicherungsübereignung darstellt, stellt sich die Frage, wie sich der schuldrechtliche Rückübereignungsanspruch, den der SG gegen den Gl nach der Erfüllung aus dem Sicherungsvertrag hat, gegenüber dem Dritten auswirken kann. Schuldrechtliche Ansprüche bestehen grundsätzlich nur zwischen den Parteien des Rechtsgeschäftes. Der Dritte ist aber nie Partei eines Sicherungsvertrages mit SG gewesen. 284

Der Dritte erwirbt vom Gl Eigentum an dem Sicherungsgut, das nicht mit einem Anwartschaftsrecht des SG belastet ist. Gegen den dinglichen Herausgabeanspruch des Dritten aus § 985 BGB hat der SG aber ein Besitzrecht gemäß § 986 II BGB.[334]

III. Unwirksamkeit der Sicherungsübereignung

unwirksame SiÜ

Möglich ist auch, dass die Sicherungsübereignung von SG an Gl unwirksam war. Überträgt Gl nun sein vermeintliches Sicherungseigentum auf den Dritten, so verfügt er als Nichtberechtigter. Der Dritte kann dann unter den Voraussetzungen des § 934 BGB Eigentümer werden. Es muss hier nicht untersucht werden, ob SG ein Anwartschaftsrecht auf Rückübereignung verliert, sondern ob er sein Volleigentum verliert! 285

G) Die Sicherungsabtretung

Übergang der sichernden Forderung nicht über § 401 BGB

Unterscheide hierbei die gesicherte Forderung und die sichernde Forderung. Die sichernde Forderung geht aber nicht ohne weiteres gemäß § 401 BGB mit über, sondern muss gesondert übertragen werden. Der Gl kann daher auch gesicherte und sichernde Forderung trennen, also nur eine von beiden an den Dritten abtreten oder die Forderung gegen den S (gesicherte Forderung) an D 1 zedieren, die Forderung gegen den Drittschuldner (sichernde Forderung) an D 2 abtreten. 286

Der SG kann sich vor abredewidrigen Verfügungen über die sichernde Forderung nicht besser schützen als vor abredewidrigen Verfügungen über das Sicherungsgut bei der Sicherungsübereignung. Er kann nicht mit dem Gl vereinbaren, dass dieser die Forderung gegen den Drittschuldner nicht weiter abtreten dürfe. Ein dinglich wirksamer Abtretungsausschluss gemäß § 399 Alt. 2 BGB ist nur möglich zwischen Gl und S, nicht zwischen Alt- und Neugläubiger.[335] Der Grund liegt darin, dass nach h.M. der vereinbarte Abtretungsausschluss keine Verfügungsbeschränkung, sondern Inhaltsbestimmung der Forderung ist. Diese kann aber nur von den (bei Entstehung des Rechtes) beteiligten Parteien getroffen werden.

bei auflösender Bedingung Zurückfallen an SG

War die Sicherungsabtretung durch die Erfüllung der gesicherten Forderung auflösend bedingt, so fällt die sichernde Forderung mit Eintritt der Bedingung an den SG zurück, auch wenn der Gl sie zwischenzeitlich an den Dritten zediert hat (§ 161 II, I BGB).

Der Dritte kann die sichernde Forderung nicht gutgläubig lastenfrei erwerben. So etwas ist ebenso ausgeschlossen wie der gutgläubige Forderungserwerb überhaupt (mit der Einschränkung durch § 405 BGB). War die Sicherungsabtretung nicht auflösend bedingt, hat SG nur einen schuldrechtlichen Anspruch auf Rückabtretung.

334 Zu den Folgen vgl. u. Rn. 317 - 319.

335 Palandt, § 399 BGB, Rn. 8.

War die Sicherungszession unwirksam, kann der SG keinem Dritten die sichernde Forderung übertragen, da wieder (vom Fall der §§ 117, 405 BGB abgesehen) kein gutgläubiger Forderungserwerb möglich ist.

H) Der Eigentumsvorbehalt

I. Isolierte Abtretung der Forderung

Eigentumsvorbehalt; Forderung isoliert abtretbar; weiterer Übertragungsakt notwendig

Der Gl kann die gesicherte Kaufpreisforderung an den Dritten abtreten, ohne dass das Vorbehaltseigentum gemäß § 401 BGB mit überginge.[336] Das Vorbehaltseigentum muss vielmehr durch einen weiteren Übertragungsakt übergehen. Der Dritte erwirbt es unter den Voraussetzungen einer Übereignung nach §§ 929, 931 BGB. 287

Gl bleibt Vorbehaltseigentümer

Die Folge der isolierten Abtretung der Kaufpreisforderung ist, dass der Gl zwar weiter Vorbehaltseigentümer ist, aber das Eigentum an den Käufer verliert, wenn dieser die Kaufpreisforderung zum Erlöschen bringt (§ 158 I BGB).

II. Isolierte Übertragung des Vorbehaltseigentums

Abtretung des Vb-Eigentums über §§ 929, 931 BGB

Der Gl kann aber auch umgekehrt vorgehen und die Forderung behalten, aber das Vorbehaltseigentum gemäß §§ 929, 931 BGB auf den Dritten übertragen. Der Vorbehaltskäufer verfügt hier als Berechtigter, der Dritte wird auch dann zunächst Eigentümer, wenn er weiß, dass die Sache bereits unter Eigentumsvorbehalt verkauft worden ist. Zahlt der S aber nun an den Gl und tritt damit die Bedingung ein, so wird die Verfügung gemäß § 161 I BGB unwirksam und der Vorbehaltskäufer erwirbt das Eigentum (§§ 929, 158 I BGB). Sein Anwartschaftsrecht geht in das Vollrecht über. 288

hemmer-Methode: Auch (und v.a.) beim Erwerb vom Vorbehaltsverkäufer ist der mögliche gutgläubig-lastenfreie Erwerb nach § 161 III BGB zu beachten. Allerdings wird er i.d.R. an § 936 III BGB scheitern, der auf das Anwartschaftsrecht (und ggf. auch auf die auch durch den mittelbar besitzenden Vorbehaltsverkäufer mögliche Übereignung nach § 930 BGB) analog anzuwenden ist.

336 BGHZ 42, 53-59 (56) = jurisbyhemmer.

§ 8 ÜBERTRAGUNG VON FORDERUNG UND SICHERUNG AN DRITTE (EINREDEFREIER ERWERB)

einredefreier Erwerb

Ein Dritter kann von dem Gl und SN die gesicherte Forderung und die Sicherheit erwerben, entweder indem der Gl als Berechtigter verfügt, anderenfalls über die Vorschriften des gutgläubigen Erwerbs. Aber auch wenn der Dritte Inhaber der Forderung oder der Sicherheit geworden ist, ist es möglich, dass S und SG ihm Einreden entgegensetzen können, die den Wert des Erworbenen schmälern. So ist beispielsweise die erworbene Forderung nicht durchsetzbar, die Sicherheit nicht verwertbar, wenn S und SG die Einrede der Verjährung erheben können. Andererseits kann es sein, dass der S oder SG die Möglichkeit verliert, sich mit einer Einrede zur Wehr zu setzen, wenn der Dritte gutgläubig einredefrei vom Gl erwerben konnte. 289

Diese Möglichkeit sieht das Gesetz verschiedentlich vor. Sie ist im Verhältnis zum gutgläubigen Erwerb vom Nichtberechtigten ein Minus, ähnelt ihm aber: Der betroffene Rechtsinhaber (S bzw. SG) verliert seine Rechtsinhaberschaft an einem Gegenrecht (der Einrede); beim gutgläubigen Erwerb verliert er das Vollrecht (das Sicherungsgut). Der verfügende Gl handelt nur bezüglich der Einrede, die am Verfügungsgegenstand „haftet“, als Nichtberechtigter, ansonsten kann er Inhaber des Verfügungsgegenstandes sein.

In diesem Abschnitt wird untersucht, wann bei einer Übertragung von Forderung und Sicherheit dem S bzw. dem SG Einreden gegenüber dem Erwerber verloren gehen können.

A) Einreden gegen die gesicherte Forderung

Erhalt der Einreden auch ggü. Drittem, § 404 BGB

Wenn die gesicherte Forderung übertragen wird (§ 398 BGB), bleiben dem persönlichen S die Einwendungen, die er gegen den Altgläubiger hatte, auch gegen den Dritten erhalten. Das gewährleistet § 404 BGB. 290

I. Erforderlicher Entstehungszeitpunkt

Vorauss.:
Begründetheit z.Zt. der Abtretung

Die Gegenrechte brauchen gegenüber dem Altgläubiger noch nicht voll entstanden gewesen sein. Es genügt, wenn sie ihrem Rechtsgrunde nach bereits vor der Abtretung gegeben waren. Sie müssen zur Zeit der Abtretung „begründet“ (vgl. den Gesetzeswortlaut) gewesen sein. 291

Bsp.: *S hat bei Gl für 10.000,- € Waren eingekauft unter der aufschiebenden Bedingung, dass ihm die Hausbank einen Kredit einräumt. Gl tritt die Forderung aus dem Kaufvertrag an den Dritten ab.*

Der Dritte hat gegen S eine aufschiebend bedingte Forderung erworben. Sofern die Forderung im Zeitpunkt der Abtretung ausreichend bestimmbar gewesen ist, kann über sie bereits verfügt werden, auch wenn es sich erst um eine künftige Forderung handelt. Tritt nun aber die aufschiebende Bedingung nicht ein, gewährt die Hausbank den Kredit nicht, so entsteht die Forderung auch beim gutgläubigen Abtretungsempfänger nicht. Dem Dritten nützt es also nichts, wenn er die Bedingung nicht gekannt hat, unter der S und Gl den Kaufvertrag abgeschlossen haben.

Genauso wirkt eine mit dem Zedenten vereinbarte auflösende Bedingung (§ 158 II BGB) oder eine auflösende Befristung (§ 163 BGB) gegenüber dem Zessionar, wenn die Bedingung oder der Endtermin erst nach der Abtretung eintreten. 292

II. Kein gutgläubiger einredefreier Erwerb der Forderung wegen § 404 BGB

gutgl. einredefreier Erwerb

Der Schuldner soll weitestgehend vor Nachteilen geschützt sein, die ein Gläubigerwechsel mit sich bringen könnte. Er muss nicht gefragt werden, wenn der Altgläubiger über die Forderung verfügt. Er darf nach der Abtretung dann aber auch nicht schlechter stehen, als wenn er noch weiter dem Altgläubiger schulden würde. 293

grds. kein gutgl. Forderungserwerb, auch kein gutgl. einredefreier Erwerb

So wie das Gesetz keinen gutgläubigen Forderungserwerb kennt,[337] kennt es auch keinen gutgläubig einredefreien Erwerb. Gegenüber dem Erwerber kann sich der S daher z.B. darauf berufen,

- ⇨ die Forderung sei verjährt; die Abtretung hat keinen Einfluss auf den Lauf der Verjährungsfrist;
- ⇨ der Altgläubiger habe die Forderung gestundet;
- ⇨ mit dem Altgläubiger sei ein vertragliches Rücktrittsrecht vereinbart worden.

Stand dem S schon gegenüber dem Altgläubiger ein Gestaltungsrecht zu, das er noch nicht ausgeübt hatte, so kann auch nach der Abtretung davon Gebrauch gemacht werden, und zwar - vom Sonderfall des § 406 BGB einmal abgesehen - grds. dem Alt-Gl gegenüber.[338]

Schutz des S durch § 404 BGB

Der S der gesicherten Forderung ist somit durch § 404 BGB umfassend vor einem Verlust von Einwendungen und Einreden geschützt. Es ist dabei unerheblich, ob die Forderung durch irgendein Sicherungsmittel gedeckt ist. Das wirkt sich nicht darauf aus, welche Gegenrechte der S einem Forderungserwerber entgegensetzen kann.

Ein Verlust von Einreden kann aber bei bestimmten Sicherungsmitteln für den SG eintreten, wenn der Dritte mit der Forderung auch das Sicherungsmittel gutgläubig lastenfrei erwirbt. Darauf ist nunmehr einzugehen.

B) Die Personalsicherheiten: Bürgschaft und Schuldbeitritt

bei Bürgschaft und Schuldbeitritt § 404 BGB

Bei den Personalsicherheiten kommt ein gutgläubiger lastenfreier Erwerb durch den Dritten ebenso wenig in Betracht wie beim Erwerb der gesicherten Forderung selbst. Auch hier steht § 404 BGB dem entgegen. 294

Der Grund dafür ist, dass die Personalsicherheit zum Inhalt hat, dass dem SN ein weiterer schuldrechtlicher Anspruch wegen der gesicherten Forderung gegen einen weiteren S, den SG, eingeräumt wird: Er kann zusätzlich den Bürgen aus dem Bürgschaftsvertrag, den Schuldbeitretenden aus dem Schuldbeitritt in Anspruch nehmen. Wenn dieses Befriedigungsrecht gegen den SG auf einen neuen Gl übergeht, bleiben dem SG (als Schuldner des Sicherungsanspruchs) alle Gegenrechte erhalten, die ihm schon gegen den Altgläubiger zustanden. Er ist durch § 404 BGB (i.V.m. §§ 412, 401 BGB) umfassend davor geschützt, von dem Abtretungsempfänger in stärkerem Maß in Anspruch genommen zu werden als vom Abtretenden.

337 Beim Ausnahmefall des § 405 BGB besteht in der Schuldurkunde eine Rechtsscheinsgrundlage, die dem S die Berufung auf ganz bestimmte Einwendungen (Scheinverpflichtung/Abtretungsausschluss) abschneidet.

338 Für die Anfechtung vgl. § 143 II BGB; ansonsten Palandt, § 404 BGB, Rn. 4.

Einreden des Bürgen gegen:	Vor Abtretung	Nach Abtretung
Die Forderung	§§ 768, 770 BGB	§§ 401, 404 ff., 768, 770 BGB
Die Bürgschaft	§§ 771, 773 BGB	§§ 401, 404 ff., 771, 773 BGB

Die Bürgschaft ist ein streng akzessorisches Personalkredit -Sicherungsmittel. Daher kann sie nicht getrennt von der Forderung übertragen werden. Außerdem verhindert die strenge Akzessorietät, dass der Bürge durch die Übertragung der Forderung Einreden gegen den Gläubiger der Hauptforderung verliert, §§ 401, 404 ff. BGB.

C) Die Hypothek

I. Arten von Einreden

bei Hypothek verschiedene Arten von Einreden

Der SG, der dem Gl zur Sicherheit eine Hypothek bestellt, kann zwei verschiedene Arten von Einreden erheben, wenn die Duldung der Zwangsvollstreckung von ihm verlangt wird: *295*

pfandrechtsbezogene

Zum einen die **pfandrechtsbezogenen Einreden**: Sie entstammen dem Sicherungsvertrag zwischen Gl und SG und können vom SG (selbstverständlich) als eigenes Recht geltend gemacht werden. Wenn der Gl die Forderung und die Hypothek überträgt, bleiben dem SG diese Gegenrechte auch gegenüber dem neuen Gl/Dritten erhalten, § 1157 S. 1 BGB.

hemmer-Methode: Zwar liegen die klassischen Problemfelder in den schuldnerbezogenen Einreden, vergessen Sie in der Klausur aber nicht die pfandrechtsbezogenen! Eine solche kann z.B. vorliegen, wenn der Gl zugesichert hat, die Hypothek nicht vor Ablauf eines bestimmten Zeitraums zu verwerten.

schuldnerbezogene

Zum anderen die **schuldnerbezogenen Einreden**: Sie entstammen dem Kreditvertrag und richten sich gegen die Durchsetzbarkeit der gesicherten Forderung. Dem SG stehen diese Gegenrechte über § 1137 I BGB auch gegen die Geltendmachung der Hypothek zu. Auch diese Einreden können dem SG gegenüber einem Neugläubiger erhalten bleiben. Sie fallen zwar nicht unter die Regelung des § 1157 S. 1 BGB, weil diese Einreden ihren Grund nicht in einem „zwischen ihm (dem Eigentümer) und dem bisherigen Gl bestehenden Rechtsverhältnis“ haben.

Weil aber dem persönlichen S seine Gegenrechte über § 404 BGB erhalten bleiben, gilt § 1137 I BGB nach der Übertragung von Forderung und Hypothek auch zwischen dem neuen Hypothekengläubiger und dem SG.

hemmer-Methode: Unterscheiden Sie also:

1) **Grundpfandrechtsbezogene Einreden**
   a) **Vor Übertragung der Sicherheit**
   b) **Nach Übertragung der Sicherheit**
2) **Schuldnerbezogene Einreden**
   a) **Vor Übertragung der Sicherheit**
   b) **Nach Übertragung der Sicherheit**

II. Gutgläubiger einredefreier Erwerb der Hypothek

gutgläubiger einredefreier Erwerb der Hypothek

Während der Abtretungsempfänger/Dritte die Forderung nicht gutgläubig einredefrei erwerben kann, ist dies bei der Hypothek möglich. Die Folge ist, dass der SG gegen den Dritten Gegenrechte verliert, die ihm gegenüber dem Gl zugestanden haben. 296

bzgl. pfandrechtsbezogenen Einreden Eintragung notw.

Die pfandrechtsbezogenen Einreden kann der SG verlieren, wenn sie nicht im Grundbuch eingetragen sind (§§ 892 I, 894 BGB), wenn sie nicht aus dem Hypothekenbrief oder der Urkunde gemäß § 1155 BGB hervorgehen (§ 1140 BGB), wenn sie nicht durch Widerspruch gesichert sind (§§ 1140 S. 2, 899 BGB), wenn der Erwerber/Dritte die einredebegründenden Tatsachen nicht kannte, er also gutgläubig bezüglich der Einreden war. 297

§ 1157 S. 2 BGB

Das ergibt sich aus § 1157 S. 2 BGB. Hier wird auch bezüglich der Einreden, die der SG gegen die Hypothek geltend machen kann, auf die Vorschriften über den Gutglaubenserwerb an Grundstücken verwiesen. Satz 1 von § 1157 BGB wird dadurch ganz erheblich modifiziert. Die Verkehrsfähigkeit der Hypothek gewinnt stark dadurch, dass der Erwerber grundsätzlich mit keinen anderen Gegenrechten des SG zu rechnen braucht als mit denen, die sich aus Grundbuch oder Brief ergeben.

Für diejenigen Einreden, die dem SG über § 1137 I BGB als schuldnerbezogene zustehen, ermöglicht § 1138 BGB den gutgläubigen Erwerb durch Dritte durch einen Verweis auf §§ 891 - 899 BGB. 298

hemmer-Methode: Hier wird deutlich, wie wichtig es ist, die Rechtsstellung des persönlichen S und des Eigentümers SG auseinander zu halten, auch wenn S und SG nicht personenverschieden sind (wenn also der S seine Kreditschuld durch eine Hypothek am eigenen Grundstück gesichert hat). Wenn der Erwerber/Dritte den S aus der persönlichen Forderung in Anspruch nimmt, kann sich S demgegenüber weiter auf die mit Gl vereinbarte Stundung berufen, egal wie gutgläubig der Dritte nun war (§ 404 BGB); verlangt der gutgläubige Dritte aber von S = SG die Duldung der Zwangsvollstreckung aufgrund der Hypothek, so kann SG nicht vorbringen, die gesicherte Forderung sei gestundet. § 1138 BGB schneidet eine Berufung auf Einreden aus dem Kreditverhältnis ab, soweit sie gegen die Hypothek erhoben werden. Hypothek und Forderung können sich also verschieden entwickeln. Das wird in einer Klausur der Normalfall sein.

Bsp.: *SG bestellt dem Gl eine Hypothek an seinem Grundstück, die eine Forderung gegen S sichern soll. Gl überträgt Hypothek und Forderung an einen Dritten. Der Dritte nimmt S aus der Forderung in Anspruch bzw. verlangt von SG Duldung der Zwangsvollstreckung.* 299

Dagegen machen geltend:

Der S die Einrede des nichterfüllten Vertrages (§ 320 BGB).

Der SG eine Abrede mit Gl, dieser dürfe die Hypothek nicht auf Dritte übertragen / dieser dürfe ihn erst nach Ablauf von drei Jahren ab Hypothekenbestellung in Anspruch nehmen.

Der SG, dass dem S gegenüber dem gesicherten Anspruch die Einrede des nichterfüllten Vertrages zustehe.

a) Der vertragliche Anspruch des Dritten gegen S ist dem Grunde nach hier offensichtlich gegeben. Er ist aber, auch nach der Abtretung, nicht ohne weiteres durchsetzbar. Auf Klage des Dritten kann S auch ihm die Einrede aus §§ 320, 404 BGB entgegenhalten, obwohl S vom Dritten nicht die seinerseitige Erfüllung des Vertrages verlangen kann.

Die Folge ist, dass S zur Leistung nur Zug um Zug gegen Bewirkung der Gegenleistung verurteilt werden kann, § 322 I BGB. Aus diesem Urteil kann der Dritte erst dann im Wege der Zwangsvollstreckung vorgehen, wenn S wegen der Gegenforderung befriedigt oder in Annahmeverzug gesetzt worden ist (vgl. §§ 756, 765 ZPO). Wenn der S der Gegenforderung, hier Gl, dies nicht kann oder will, bleibt das Urteil gegen S wertlos, weil nicht vollstreckbar.

Hinsichtlich der Duldung der Zwangsvollstreckung, § 1147 BGB, gilt: Der Dritte ist Inhaber der Hypothek, SG ist Eigentümer des belasteten Grundstücks.

b) Der Einwand, dass mit dem Gl die Nichtübertragung auf Dritte vereinbart worden war, ist so auszulegen, dass sich die Vereinbarung auf die Nichtabtretbarkeit der Forderung bezieht (§ 133 BGB). Denn die Hypothek wird nicht selbst übertragen, sie folgt der Forderung kraft Gesetzes (§ 1153 I BGB). Eine Übertragung der Forderung ohne die Hypothek wäre aber nichtig.[339] Auch auf die hypothekarisch gesicherte Forderung ist § 399 BGB mit der Folge anwendbar, dass der Abtretungsempfänger die Forderung nicht erhält. Damit konnte der Dritte auch nicht Inhaber der Hypothek werden. *300*

Ist aber die Verfügungsbeschränkung, die SG und Gl vereinbart haben, nicht im Grundbuch eingetragen, stellt sich das Problem, ob der Dritte nicht wenigstens die Hypothek gutgläubig erwerben konnte. Der Dritte hätte die Hypothek vom Gl sogar erwerben können, wenn dieser überhaupt nicht Inhaber der Forderung gewesen wäre. Er muss sie dann erst recht erwerben können, wenn Gl Inhaber einer nicht abtretbaren Forderung ist, denn § 1138 BGB bewirkt, dass die Forderung als so bestehend gilt, wie sie im Grundbuch eingetragen ist.[340]

§ 1138 BGB fingiert dabei aber nur den Forderungserwerb für den Erwerb der Hypothek, führt aber nicht dazu, dass die Forderung übergeht. Das bewirkt, dass entgegen § 1153 II BGB die Gläubigerrechte aus der Forderung und aus der Hypothek auseinanderfallen.

Im Endergebnis ist der Abtretungsausschluss gemäß § 399 BGB gegenüber einem gutgläubigen Abtretungsempfänger wirkungslos, weil dieser jedenfalls die Hypothek erwirbt.

c) Der Einwand, der SG habe mit dem Gl eine Abrede dahingehend getroffen, dieser dürfe ihn erst nach Ablauf einer Drei-Jahres-Frist in Anspruch nehmen, rührt aus dem Sicherungsvertrag her. Diese Einrede wirkt auch gegenüber dem Dritten (§ 1157 S. 1 BGB), wenn dieser nicht diesbezüglich gutgläubig war (§ 1157 S. 2 BGB). *301*

Der Einwand, S habe aufgrund seiner Einrede des nichterfüllten Vertrages ein Leistungsverweigerungsrecht, rührt aus dem forderungsbegründenden Schuldverhältnis her. *302*

Diese Einrede kann SG gegenüber dem Dritten gemäß § 1137 BGB geltend machen, sie nützt ihm gegenüber einem gutgläubigen Erwerber aber nichts (§ 1138 BGB). Folge davon ist, dass der SG zur unbeschränkten Duldung verurteilt wird, obwohl der persönliche Schuldner nur zur Leistung Zug um Zug verpflichtet werden kann!

339 Palandt, § 1153 BGB, Rn. 2.

340 Palandt, § 1138 BGB, Rn. 3.

hemmer-Methode: Dieselbe Problematik ergibt sich, wenn die Forderung überhaupt nicht entstanden ist. Bei Abtretung der hypothekarisch gesicherten Forderung entsteht die Forderung nicht (grds. kein gutgläubiger Erwerb von Forderungen), es entsteht aber über § 1138 BGB die sog. forderungsentkleidete Hypothek. Zwar bestand wegen fehlender Forderung nur eine Eigentümergrundschuld, §§ 1163 I, 1177 BGB. Der Erwerber vom Scheinhypothekar soll aber geschützt werden. §§ 1155, 892 BGB allein genügen nicht, da die Hypothek die Forderung voraussetzt. Deshalb fingiert § 1138 BGB den Erwerb einer Forderung, um das Entstehen der Hypothek zu ermöglichen. Einen Anspruch gegen den Schuldner ermöglicht § 1138 BGB nicht. Letztlich kann gem. § 1147 BGB Duldung der Zwangsvollstreckung verlangt werden, aber nicht Inanspruchnahme aus der persönlichen Schuld.

III. Nachträglich entstandene schuldnerbezogene Einwendungen, § 1156 BGB

§ 1156 BGB

§ 1156 BGB führt wie § 1138 BGB zum Entstehen einer forderungsentkleideten Hypothek. 303

Bsp.: *Gl ist Inhaber einer Darlehensforderung gegen S, die dieser durch eine Hypothek an seinem Grundstück gesichert hat. Am 01.01. überträgt Gl Forderung und Hypothek wirksam auf einen Dritten. Am 01.02. tilgt S die Kreditschuld gegenüber dem Gl. Am 01.03. verlangt der Dritte als neuer Gl Zahlung von S, hilfsweise Duldung der Zwangsvollstreckung in das Grundstück. S beruft sich auf die Zahlung an Gl. Von der Abtretung habe er keine Ahnung gehabt.*

Zu trennen sind die Ansprüche, die dem Dritten als Gl der persönlichen Forderung zustehen, und diejenigen, die aus der Stellung als Hypothekengläubiger folgen.

Der Dritte hat die gesicherte Forderung von Gl gemäß §§ 1154, 398 BGB wirksam erworben. Weil der persönliche S in Unkenntnis der Abtretung an den ursprünglichen Gl gezahlt hat, wirkt die Zahlung gemäß § 407 I BGB auch gegen den neuen Gläubiger/Dritten. Damit ist die Darlehensforderung erloschen, der Dritte kann sich nur noch an den Altgläubiger über § 816 II BGB halten.

Mit der gesicherten Forderung hat der Dritte gemäß § 1153 I BGB die Hypothek erworben. Gäbe es den § 1156 BGB nicht, so hätte das Erlöschen der gesicherten Forderung zugleich die Folge, dass die Hypothek sich in eine Eigentümergrundschuld zugunsten des S verwandeln würde, §§ 1163 I S. 2, 1177 I BGB, und der Dritte außer der Forderung gegen S auch noch die Hypothek, die dingliche Sicherheit, verlieren würde.

Die Verkehrsfähigkeit einer hypothekarisch gesicherten Forderung wäre beeinträchtigt, wenn der Erwerber ein solches Risiko eingehen würde. Aus diesem Grund erklärt § 1156 BGB die §§ 406 bis 408 BGB auf das Verhältnis zwischen SG und neuem Gl für unanwendbar, soweit die Hypothek betroffen ist. Die gesicherte Forderung mag daher zwar, wie im Fall, durch Zahlung an den Altgläubiger erloschen sein; der neue Hypothekengläubiger behält aber das forderungsentkleidete Sicherungsmittel. Der Dritte kann also Duldung der Zwangsvollstreckung in das Grundstück des S verlangen, ohne gegen diesen aus der Darlehensforderung vorgehen zu können.

S muss daher entweder die Zwangsvollstreckung durch den Dritten dulden (§ 1147 BGB) oder sie durch Zahlung der fiktiven gesicherten Forderung abwenden (§ 1147 BGB). S hätte sich davor schützen können, wenn er sich bei Zahlung durch Grundbucheinsicht oder mittels §§ 1161, 1160 BGB Gewissheit über den wahren Berechtigten verschafft hätte.

Die Konstellation ist auch denkbar, wenn S nicht gleichzeitig Eigentümer ist:

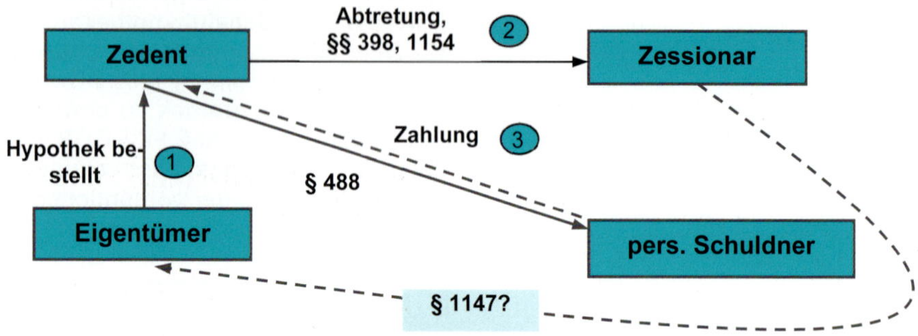

- wg. **§ 407** kann der (gutgläubige) persönliche Schuldner befreiend an den früheren Gläubiger (Zedent) leisten; die **gesicherte Forderung erlischt**
- zur Sicherung der Verkehrsfähigkeit der Hypothek gilt aber § 407 gem. **§ 1156 S. 1 nicht in Ansehung der Hypothek**, d.h.: in Durchbrechung des Akzessorietätsprinzips (§ 1163 I S. 2) bleibt die Hypothek forderungsentkleidet bestehen!

D) Das Pfandrecht

bei Pfandrecht kein Verlust von Einreden

Der Verpfänder (SG) verliert keinerlei Einreden, wenn der Pfandgläubiger das Pfand überträgt. 304

Der Verpfänder kann u.U. Gegenrechte sowohl aus dem Sicherungsverhältnis, dem Verpfändungsvertrag, als auch über § 1211 BGB aus dem forderungsbegründenden Schuldverhältnis zwischen S und Gl herleiten.

Diese Einreden bleiben immer erhalten, wenn der Pfandgläubiger Gl das Pfandrecht überträgt, auch wenn der Erwerber/Dritte davon nichts gewusst hat. Dies ergibt sich daraus, dass ein gutgläubiger Erwerb bei der Übertragung des Pfandrechts nicht möglich ist. Es fehlt an einem Gutglaubenstatbestand, woran der gute Glaube festgemacht werden kann, wie es bei den Grundpfandrechten das Grundbuch darstellt.

kein § 1138 BGB

Der Besitz allein weist nicht aus, dass das Pfandrecht ohne Gegenrechte besteht. Deshalb fehlt bei den Vorschriften über die Pfandrechte auch eine dem § 1138 BGB entsprechende Norm.

Erlischt die gesicherte Forderung durch Zahlung des S an Gl und hatte S dabei keine Kenntnis von der vorher erfolgten Abtretung an den Dritten, so erlischt die Forderung gemäß § 407 I BGB. Der Dritte verliert aber auch das Pfandrecht über § 1252 BGB. Es bleibt ihm kein „forderungsentkleidetes“ Pfandrecht zurück.

E) Die Sicherungsgrundschuld

I. Einreden bei Forderungserwerb

Sicherungsgrundschuld, bei Forderungserwerb § 404 BGB

Erwirbt der Dritte die gesicherte Forderung von Gl, so bleiben dem persönlichen Schuldner auch hier die Einreden gegen die Forderung über § 404 BGB erhalten. 305

II. Pfandrechtsbezogene Einreden bei Grundschulderwerb

bei GS-Erwerb § 1157 BGB; aber: § 1192 Ia BGB: gutgl. Erwerb (-)

Erwirbt der Dritte vom Gl über §§ 413, 398 BGB i.V.m. der Formvorschrift des § 1154 BGB die Sicherungsgrundschuld, so gilt für die pfandrechtsbezogenen Gegenrechte des SG (aus dem Sicherungsvertrag) § 1157 S. 1 BGB. Einreden bleiben ihm demnach auch gegenüber dem Erwerber der Grundschuld erhalten, vgl. auch § 1192 Ia S. 1 HS 1 BGB. Gem. § 1192 Ia S. 1 HS 2 BGB findet jedoch § 1157 S. 2 BGB keine Anwendung. Damit ist ein gutgläubig einredefreier Erwerb, anders als bei der Hypothek, nicht mehr möglich. Insoweit wird die Grundschuld bei der Übertragung stärker an die Forderung gebunden, als dies bei der Hypothek der Fall ist. 306

hemmer-Methode: Achtung! Sofern es sich nicht um eine Sicherungsgrundschuld handelt, gilt § 1192 I a BGB nicht!

III. Schuldnerbezogene Einreden des SG aus Verhältnis S - Gl

Gegenrechte des SG

Eine besondere Schwierigkeit beinhaltet die Fallgestaltung, in der der SG Gegenrechte aus dem Verhältnis S/Gl herzuleiten versucht. Bei der Hypothek greift in diesen Konstellationen § 1137 BGB ein. Diese Vorschrift gilt im Rahmen der Grundschuld über § 1192 I BGB nicht, weil sie Ausfluss des Akzessorietätsprinzips ist. 307

Bsp.: *SG bestellt Gl zur Sicherung einer Kaufpreisforderung gegen S eine Sicherungsgrundschuld. Die Kaufsache ist mangelhaft. S verweigert wegen ausstehender Nacherfüllung gem. § 320 BGB die Zahlung des Kaufpreises. Gl überträgt nun Forderung und Grundschuld auf einen Dritten. Der Dritte nimmt SG aus der Grundschuld in Anspruch. SG beruft sich darauf, dass die Forderung, zu deren Sicherung er sein Grundstück belastet hat, einredebehaftet sei.*

Der Dritte könnte gemäß § 1147 BGB vom SG Duldung der Zwangsvollstreckung in das Grundstück verlangen, wenn der SG dagegen nicht die Einrede erheben könnte, dass die zu Grunde liegende Forderung nicht durchsetzbar sei.

Das OLG Köln hat in einer Entscheidung[341] die Auffassung vertreten, die Sicherungsabrede und damit auch Einreden, die aus ihr abgeleitet würden, würden nie gegen den Erwerber/Dritten wirken. Das ist aber wegen § 1157 S. 1 BGB sicher nicht richtig. 308

Hier handelt es sich aber darum, dass der SG sich auf eine Einrede aus dem forderungsbegründenden Schuldverhältnis, dem Kaufvertrag, beruft. Bei der Hypothek wäre der Schutz über § 1137 BGB gegeben. Als Ausfluss des Akzessorietätsprinzips ist diese Vorschrift aber nicht gem. § 1192 I BGB auf die Grundschuld anwendbar. 309

341 OLG Köln, OLGZ 1969, 419.

Aber: Aus dem Sicherungsvertrag ergibt sich, dass eine Vollstreckung aus der Grundschuld nur insoweit gestattet sein soll, als dies der gesicherten Forderung entspricht. Anders ausgedrückt: Die Grundschuld soll den Gl für den Fall sichern, dass der Schuldner nicht zahlt, obwohl er zahlen muss. Hat er eine Einrede, muss er (vorübergehend) nicht zahlen. Dann besteht aber auch kein Grund, auf die Grundschuld zurückzugreifen. Diese Einrede steht ihm gegenüber der Grundschuld mittelbar als Einrede des mangelnden Sicherungsbedürfnisses aus dem Sicherungsvertrag zu. Man spricht insoweit auch von einer schuldrechtlichen Akzessorietät.

Daher werden forderungsbezogene Einreden bei der Grundschuld unmittelbar unter § 1157 S. 1 BGB subsumiert, wenn ihr Tatbestand bei Übertragung der Grundschuld schon voll verwirklicht war.

Demnach könnte SG dem D das Nichtvorliegen des Sicherungsfalles entgegenhalten. Grds. steht dem Inhaber einer Sicherungsgrundschuld kein Verwertungsrecht zu, solange nicht der Sicherungsfall eingetreten ist. Dies ist entweder ausdrücklich im Sicherungsvertrag vereinbart oder ergibt sich durch ergänzende Vertragsauslegung. 310

Diese Einrede bestand auch schon bei Übertragung der Grundschuld. SG könnte sie also dem D entgegenhalten.

Ein gutgläubig einredefreier Erwerb gem. §§ 1157 S. 2, 892 BGB kommt allerdings nicht in Betracht, da – wie oben gezeigt – gem. § 1192 Ia S. 1 HS 2 BGB die Anwendung des § 1157 S. 2 BGB ausgeschlossen ist.[342] 311

hemmer-Methode: Diese klassische immer wiederkehrende Argumentationskette müssen Sie als examenstypisch kennen.
Punkten Sie, indem Sie zeigen, dass Sie die Standards beherrschen!

Weiterhin ist zu unterscheiden:

vorläufige Nichtvalutierung

⇨ Die Einrede der vorläufigen Nichtvalutierung. 312

Sie bezieht sich darauf, dass die gesicherte Forderung vorerst noch nicht entstanden ist bzw. noch nicht fällig ist und damit eine verzögernde Einrede aus dem Sicherungsvertrag gegen die Grundschuld besteht. Nach einer Ansicht[343] steht dem SG keine Einrede gegen die Grundschuld zu, wenn ein Dritter das Grundpfandrecht erwirbt. Das ist aber nicht ganz einsichtig. Wieso sollen nur endgültige und nicht auch vorläufige Gegenrechte über § 1157 BGB erhalten bleiben? Die h.M. behandelt daher auch die vorläufige Nichtvalutierung und die Nichtfälligkeit der Forderung als Einreden, für die § 1157 BGB gilt.[344]

endgültige Nichtvalutierung

⇨ Die Einrede der endgültigen Nichtvalutierung bzw. der Tilgung. 313

Für sie gilt § 1192 Ia S.1 HS 1 Alt.1 BGB immer, wenn die Einrede schon bei der Übertragung der Grundschuld bestanden hat. Entstand sie aber wie im Fall später, so gilt nach der Übertragung § 1192 Ia S.1 HS 1 Alt.1 BGB nicht; die schuldnerschützenden Normen der §§ 406 bis 408 BGB würden für die Grundschuld daher eigentlich nicht gelten, vgl. §§ 1156, 1192 I BGB.[345] **Aber:** Gem. § 1192 Ia S. 1 HS 1 Alt. 2 BGB kann der Eigentümer auch solche Einreden gegen den Gläubiger geltend machen, die sich aus dem Sicherungsvertrag ergeben.

---

342 Wurde allerdings noch unter Geltung der alten Rechtslage eine Einrede gutgläubig wegerworben, lebt diese bei einer erneuten Übertragung unter Geltung des § 1192 Ia BGB nicht wieder auf, BGH, **Life&Law 02/2014, 97 ff.**

343 Tiedtke, Jura 1980, 407; Reinicke/Tiedtke, Kreditsicherung, S. 427.

344 Palandt, § 1191 BGB, Rn. 24.

345 Die „eigentliche" Geltung des § 1156 BGB auch für die Grundschuld hat der BGH in einem Urteil aus 2018 bestätigt, Urteil vom 23.02.2018, AZ V ZR 302/16. Mit § 1192 Ia BGB hat er sich sodann aber mit keiner Zeile auseinandergesetzt. Dies lag daran, dass es in dem Fall nicht um eine Sicherungsgrundschuld ging. Insoweit ist das Urteil „mit Vorsicht zu genießen". Die Aushebelung des § 1156 über § 1192 Ia BGB ist in der Literatur letztlich einhellige Meinung.

Damit wollte der Gesetzgeber ausdrücken, dass auch solche Einreden erfasst werden, die im Zeitpunkt der Abtretung noch nicht voll verwirklicht sind, sondern lediglich angelegt sind. Insoweit wird § 1156 BGB bei der Sicherungsgrundschuld ausgeschlossen!

Erwerb ohne Forderung

⇨ Erwerb der Grundschuld ohne die gesicherte Forderung 314

Demgegenüber ergibt sich eine Einwendung gegen die Grundschuld nicht *allein* dadurch aus dem Sicherungsvertrag, dass der Erwerber die Grundschuld ohne die gesicherte Forderung erwirbt. Wäre dies anders, führte die forderungslose Abtretung der Grundschuld dazu, dass weder der bisherige Inhaber (er hat sie nicht mehr) noch der Erwerber die Grundschuld verwerten könnte.

Eine solche – sachlich nicht zu rechtfertigende – Freistellung des Eigentümers von der dinglichen Haftung ist in § 1192 Ia BGB nicht vorgesehen.[346]

IV. Rechtsfolge bei unbefugter Trennung von Forderung und Grundschuld

unbefugte Trennung von Forderung und GS

Aus dem bereits Gesagten lässt sich nun auch die Lösung für den Fall herleiten, in dem der Gl unbefugt die gesicherte Forderung von der Grundschuld trennt.[347] 315

Bsp.: *SG hat dem Gl für eine Darlehensforderung eine Sicherungsgrundschuld bestellt. Gl tritt die Forderung an D 1 und die Grundschuld an D 2 ab. Nun wird SG zweifach in Anspruch genommen: von D 1 auf Zahlung, von D 2 auf Duldung der Zwangsvollstreckung.*

Anspruch D 1/SG aus §§ 488 I, 398 BGB?

D 1 müsste die Forderung wirksam vom Gl erworben haben. Bedenken gegen die Formlosigkeit der Übertragung bestehen nicht, denn für die durch Grundschuld gesicherte Forderung gilt nicht § 1154 BGB, sondern es bleibt bei § 398 BGB.

Die Abtretbarkeit der Forderung könnte aber durch (stillschweigende) Vereinbarung zwischen SG und Gl ausgeschlossen sein, mit der Folge, dass D 1 sie nicht erwerben könnte, § 399 Alt. 2 BGB. Eine Vereinbarung, wonach die Forderung überhaupt nicht abgetreten werden sollte, liegt nicht vor. In Betracht kommt aber eine Übereinkunft im Rahmen der Sicherungsabrede, dass die Forderung nur zusammen mit der Grundschuld übertragen werden sollte. Wenn eine solche ausdrückliche Vereinbarung fehlt, so ist sie doch i.d.R. stillschweigend in der Abrede über die Sicherungsfunktion der Grundschuld zu sehen.

Der SG/S hat für den Gl erkennbar ein Interesse daran, dass Forderung und Sicherheit nicht getrennt werden.

Folge dieser Vereinbarung ist aber nur eine Schadensersatzpflicht des Gl bei einem Verstoß dagegen, nicht die dinglich wirkende Unübertragbarkeit der Forderung ohne die Grundschuld. Denn sonst würde die Grundschuld unzulässigerweise der Hypothek angenähert; sie wäre akzessorisch. Ein dinglich wirkendes Abtretungsverbot kann nur aufgrund einer besonderen Parteiabrede zwischen SG und Gl angenommen werden. § 399 BGB steht dem Erwerb der Forderung durch D 1 nicht im Wege.

Gegen den Zahlungsanspruch des D 1 könnte der SG aber gemäß § 404 BGB eine Einrede erheben, die ihm gegen den Gl zustand. Aus der Sicherungsabrede zwischen SG und Gl ergab sich, dass Gl entweder die Forderung oder den Anspruch auf Verwertung der Grundschuld geltend machen kann.

346 BGH, Urteil vom 20.04.2018, WM 2018, 1168 ff. = **juris**byhemmer.

347 Medicus, Bürgerliches Recht, Rn. 508; Palandt, § 1191 BGB, Rn. 22.

Eine gemeinsame Verwertung wäre unzulässig, sie würde eine doppelte Befriedigung bedeuten. Bei Geltendmachung der Forderung hätte der SG aufgrund der Sicherungsabrede Zug um Zug gegen Zahlung der Darlehenssumme die Rückübertragung der Grundschuld verlangen können. Bis zur Bewirkung der Gegenleistung hat SG ein Zurückbehaltungsrecht gegen Gl (§ 273 BGB), das er gemäß § 404 BGB auch dem D 1 entgegenhalten kann. Weil D 1 aber nicht Inhaber der Grundschuld geworden ist, kann er die Rückübertragung nicht bewirken. Der Geltendmachung des Zahlungsanspruchs steht somit eine dauernde Einrede entgegen.

Kann D 2 gegen SG aus §§ 1147, 1192 BGB vorgehen? **316**

D 2 ist Inhaber der Grundschuld geworden, die der Gl ihm gemäß § 1154 BGB übertragen hat. Möglicherweise hat SG aber aus der Sicherungsabrede mit Gl eine Einrede gegen die Grundschuld, die er auch D 2 über § 1192 Ia S.1 HS 1 Alt.1 BGB entgegenhalten kann.

Dem Gl hätte der SG möglicherweise entgegenhalten können, er habe einen Rückübertragungsanspruch auf die Grundschuld, weil der Gl sie nur zur Sicherung eines bestimmten Anspruchs geltend machen dürfe, den er nun nicht mehr innehabe.

Ein solches Gegenrecht steht dem SG aber nicht zu, und zwar aus folgender Überlegung: Der SG soll durch die Sicherungsabrede vor einer doppelten Inanspruchnahme geschützt werden. Die Sicherungsabrede darf aber nicht so ausgelegt werden, dass nach einer Übertragung der Forderung ohne die Grundschuld der SG nun überhaupt keine Verpflichtung hat. Einmal muss er auf jeden Fall zahlen. Ist er durch das Leistungsverweigerungsrecht gegen eine Inanspruchnahme durch den Inhaber der persönlichen Forderung geschützt, so kann ihm ein Leistungsverweigerungsrecht gegen den Grundschuld-Inhaber nicht auch noch zugestanden werden. Sonst wäre er von jeder Leistungspflicht frei.

Die Einrede der Undurchsetzbarkeit der Forderung steht dem SG daher nicht über den Sicherungsvertrag auch gegen die Inanspruchnahme aus der Grundschuld zu. Sie kann daher auch gemäß § 1192 Ia S.1 HS 1 Alt.1 BGB nicht gegen den Erwerber D 2 erhoben werden.

SG muss daher gemäß § 1147 BGB die Zwangsvollstreckung in das Grundstück durch D 2 dulden. Er kann die Zwangsvollstreckung aber durch Zahlung der (restlichen) Darlehenssumme an D 2 abwenden, §§ 1192, 1142 BGB.

Gleiches gilt, wenn SG bereits an D 1 gezahlt haben sollte. SG kann von D 1 gem. § 813 BGB Rückzahlung verlangen, aber nicht gem. § 1192 Ia S.1 HS 1 Alt.1 BGB gegen D 2 vorgehen.

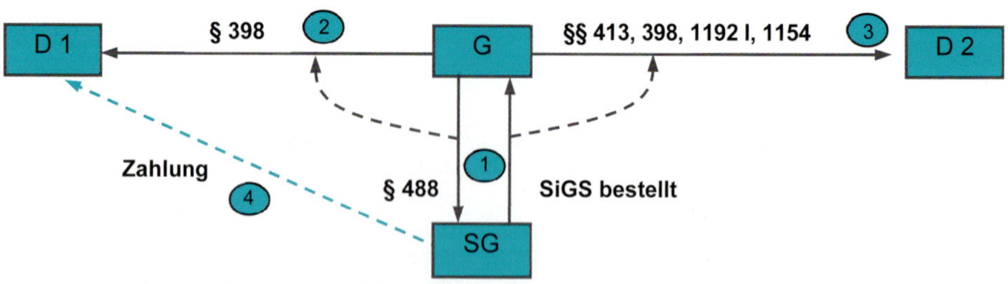

- Zahlung SG an D 1 bewirkt Erlöschen der Forderung aus § 488: § 362 I
- nach SiVertrag steht dem SG nach Erfüllung der Forderung ein Rückübertragungsanspruch bzgl. der Grundschuld und eine Einrede gegen ihre Geltendmachung zu ⇨ dies gegen D 2 nach **§§ 1192 I, 1157 S. 1**?
- **dagegen:** keine Schutzwürdigkeit des SG; er kann sich das Geld gem. § 813 von D 1 zurückholen, weil er nicht hätte zahlen müssen. Daher keine Einrede vorhanden, die über §§ 1192 Ia S. 1 geltend gemacht werden könnte!

F) Das Sicherungseigentum

Sicherungseigentum

Der Sicherungseigentümer kann sein Eigentum am Sicherungsgut auf einen Dritten übertragen, auch wenn er damit gegen den Sicherungsvertrag verstößt. Gegenüber jedem Dritten handelt er als unbeschränkt berechtigter dinglicher Rechtsinhaber. Der Sicherungsvertrag zwischen Gl und SG wirkt sich aber häufig auch gegenüber dem Dritterwerber aus. Die Brücke dazu schlägt § 986 II BGB.[348] *317*

Schutz des SG durch § 986 II BGB

Bsp.:[349] *SG hat Gl zur Sicherung eines Kredits eine Maschine übereignet. Nach Rückzahlung des Darlehens soll Gl das Sicherungsgut wieder zurückübertragen. Die Veräußerung erfolgt gemäß §§ 929, 930 BGB. Später veräußert Gl die Maschine abredewidrig an einen Dritten gemäß § 931 BGB weiter.*

Welche Möglichkeiten hat SG jetzt, sein Eigentum zurückzubekommen?

Durch Zahlung an Gl, der ja weiterhin Inhaber des Darlehensrückzahlungsanspruchs geblieben ist, erhielte SG das Eigentum nur zurück, wenn die Sicherungsübereignung auflösend bedingt vereinbart worden wäre (§§ 161 II, 158 II BGB). Das ist hier aber nicht der Fall. SG hat gegen Gl nur einen schuldrechtlichen Rückübertragungsanspruch, wenn er die Forderung erfüllt. *318*

Wenn nicht ein Fall vorsätzlicher sittenwidriger Schädigung durch den Dritten vorliegt (§ 826 BGB), kann SG vom Dritten aus eigener Kraft sein Eigentum nicht zurückverlangen. Sein schuldrechtlicher Rückübereignungsanspruch gegen Gl nutzt ihm insoweit nichts, denn dessen Erfüllung ist dem Gl unmöglich geworden, § 275 I BGB:

Andererseits kann sich SG gegen den Herausgabeanspruch des Dritten (§ 985 BGB) mit der dauernden Berufung auf sein Recht zum Besitz aus dem Sicherungsvertrag mit Gl wehren. Alle Einwendungen gegen den alten Sicherungseigentümer bleiben ihm gegenüber dem Herausgabeverlangen des Erwerbers erhalten, § 986 II BGB.

Gegenüber Gl war SG zum Besitz berechtigt, solange er pünktlich seine Raten zahlte; er wäre es erst recht nach der vollständigen Rückzahlung gewesen.

Der Dritte mag sich unter diesen Umständen seines Eigentums nicht so recht erfreuen. Er kann aber gemäß §§ 326 I S. 1 HS 2, V, 323 I BGB vom Vertrag mit Gl zurücktreten, denn dieser kann ihm nur das Eigentum, nicht aber den unmittelbaren Besitz an der Kaufsache verschaffen. Wegen dieses teilweisen Unvermögens ist der Dritte zum Rücktritt berechtigt, denn mit der nur teilweisen Erfüllung ist ihm nicht gedient. Er muss dann gemäß § 346 BGB dem Gl das Eigentum zurückübertragen, so dass dieser später auch wieder in der Lage ist, das Sicherungseigentum auf SG zurückzuübertragen. *319*

Spielt der Dritte nicht mit, so kann der SG die verfahrene Situation dadurch lösen, dass er vom Gl Schadensersatz für die Maschine verlangt (§§ 280 I, III, 281 oder 283 BGB oder § 826 BGB). Hat der SG den Schadensersatz erhalten, ist damit auch der Sicherungsvertrag mit Gl erledigt, sodass das Besitzrecht des SG erlischt.

---

348 S. auch o. Rn. 284.

349 Nach Medicus, Bürgerliches Recht, Rn. 504.

G) Die Sicherungszession

bei Sicherungszession kein § 986 II BGB

Bei der Sicherungszession fehlt eine dem § 986 II BGB entsprechende Vorschrift. Das erklärt sich daraus, dass es bei Forderungen kein Auseinanderfallen von Eigentum und Besitz gibt wie bei beweglichen Sachen. Der Inhaber einer zur Sicherung abgetretenen Forderung kann das Recht also auf einen Dritten übertragen, ohne dass der SG den Forderungserwerb verhindern könnte. § 404 BGB betrifft nur das Verhältnis zwischen S und Neugläubiger, nicht das Verhältnis von Gläubigern untereinander. 320

bei auflösender Bedingung § 161 II BGB

Der SG ist besser geschützt, wenn die Sicherungsabtretung auflösend bedingt gewesen ist. Mit der Rückzahlung des Kredits an den Gl wird die Übertragung der sichernden Forderung auf den Dritten unwirksam, § 161 II BGB.

kein Abtretungsverbot

Durch ein Abtretungsverbot (§ 399 Alt. 2 BGB) kann sich der SG aber nicht absichern. Eine solche dinglich wirkende Vereinbarung ist nur zwischen Gl und S, nicht zwischen Alt- und Neugläubiger möglich.[350]

Bei abredewidrigem Verhalten des SN hat SG nur Sekundäransprüche gegen diesen (§§ 280 I, III, 281/283 BGB; eventuell §§ 280 I, 241 II BGB; § 826 BGB).

H) Der Eigentumsvorbehalt

Eigentumsvorbehalt i.d.R. aufschiebende Bedingung; bis dahin § 986 II BGB

Der Eigentumsvorbehalt basiert praktisch immer auf einer aufschiebenden Bedingung, anders als die Sicherungsübereignung, die regelmäßig nicht von den Parteien als auflösend bedingt vereinbart wird. Bis zum Bedingungseintritt ist der Käufer aufgrund des Kaufvertrages zum Besitz der Sache berechtigt, § 986 I BGB. 321

Das schützt ihn vor dem dinglichen Herausgabeanspruch des Verkäufers. Übereignet der Verkäufer gemäß §§ 929, 931 BGB an einen Dritten, so bleibt das Besitzrecht dem Käufer erhalten. Er kann es dem Dritten über § 986 II BGB entgegenhalten.

gutgläubiger Wegerwerb, § 161 III BGB, aber § 936 III BGB

Der Dritte kann die auf dem Vorbehaltskauf beruhende Anwartschaft des Käufers grundsätzlich gutgläubig „wegerwerben“, §§ 161 III, 936 BGB. Der Vorbehaltskäufer ist aber i.d.R. Besitzer der Sache, und bei einer Veräußerung durch Abtretung des Herausgabeanspruches verhindert § 936 III BGB, dass die Anwartschaft untergeht.

hemmer-Methode: Bei einer Veräußerung durch Abtretung des Herausgabeanspruchs (§ 931 BGB) ist es unerheblich, dass der Verkäufer die Kaufsache aktuell vom Vorbehaltskäufer nicht herausverlangen kann. Dieser ist ja, solange er die Kaufpreisraten zahlt, zum Besitz berechtigt. Hier reicht der potenzielle Herausgabeanspruch für den Fall eines Rücktritts aus, vgl. §§ 449 II, 323, 508 BGB. Das Recht des Käufers, die Herausgabe zu verweigern, schließt die Übereignung nicht aus.

Bsp.: *Gl hat S eine Maschine unter Eigentumsvorbehalt verkauft und übergeben. Noch bevor der Kaufpreis ganz beglichen ist, veräußert Gl die Maschine erneut an einen Dritten, diesmal aber unbedingt gemäß §§ 929, 931 BGB. Der Dritte geht zu S, zeigt ihm den Kaufvertrag und verlangt die Maschine heraus. S meint, da könne er wohl nun nichts mehr ändern, der Dritte sei eben schneller gewesen, und er übergibt ihm die Maschine. Der Dritte, der keine Kenntnis vom Vorbehaltskauf zwischen Gl und S hat, wundert sich zwar etwas über die Äußerung, zieht aber zufrieden seines Weges, als er erreicht hat, was er wollte. Anderentags, als S bei Gl vorspricht und seine bereits gezahlten Kaufpreisraten zurückverlangt, erfährt er, dass Gl sich ins Ausland abgesetzt hat. S wendet sich nun an den Dritten und möchte die Maschine zurückhaben.* 322

350 Palandt, § 399 BGB, Rn. 8.

S könnte gegen den Dritten einen Herausgabeanspruch gemäß § 985 BGB analog haben.

D ist Besitzer der Maschine.

S ist zwar nicht Eigentümer der Maschine. Er war als Vorbehaltskäufer aber anwartschaftsberechtigt. Die Frage ist daher, ob das Anwartschaftsrecht dem Berechtigten ein Recht zum Besitz gegenüber jedermann (dingliches Besitzrecht) verschafft.

Eine analoge Anwendung des § 985 BGB setzt voraus, dass die Position des Anwartschaftsberechtigten mit der des Eigentümers vergleichbar ist. *323*

Das Anwartschaftsrecht verleiht dem Erwerber eine Rechtsposition auf dem Wege zum Vollrechtserwerb, die so gefestigt ist, dass sie ohne seinen Willen i.d.R. nicht mehr zerstört werden kann.[351] Ob sich daraus ein dingliches Besitzrecht herleiten lässt, ist im Einzelnen strittig:

Ausdrücklich abgelehnt hat der BGH in einer frühen Entscheidung[352] ein absolutes Besitzrecht aus der Anwartschaft des Vorbehaltskäufers.[353] Danach kann dem Anwartschaftsberechtigten der Anspruch aus § 985 BGB nur über eine Ausübungsermächtigung durch den Eigentümer zustehen.

Eine andere Meinung bejaht ein absolutes Recht zum Besitz gegenüber jedermann außer dem Verkäufer.[354] Demgegenüber sei der Vorbehaltskäufer ausschließlich aus dem Kaufvertrag zum Besitz berechtigt. Ein dingliches Besitzrecht sei nur anzuerkennen, soweit der Schutz der Anwartschaft dies erfordere, und dem Verkäufer gegenüber seien die vertraglichen Rechte ausreichend.

Die inzwischen wohl h.M. gibt dem Anwartschaftsberechtigten ein dingliches Besitzrecht gegenüber jedermann. Das Anwartschaftsrecht ist für seinen Inhaber wegen §§ 161, 162, 986 II, 936 BGB fast ebenso sicher wie ein dingliches Recht.

Der Vollrechtserwerb liegt normalerweise schon ausschließlich in den Händen des Käufers. Damit hat er eine derart gesicherte Position erreicht - und zwar auch gegenüber dem Eigentümer -, dass die Anwartschaft ein dingliches Besitzrecht verleihen muss.[355]

Daraus folgt, dass das Anwartschaftsrecht des gleichen Schutzes wie das Vollrecht bedarf. Die Abwehr- und Angriffsrechte des Eigentümers (hier § 985 BGB) bieten sich hier an. Es bestehen auch keine Bedenken wegen eines konkurrierenden Herausgabeanspruches des Vorbehaltsverkäufers, der ja noch weiterhin Eigentümer sein kann; dieser Anspruch ginge nämlich gemäß § 986 I S. 2 BGB analog ebenfalls auf Herausgabe an den Anwartschaftsberechtigten.[356]

S könnte sein Anwartschaftsrecht aber infolge der Veräußerung der Maschine von Gl an den Dritten verloren haben. Gl hat gegenüber dem Dritten als Berechtigter verfügt. Er war noch Eigentümer der Maschine, denn die mit S getroffene Einigung über den Eigentumsübergang stand unter der aufschiebenden Bedingung der vollständigen Kaufpreiszahlung, und diese war noch nicht eingetreten (§§ 449, 158 I BGB). *324*

Im konkreten Fall, in dem S im unmittelbaren Besitz der Sache war, sind zwei Wege denkbar, auf denen Gl die Übereignung an den Dritten erreichen konnte.

Es könnte ein Geheißerwerb gemäß § 929 S. 1 BGB in Frage kommen. Dann hätte Gl den S als unmittelbaren Besitzer über den Dritten anweisen müssen, die Sache dem Erwerber zu übergeben oder das Besitzkonstitut mit Gl zu beenden und fortan dem Dritten den Besitz zu vermitteln. Folgt der unmittelbare Besitzer der Weisung, so entspricht das der Übergabe nach § 929 S. 1 BGB.

---

351 Vgl. Medicus, Bürgerliches Recht, Rn. 456.

352 BGHZ 10, 69-75 = **juris**byhemmer.

353 Medicus, Bürgerliches Recht, Rn. 465.

354 Serick, Eigentumsvorbehalt und Sicherungsübereignung Bd. I, S. 276.

355 Palandt, § 929 BGB, Rn. 41.

356 Palandt, § 929 BGB, Rn. 43.

Eine solche Weisung lag hier aber nicht vor. Vielmehr ist hier durch Abtretung des Herausgabeanspruches gemäß § 931 BGB übereignet worden. Dies entspricht eher dem Parteiwillen, denn es setzt nicht voraus, dass der Besitzmittler (S) eine Weisung des Eigentümers (Gl) akzeptiert und ihr folgt. Außerdem haben sich der Gl und der Dritte geeinigt (§ 929 S. 1 BGB). Damit ist der Dritte gemäß §§ 931, 929 BGB Eigentümer der Maschine geworden.

Dadurch alleine ist das Anwartschaftsrecht des S aber noch nicht untergegangen. Eine Zwischenverfügung schadet dem Anwartschaftsberechtigten ja grundsätzlich nicht, da sie mit Bedingungseintritt unwirksam wird (§ 161 I BGB). Anders ist es aber, wenn der Dritte gutgläubig lastenfrei erworben hätte, §§ 161 III, 936 I BGB. 325

hemmer-Methode: Ob § 161 III BGB auf § 936 BGB verweist, ist problematisch. Das Anwartschaftsrecht ist erst nach Erlass des BGB entwickelt worden. Deshalb kann der historische Gesetzgeber nur die §§ 932 - 934 BGB gemeint haben. So kann man es auch in vielen Lehrbüchern lesen. Allgemein anerkannt ist die Anwendung des § 936 III BGB auf das Anwartschaftsrecht. Wenn man das bedingte Eigentum jedoch als Recht auffasst, ist es nur konsequent, § 936 BGB insgesamt anzuwenden. Im Ergebnis spielt das aber keine Rolle.

D war gutgläubig i.S.d. §§ 936 II, 932 II BGB. Grobe Fahrlässigkeit wird man ihm hier nicht nachweisen können, positive Kenntnis vom Anwartschaftsrecht des S hat er nicht gehabt.

Der lastenfreie Erwerb folgt in seinen Voraussetzungen den Regeln über den gutgläubigen Eigentumserwerb, § 936 I BGB i.V.m. §§ 932 - 934 BGB. Hier liegt eine Übereignung nach § 931 BGB zwischen Gl und dem Dritten vor, und in diesem Fall schützt § 936 III BGB den unmittelbaren Besitzer besonders vor einem gutgläubig lastenfreien Erwerb Dritter auf seine Kosten: Das Anwartschaftsrecht des S, der (unmittelbarer) Besitzer war, erlischt bei einer Veräußerung auch gegenüber dem gutgläubigen Erwerber nicht.

Fraglich ist jedoch, ob dieser Schutz auch dann noch besteht, wenn der Besitzer den Besitz auf den Erwerber überträgt, ohne den Erwerber auf sein dingliches Besitzrecht hinzuweisen. Auszugehen ist hier von folgender Erwägung:

Wäre S schon Eigentümer gewesen, so hätte der Dritte mit Besitzerlangung gutgläubig Eigentum erworben, der S sein Eigentum verloren, §§ 934 Alt. 2, 931 BGB. S war hier aber nur Anwartschaftsberechtigter und kann nicht stärker geschützt sein als der Vollrechtsinhaber. § 936 III BGB hilft ihm nicht mehr.

Der Dritte hat also gutgläubig lastenfreies Eigentum an der Maschine erworben, als S sie ihm herausgab. Das Anwartschaftsrecht, aus dem S einen Herausgabeanspruch analog § 985 BGB herleiten konnte, ist erloschen, er hat somit keinen Anspruch gemäß § 985 BGB analog.

S hat auch keinen Anspruch wegen Besitzentziehung gemäß § 861 I BGB, weil der Dritte dem S den Besitz nicht ohne seinen Willen (§ 858 I BGB) entzogen hat und verbotene Eigenmacht deshalb nicht vorliegt.

§ 1007 I BGB entfällt, da der Dritte bei Besitzerwerb gutgläubig bezüglich des Anwartschaftsrechtes des S war.

§ 1007 II BGB greift nicht durch, weil die Maschine dem S nicht abhandengekommen ist; außerdem ist der Dritte Eigentümer der Maschine geworden.

§ 9 DER RÜCKGRIFF

Rückgriff des SG gegen S nur, wenn SG ungleich S

Die Ausgangslage, auf der die Fragestellungen in diesem Abschnitt basieren, ist folgende: Der SG, der vom persönlichen S verschieden sein muss, ist vom Gl/SN in Anspruch genommen worden. Die Sicherheit ist verwertet worden, das Risiko des SG hat sich verwirklicht. Dafür verlangt der SG nun vom S Ausgleich. Ist der S zugleich SG, was bei Realsicherheiten, nicht aber bei Personalsicherheiten möglich ist, kommt ein Rückgriff natürlich nicht in Frage. 326

Die gesetzlich geregelten Sicherungsmittel verfügen, mit Ausnahme der Sicherungsgrundschuld, über eine Regelung, nach der sich der Rückgriff des SG gegen den S vollzieht. Aber auch die darüber hinaus entwickelten Kreditsicherheiten sehen Rückgriffsmöglichkeiten vor.

hemmer-Methode: Aufgrund der herausragenden Bedeutung des Rückgriffs empfehlen wir Ihnen, das Skript Rückgriffsansprüche ebenfalls durchzuarbeiten. Sie werden merken, dass Ihnen sehr viele juristische Probleme erst dann verständlich sind, wenn Sie die Regressproblematik verstanden haben.

A) Die Bürgschaft

Bürgschaft, § 774 BGB

Die Rückgriffsnorm für die Bürgschaft ist § 774 BGB. § 774 BGB stellt eine cessio legis, einen gesetzlichen Forderungsübergang dar. Die Forderung des Gl gegen S geht kraft Gesetzes auf den Bürgen über, soweit dieser den Gl befriedigt. Die Forderung erlischt nicht, weil der Bürge nicht als Dritter nach § 267 I BGB auf die Hauptverbindlichkeit zahlt. Der Bürge zahlt vielmehr auf seine eigene Verbindlichkeit aus dem Bürgschaftsvertrag gemäß § 765 BGB. 327

I. Umfang des Forderungserwerbs gemäß § 774 BGB

für Umfang des Forderungserwerbs Höhe der Zahlung maßgeblich

Der Umfang, in dem der Bürge die gesicherte Forderung erwirbt, richtet sich zunächst nach der Höhe der Zahlung, durch die der Gl befriedigt wird. Zahlt der Bürge nur eine Summe, die die Hälfte der Hauptverbindlichkeit ausmacht, so kann er im Wege des gesetzlichen Forderungsübergangs auch nur die Hälfte der Hauptverbindlichkeit erwerben. Nur soweit (Gesetzestext) der Gl befriedigt ist, verliert er die Forderung an den SG. 328

Bedeutung des Innenverhältnisses

Der Umfang der cessio legis wird aber entscheidend durch ein weiteres Moment bestimmt: das Innenverhältnis zwischen SG und S, zwischen Bürgen und Haupt-S. Hier liegt vielfach ein Auftrag (§ 662 BGB), ein entgeltlicher Geschäftsbesorgungsvertrag (§ 675 BGB), vielleicht aber auch eine Schenkung oder ein Gefälligkeitsverhältnis vor. Häufig ergibt sich aus dem Innenverhältnis bereits ein Anspruch auf Aufwendungsersatz für den Bürgen, z.B. aus § 670 BGB. Dieser Anspruch ist der Maßstab für den gesetzlichen Forderungsübergang. 329

Erläuterung des Bürgenregresses bei einem Auftrag im Innenverhältnis

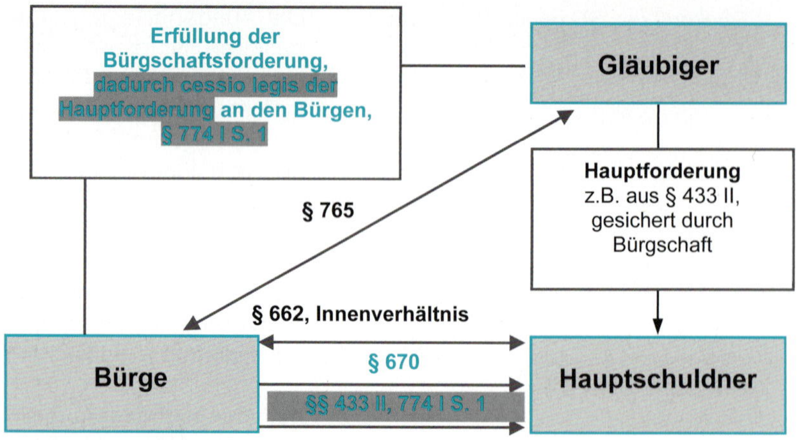

Bsp.: S und SG wollen gemeinsam ein Darlehen aufnehmen. Gegenüber der kreditgebenden Bank Gl tritt aber nur S als Darlehensnehmer auf, SG verbürgt sich für ihn. Beide verwenden das Darlehen gemeinsam. Als es später fällig wird, zahlt SG die ganze Summe aufgrund der Bürgschaftsverpflichtung zurück.

SG hat Gl hier zwar vollständig befriedigt, er erwirbt aber trotzdem nicht die gesamte Darlehensforderung, die Gl gegen S zustand. Das ergibt sich aus § 774 I S. 3 BGB, wonach sich das Innenverhältnis auf die Legalzession auswirkt.

Fraglich ist dabei, ob aus § 774 I S. 3 BGB dem S nur eine Einrede zusteht, der Bürge dürfe die vollständig auf ihn übergegangene Forderung nur im Umfang der Verpflichtung aus dem Innenverhältnis geltend machen, oder ob der Übergang den Rahmen des Innenverhältnisses schon nicht überschreitet.[357]

Mehr spricht für die zweite Lösung, da der Übergang einer Forderung, der aber stets eine Einrede entgegensteht, unnötig kompliziert erscheint. Der S hat vielmehr eine Einwendung, die er im Prozess nicht ausdrücklich erheben muss, sondern die von Amts wegen festgestellt wird. Der Bürge erwirbt die Hauptforderung immer nur im Rahmen des Innenverhältnisses. Die Formulierung des § 774 I S. 3 BGB bedeutet nur, dass der S die materielle Beweislast trägt: Lässt sich nicht nachweisen, dass der SG, wie im Beispiel, die Hälfte des Darlehens selbst tragen sollte, geht das zu Lasten des S.[358]

hemmer-Methode: Unterscheiden Sie auch bei den Regressansprüchen der Bürgschaft Innen- und Außenverhältnis. Zur Verdeutlichung: Ein Anspruch aus § 670 BGB entspricht dem Rückgriffsanspruch des Gesamtschuldners aus § 426 I BGB, der Anspruch aus § 774 I S. 1 BGB dem aus § 426 II BGB. In beiden Fällen ist das Innenverhältnis auch ausschlaggebend dafür, ob bzw. wie der Anspruch gegen den S auf den Ausgleichsberechtigten übergeht.
Hat sich z.B. SG für seine nichteheliche Lebensgefährtin S schenkungsweise[359] verbürgt, und wurde er daraus von Gl in Anspruch genommen, hat er bei der nichtehelichen Lebensgemeinschaft im Innenverhältnis keinen Regressanspruch. Dann kann der SG aber nach § 774 I S. 3 BGB auch keinen übergegangenen Anspruch des Gl gegen die S geltend machen. Ansonsten ist durch Auslegung festzulegen, ob ein derartiges Schenkungsversprechen vorliegt; das ist insbesondere dann der Fall, wenn auf den Rückgriff des § 774 I BGB verzichtet wurde. Ein derartiges Schenkungsversprechen bedarf zwar gem. § 518 II BGB der Form. Der Mangel der Form wird jedoch durch Bewirkung geheilt, und bewirkt ist die versprochene Leistung durch Begründung der Bürgenschuld gegenüber dem Gläubiger.

357 Palandt, § 774 BGB, Rn. 11.

358 Reinicke/Tiedtke, Kreditsicherung, S. 127 ff.

359 S. zur Problematik bei Schenkungen unter Ehegatten (unbenannte Zuwendungen) Hemmer/Wüst, Familienrecht, Rn. 227 ff.

II. Bedeutung des Forderungsübergangs

Abhängigkeit der Außenforderung von der Innenforderung

Die Außenforderung (der gesicherte Anspruch) ist demzufolge inhaltlich vollständig abhängig von der Innenforderung (dem Anspruch auf Aufwendungsersatz). Entweder hat der SG gegen den S im Rückgriff zwei gleich lautende Ansprüche oder er hat überhaupt keinen. Was soll dann eigentlich die Legalzession? 330

Der eigentliche Sinn des Forderungsübergangs liegt darin, dass der zahlende Bürge mit der gesicherten Forderung auch die parallel zur Bürgschaft bestehenden Sicherheiten erwirbt (vgl. §§ 412, 401 BGB bzw. die Spezialvorschriften der §§ 1153 I, 1250 I S. 1 BGB). Der Hauptschuldner ist häufig bereits zahlungsunfähig, wenn der Bürge in Anspruch genommen wird. Zahlungsansprüche nutzen dem SG gegenüber dem S nichts mehr, wenn er sein Geld wiedersehen will. Die cessio legis ist deshalb nur ein juristischer Kniff, um dem in Anspruch genommenen SG den Zugriff auf weitere Sicherungsmittel zu eröffnen.

hemmer-Methode: Lernen Sie nicht nur schematisch und in Meinungsstreitigkeiten, sondern gewinnen Sie mit der hemmer-Methode Verständnis für die grundlegenden Wertungen und Gesetzesmechanismen. So bekommen Sie auch unbekannte Fälle so weit in den Griff, dass Ihnen im Examen eine vertretbare Lösung gelingen wird.

***Bsp.:** S hat bei Gl einen Sattelschlepper gekauft. Für die Kaufpreisforderung hat sich SG verbürgt, zudem hat Gl das Fahrzeug nur unter Eigentumsvorbehalt übereignet. Als S in Konkurs geht, nimmt Gl den SG aus der Bürgschaft in Anspruch.* 331

Zahlt SG, so geht die Kaufpreisforderung (Gl gegen S aus § 433 II BGB) gemäß § 774 I S. 1 BGB auf ihn über.

Auf den gesetzlichen Forderungsübergang finden über § 412 BGB die meisten Vorschriften über die Abtretung Anwendung. Die Abtretung ist ein vertraglicher Forderungsübergang, die cessio legis ein gesetzlicher. Die Wirkungen sind im Wesentlichen die gleichen. Damit gehen mit der Forderung auch die akzessorischen Sicherheiten auf den zahlenden SG über: Hypotheken, Pfandrechte, weitere Bürgschaften. Das folgt aus § 401 BGB bzw. §§ 1153 I, 1250 I S. 1 BGB.

Für die nicht-akzessorischen Sicherheiten gilt § 401 BGB nicht. Das betrifft auch den Eigentumsvorbehalt, wie im Beispiel. Auch eine analoge Anwendung kommt nicht in Betracht.[360] In einem solchen Fall kann sich aber eine schuldrechtliche Verpflichtung des Gl aus dem Sicherungsverhältnis zu SG ergeben, diesem die parallel bestehenden nicht-akzessorischen Sicherheiten zu übertragen. Fehlt es an einer ausdrücklichen Regelung, so ist der Sicherungsvertrag i.d.R. dahingehend auszulegen, sofern nicht eine ausdrückliche Abrede mit dem dritten Sicherungsgeber entgegensteht.[361]

Im Beispielsfall bedeutet das: Gl hat kein schutzwürdiges Interesse, das Vorbehaltseigentum an dem Fahrzeug zu behalten, nachdem der Bürge gezahlt hat. Er ist diesem gegenüber daher verpflichtet, ihm die Kaufsache zu übereignen, §§ 931, 929 BGB.[362]

Wenn SG dann seinen Rückgriffsanspruch gegen S nicht realisieren kann, kann er zumindest das Vorbehaltseigentum an sich herausverlangen und verwerten.

360 Reinicke/Tiedtke, Kreditsicherung, S. 134 f. für den Rückgriff bei der Gesamtschuld.

361 Palandt, § 401 BGB, Rn. 5.

362 BGHZ 42, 53-59 = **juris**byhemmer.

III. Schutzwirkung des § 776 BGB

Schutzwirkung des § 776 BGB

In diesen Zusammenhang gehört auch § 776 BGB. Die Vorschrift schützt den Bürgen davor, an den Gl zahlen zu müssen, obwohl dieser den Rückgriff des Bürgen dadurch gefährdet hat, dass er eine parallele Sicherheit aufgegeben hat. 332

Bsp.: *Außer SG hat sich auch noch der Bürge B für die Kaufpreisschuld des S gegenüber Gl verbürgt. Als S nicht mehr zahlen kann, entlässt Gl den B aus der Bürgschaftsverpflichtung, weil er nur SG in Anspruch nehmen will.*

SG zahlt auch die volle Summe, stellt aber danach fest, dass B sich gegenüber seinem Rückgriffsanspruch darauf beruft, der Gl habe ihn aus seiner Bürgenschuld entlassen. SG will wissen, was er nun tun kann.

SG könnte gegen Gl einen teilweisen Rückzahlungsanspruch aus § 812 I S. 1 Alt. 1 BGB haben. Dann müsste SG einen Teil der Zahlung ohne Rechtsgrund geleistet haben.

Rechtsgrund der Zahlung war die Bürgschaftsverpflichtung des SG, § 765 I BGB. Es ist auch nicht anzunehmen, dass sich SG nur für eine Hälfte der Hauptverbindlichkeit, B für die andere verbürgt hat (Teilbürgschaft); SG und B sind Mitbürgen, sie haften dem Gl als Gesamtschuldner, § 769 BGB.

Die Verpflichtung des SG könnte aber gemäß § 776 BGB insoweit teilweise entfallen sein, als Gl den B aus seiner Verpflichtung entlassen hat und dadurch der Rückgriffsanspruch des SG beeinträchtigt wird. Der zahlende Bürge erwirbt zwar noch immer gemäß § 774 I BGB den Anspruch des Gl gegen den S, er erwirbt aber die akzessorischen Sicherungen, die der Gl vorher aufgegeben hat, nicht mehr über §§ 412, 401 BGB.

Vor diesem Rechtsverlust schützt ihn § 776 BGB, wonach die Bürgschaftsverpflichtung im Umfang der Rechtsaufgabe durch Gl erlischt. Hier hat Gl eindeutig sein Recht gegen einen Mitbürgen aufgegeben und so vorsätzlich den Rückgriffsanspruch des SG beeinträchtigt.

Inwieweit SG von seiner Bürgschaftsverpflichtung frei geworden ist, richtet sich nach § 774 BGB. Im Rückgriff haften die Bürgen untereinander nur nach § 426 BGB wie Gesamtschuldner (§ 774 II BGB). Das bedeutet, dass auf den zahlenden Mitbürgen gemäß §§ 774 I, 412, 401 BGB nur ein - im Zweifel nach Kopfteilen zu bestimmender - Teil des Anspruchs gegen den anderen Mitbürgen übergeht, den der Gl ursprünglich gehabt hat. Der Sinn dieser Regelung ist, dass der zuerst zahlende Bürge nicht allein deshalb vollen Ausgleich von dem anderen Bürgen verlangen können soll, weil er der Schnellste gewesen ist. Ein „Wettlauf der Sicherungsgeber" soll vermieden werden.

SG hätte also zur Hälfte gegen B einen Ausgleichsanspruch gehabt, wenn dieser nicht von Gl befreit worden wäre. Damit wird SG in Höhe der Hälfte seiner Verpflichtung gemäß § 776 BGB frei. Diese Summe hat er dem Gl nicht mehr aus der Bürgschaft geschuldet, er hat sie ohne Rechtsgrund geleistet. Daher kann SG sie nach den Vorschriften der ungerechtfertigten Bereicherung zurückverlangen.

„Aufgeben" i.S.d. § 776 BGB bedeutet nur vorsätzliches aktives Handeln. Ein fahrlässiges Verschlechtern, Vernichten oder Schlechtverwerten reicht nicht aus.[363] Eine Aufgabe liegt auch darin, dass der Gl die Sicherheit nun für eine andere als die durch den (ausgleichsberechtigten) Bürgen gesicherte Forderung verwendet.[364] Auch dann kann der Bürge die Sicherheit nicht mehr im Wege der Legalzession erwerben. 333

363 Palandt, § 776 BGB, Rn. 5.

364 BGH, WM 1960, 371 f.

Eine Aufgabe liegt auch dann vor, wenn eine Sicherheit übertragen und später zurückerworben wird. Denn maßgeblich für die Beurteilung, ob § 776 BGB einschlägig ist, ist der Zeitpunkt der Übertragung auf einen Dritten. Ob ein späterer Rückerwerb stattfindet oder nicht, kann in diesem Moment noch nicht beurteilt werden.[365]

§ 776 BGB ist abdingbar, und zwar auch formularmäßig. Der BGH hat darin keinen Verstoß gegen § 307 BGB gesehen.[366]

IV. Rückgriff bei besonderen Bürgschaftsformen

1. Mitbürgschaft und Teilbürgschaft

Die Mitbürgschaft ist, gerade wegen der Ansprüche der Bürgen im Regress gegeneinander, abzugrenzen von der Teilbürgschaft. 334

***Bsp.:** S schuldet Gl 1.000,- €. A übernimmt eine Bürgschaft für 500,- €; B verbürgt sich für 300,- € und C für 200,- €.*

Mitbürgschaft

Läge eine Mitbürgschaft vor, so wäre die gesamte Hauptverbindlichkeit bis zur Höhe von 200,- € durch drei Mitbürgen gesichert, bis zur Höhe von 300,- € durch zwei Mitbürgen und in Höhe von 500,- € durch einen alleinigen Bürgen. Wenn der Ausfall des Gl höher als 500,- € ist, steht er ungesichert da.

Angenommen, A würde nun von Gl auf Zahlung von 450,- € aus der Bürgschaft in Anspruch genommen. Wie könnte er gegen B und C Rückgriff nehmen?

Rückgriff unter Mitbürgen

Das Gesetz erklärt Mitbürgen zu Gesamtschuldnern (§ 769 BGB). Leistet ein Bürge auf seine Bürgenschuld, findet der Rückgriff bei den Mitbürgen in Form des Gesamtschuldnerausgleichs statt (§ 426 I, II BGB). Nach seinem Wortlaut wäre § 774 I BGB i.V.m. §§ 412, 401 BGB auch für diesen Fall anwendbar. Das hätte zur Folge, dass die Bürgschaftsforderungen gegen die anderen Mitbürgen mit der Hauptforderung auf den zuerst leistenden Bürgen übergehen würden, soweit dieser seine Bürgenschuld erfüllt hat. § 774 II BGB stellt klar, dass der Ausgleich unter Mitbürgen ausschließlich nach § 426 BGB zu erfolgen hat. § 774 I BGB leitet daher nur die Hauptforderung des Gl auf den leistenden Mitbürgen über. § 774 II BGB schränkt den Regressanspruch zwischen den Mitbürgen ein. Der Mitbürge, der den Gl befriedigt hat, erhält die Bürgschaftsforderungen nur insoweit, als er von den Mitbürgen nach §§ 769, 426 I BGB Ausgleich verlangen kann. Im Übrigen erlöschen sie.[367]

Grds. können Gesamtschuldner untereinander nur dann Rückgriff nehmen, wenn sie an den Gl mehr geleistet haben, als sie im Innenverhältnis zu tragen haben.[368] Bei Mitbürgen gilt das nicht. Ein Mitbürge kann bei teilweiser Befriedigung des Gl unabhängig von seiner internen absoluten Haftungsquote Ausgleich bei seinen Mitbürgen im Verhältnis der Haftungsquoten nehmen.[369] Die Mitbürgen können also gegen den Rückgriff des leistenden Bürgen nicht einwenden, er müsse im Innenverhältnis, bezogen auf die gesamte Hauptverbindlichkeit, sowieso so viel zahlen. Haben sich also mehrere Mitbürgen mit unterschiedlichen Höchstbeträgen verpflichtet, richten sich die Ausgleichsansprüche nach dem Verhältnis der Höchstbeträge zueinander (sog. „Quotenmodell“[370]; strittig).

365 BGH, **Life&Law 09/2013, 648 ff.**

366 BGH, NJW 1981, 748-749 = WM 1980, 1255-1257 = **juris**byhemmer; zweifelnd Reinicke/Tiedtke, Kreditsicherung, S. 87 f.

367 Daneben stellt § 426 I BGB eine eigene Anspruchsgrundlage dar. § 774 II BGB hat also eine doppelte Funktion. Er begrenzt den Übergang der anderen Sicherheit(en) und stellt eine eigene Anspruchsgrundlage in entsprechendem Umfang dar, BGH**, Life&Law 07/2012, 483 ff.**

368 Palandt, § 426 BGB, Rn. 6.

369 Palandt, § 774 BGB, Rn. 14.

370 Vgl. zuletzt BGH, NJW 1998, 894-896 = **juris**byhemmer.

Daraus ergibt sich: Von C könnte A $^1/_3$ der 200,- € verlangen, die die Mitbürgen zu dritt sichern, also 66,66 €. Diese Summe kann A auch von B verlangen, dazu noch die Hälfte der weiteren 100,- €, die A und B zu zweit absichern, also 66,66 € + 50,- € = 116,66 €. A selbst trägt dann den Rest von 66,66 € + 50 + 150,- € = 266,66 €.

Teilbürgschaft

Läge in obigem Beispiel statt einer Mitbürgschaft eine Teilbürgschaft vor, so können die Bürgschaftsverpflichtungen gestaffelt sein: z.B. könnte A für die ersten 500,- €, B für die nächsten 300,- € und C für die restlichen 200,- € der Gesamtsumme bürgen. Jeder Bürge sichert also einen anderen Teilbetrag der Hauptverbindlichkeit. § 769 BGB gilt nicht, weil sich die Bürgen nicht für die gleiche Verbindlichkeit verbürgt haben, sondern jeder für einen anderen Teil der Hauptschuld. Die Bürgen haften dem Gl nicht gesamtschuldnerisch. Gl hat für jeden Teilbetrag nur einen Bürgen, dafür ist aber die gesamte Forderung abgesichert.

kein Regress unter Teilbürgen

Zahlt A jetzt wieder 450,- €, so kann er weder von B noch von C Ausgleich verlangen. Die Sicherung der ersten 500,- € war allein seine Sache.

Abgrenzung Mit-/Teilbürgschaft

Wann Mit- und wann Teilbürgschaft vorliegt, ist durch Auslegung zu ermitteln, wenn die Bürgschaftsverträge nicht eindeutig formuliert sind.

Verbürgen sich mehrere SG gemeinschaftlich in einem Vertrag und ergibt die Summe ihrer Bürgschaftsverpflichtungen insgesamt den Betrag der Hauptverbindlichkeit, so deutet das auf eine Teilbürgschaft der einzelnen SG hin. Das Gleiche gilt, wenn eine Vielzahl kleiner Teilbeträge der Forderung verbürgt ist. Da ein Großteil der Hauptverbindlichkeit andernfalls ungesichert wäre, nimmt man hier Teilbürgschaft an.

Umgekehrt wird man eher Mitbürgschaft annehmen müssen, wenn sich die SG unabhängig voneinander und in Unkenntnis voneinander verpflichten oder wenn sich die einzelnen Bürgschaftssummen mit der Hauptverbindlichkeit decken oder der Höhe nach unbegrenzt sind.

In der Praxis erreichen die Gl häufig den Abschluss von Teilbürgschaften, indem sie formularmäßig Klauseln wie z.B. diese in die Bürgschaftsverträge aufnehmen: „Jede von mehreren Bürgschaften gilt neben den anderen und unabhängig von diesen, so dass die Entstehung von Gesamtbürgschaften ausgeschlossen ist."

hemmer-Methode: Übersehen Sie nicht den Wald vor lauter Bäumen! Natürlich kann jeder Bürge beim Hauptschuldner Regress nehmen, i.d.R. in voller Höhe dessen, was er an den Gl zahlen musste (§ 774 I BGB). Die Verweisung auf § 426 BGB in § 774 II BGB ist nur eine Modifikation des Anspruchs des Gl gegen diesen Mitbürgen, den der zahlende Mitbürge gemäß §§ 774 I, 412, 401 BGB im Wege der Legalzession erwirbt.

2. Rückgriff bei der Nachbürgschaft

Bsp.: *A will eine neue wirtschaftliche Existenz gründen, doch fehlt es ihm am nötigen Startkapital. Da er selbst nicht als Kreditnehmer auftreten möchte, überredet er seinen Schwiegervater S dazu, für ihn bei der Gl-Bank ein Darlehen aufzunehmen, das A später zurückzahlen will. Bei der Kreditaufnahme verbürgt sich A gegenüber der Gl für S, und B, die Ehefrau des A, übernimmt eine Nachbürgschaft für A. Als die Rückzahlung des Darlehens fällig wird, sind weder S noch A imstande, an Gl zu zahlen. Gl wendet sich daher an B, die auf ihr Erspartes zurückgreifen muss. B wendet sich schließlich an S, der unerwartet im Lotto gewonnen hat, und verlangt von ihm Aufwendungsersatz. Was ihr Mann, von dem sie inzwischen geschieden ist, für dubiose Geschäfte getrieben habe, gehe sie nichts an, sagt sie dem S. S könne ja versuchen, seinerseits bei A sein Geld einzufordern. S meint, B könne ihn mal gernhaben.* 335

Ob B von S Zahlung verlangen kann, hängt davon ab, ob sie mit der Zahlung an Gl einen Anspruch gegen S im Wege des gesetzlichen Rückgriffs des Bürgen erlangt hat.

Gemäß § 774 I S. 1 BGB erwirbt der zahlende Bürge die Forderung, für die er sich verbürgt hat. Der Nachbürge erwirbt also die Forderung des Gl gegen den Vorbürgen. Dieses Recht allein nützt dem Nachbürgen aber nichts. Daraus kann er nur verlangen, dass der Vorbürge den Inhaber der Hauptverbindlichkeit befriedigt, wenn der Hauptschuldner nicht zahlt.

Der Nachbürge erwirbt aber zugleich mit der Zahlung an Gl die Hauptverbindlichkeit des Gl gegen S. Teilweise wird das Ergebnis direkt mit § 774 I S. 1 BGB begründet, weil der Nachbürge zugleich mit seiner eigenen Schuld auch die des Vorbürgen und die des Hauptschuldners tilgen würde. Das stimmt aber nicht ganz: Der Bürge tilgt nie die Schuld des Hauptschuldners, sondern immer nur seine eigene. Würde er die Hauptschuld tilgen, so würde sie erlöschen und könnte nicht im Wege der Legalzession auf ihn übergehen. Der Erwerb der Hauptverbindlichkeit durch den zahlenden Nachbürgen lässt sich aber durch folgende Erwägung begründen: Die Schuld kann nicht erloschen sein, weil der Hauptschuldner S nicht gezahlt hat und B nicht als Dritte gemäß § 267 I BGB erfüllen wollte.

Sie kann dem Gl nicht mehr zustehen, weil dieser befriedigt ist, und sie kann auch dem A nicht zustehen, weil der nicht gezahlt hat. Es ist daher sachgerecht, dass die B, die ja schon die Forderung gegen den (Vor-) Bürgen gemäß § 774 I BGB erworben hat, auch die dadurch primär gesicherte Hauptforderung erwirbt.[371] So sind in der Person der Nachbürgin wieder gesicherte Forderung und akzessorische Bürgschaft vereint, sodass grds. ein Zahlungsanspruch gegen S bestehen würde.

Im Fall könnte sich jedoch etwas anderes daraus ergeben, dass im Innenverhältnis zwischen Hauptschuldner S und (Vor-)Bürge A letzterer verpflichtet war, den Gl zu befriedigen.

Problematisch ist, ob § 774 I S. 3 BGB analoge Anwendung zwischen dem Hauptschuldner und dem Nachbürgen findet. Folge wäre, dass der Hauptschuldner aus seinen Rechtsbeziehungen zum Vorbürgen Einwendungen gegenüber dem Nachbürgen herleiten könnte.

Dies wird teilweise zugelassen. Als Grund wird angegeben, dass es für den S keinen Unterschied machen dürfe, ob der Vor- oder der Nachbürge zahle. Wenn aber der Vorbürge A gezahlt hätte, hätte S aus dem Innenverhältnis zu diesem gegen den Übergang der Hauptverbindlichkeit eine Einwendung gehabt, die den Erwerb der Hauptverbindlichkeit verhindern würde, § 774 I S. 3 BGB. Auch sonst könnten analog des Rechtsgedankens des § 404 BGB Einwendungen auch dem neuen Forderungsinhaber, dem Nachbürgen, entgegengesetzt werden.[372] Außerdem habe der Nachbürge das Insolvenzrisiko des Vorbürgen zu tragen.

Diese Argumente überzeugen nicht. Der interne Ausgleich zwischen Schuldner und Vorbürgen darf in den Innenausgleich zwischen Schuldner und Nachbürgen nicht einwirken. Schuldner und Vorbürge könnten sonst nachträglich einen Vertrag zu Lasten eines Dritten schließen, wenn sich abzeichnet, dass der Nachbürge vom Gl in Anspruch genommen wird.[373] § 774 I S. 3 BGB soll nur gewährleisten, dass sich die Rechtsstellung des Schuldners gegenüber dem hauptverpflichteten Vorbürgen nicht verschlechtert durch die Legalzession des § 774 I S. 1 BGB; er soll aber nicht dazu führen, dass der Schuldner sich einem Dritten gegenüber besser stellt. Die Einwendungen gegen den Vorbürgen behält der Schuldner auch nicht aufgrund des Rechtsgedankens des § 404 BGB gegenüber dem Nachbürgen. Denn der Nachbürge erwirbt die Hauptverbindlichkeit aus dem Vermögen des Gl, nicht des Vorbürgen. Gegenüber dem Gl kann sich der S aber auch nicht auf Einwendungen aus dem Innenverhältnis zum Vorbürgen berufen.[374]

371 Reinicke/Tiedtke, Kreditsicherung, S. 132 f.

372 OLG Hamm, MDR 1961, 503.

373 Dörner, MDR 1976, 708.

374 OLG Köln, MDR 1975, 932; Palandt, Einf. v. § 765 BGB, Rn. 9.

S kann also der Hauptverbindlichkeit, die B durch Zahlung an Gl gemäß § 774 I S. 1 BGB analog erworben hat, keine Einwendungen aus seinem Verhältnis zu A entgegensetzen. Dazu wäre eine Vereinbarung zwischen Schuldner und Nachbürgen erforderlich.

hemmer-Methode: Es handelt sich hier um ein sehr spezielles und komplexes Beispiel, das Sie nicht auswendig wissen bzw. lernen müssen. Es sollte Ihnen vielmehr zeigen, welche Probleme sich bei der Beteiligung mehrerer Personen ergeben können und wie man diese mit Hilfe des Gesetzes und Bewertung der Interessenlage einer vernünftigen Lösung zuführen kann.

3. Rückgriff bei der Rückbürgschaft

Der Rückbürge sichert die Rückgriffsforderung des Hauptbürgen gegen den Haupt-S. Er kann also erst dann in Anspruch genommen werden, wenn der Hauptbürge den Gl des Haupt-S befriedigt hat. 336

Befriedigt der Rückbürge nun den Hauptbürgen, so erwirbt er über § 774 I BGB dessen Innenforderung gegen den Hauptschuldner aus z.B. § 670 BGB. Außerdem hat er aus seinem Innenverhältnis zum Hauptschuldner einen Rückgriffsanspruch. Umstritten ist, was mit der Hauptforderung geschieht. Hier wird teilweise angenommen, dass diese durch cessio legis gemäß §§ 774 I, 412, 401 BGB auf den Rückbürgen übergeht.[375] Richtiger ist es wohl, hierfür eine gesonderte Abtretung des Hauptbürgen an den Rückbürgen zu verlangen, da sich dessen Bürgschaft nicht auf die Hauptforderung bezieht.[376]

B) Die Hypothek

bei Hypothek § 1143 BGB

Die Rückgriffsnorm für die Hypothek ist § 1143 BGB. 337

I. Legalzession des § 1143 BGB

Legalzession

Wenn der SG, der Eigentümer des mit einer Hypothek belasteten Grundstückes, vom Hypothekengläubiger gemäß § 1147 BGB auf Duldung der Zwangsvollstreckung in Anspruch genommen wird, darf er diese durch Zahlung an den Gl abwenden, § 1142 BGB. Der Eigentümer/SG muss sein Grundstück nicht in der Zwangsvollstreckung opfern, wenn er den Gl befriedigt. 338

Übergang der Forderung

Die Folge der Befriedigung des Gl durch den SG ist der Übergang der gesicherten Forderung vom Gl auf den SG durch die Legalzession des § 1143 BGB. Der SG „kauft" sozusagen die hypothekarisch gesicherte Forderung. Mit der Forderung gegen den S erlangt SG auch die sichernde Hypothek an seinem eigenen Grundstück, eine Eigentümerhypothek, §§ 1143, 1153 I bzw. 412, 401 BGB.[377] Weil dem SG auch noch die gesicherte Forderung zusteht, verwandelt sich die Hypothek nicht in eine Eigentümergrundschuld (§ 1177 I BGB). Die Hypothek wird stattdessen zur Eigentümerhypothek. Allerdings bestimmen sich die Rechte aus der Hypothek nach den für die Eigentümergrundschuld geltenden Vorschriften (§ 1177 II BGB). Aber wenn der SG das mit der Eigentümerhypothek belastete Grundstück veräußert, wandelt sich die Hypothek in ein Fremd-Grundpfandrecht um: Der SG behält die Forderung und das Verwertungsrecht an dem Grundstück.

375 Reinicke/Tiedtke, Kreditsicherung, S. 134.

376 Palandt, Einf. v. § 765 BGB, Rn. 10.

377 Die §§ 412, 401 BGB haben bei der Hypothek keine eigenständige Bedeutung, weil § 1153 I BGB auch für den Fall des gesetzlichen Forderungsübergangs gilt, vgl. Palandt, § 1153, Rn. 1. Im Unterschied zum Pfandrecht (dort Umkehrschluss aus § 1250 II BGB), kann auch der Hypothekenübergang nicht ausgeschlossen werden. § 1153 I BGB ist zwingendes Recht.

II. Verweisung auf § 774 I BGB

Verweis auf § 774 BGB

§ 1143 I S. 2 BGB verweist auf die für den Bürgen geltende Vorschrift des § 774 I BGB. Das bedeutet, dass der Umfang der Legalzession sich nach dem Innenverhältnis zwischen SG und S richtet. Im Prinzip gilt hier das zur Bürgschaft Gesagte. *339*

Bsp.: *S schuldet Gl 100.000,- €, die durch eine Hypothek an seinem Grundstück gesichert sind. S verkauft dieses Grundstück an SG und vereinbart mit diesem, dass SG in Anrechnung auf den Kaufpreis die Schulden des S bei Gl übernehmen soll. Gl, der davon benachrichtigt worden ist, will von dieser „Schieberei" nichts wissen.*

Die hier zwischen S und Übernehmer SG vereinbarte Schuldübernahme (§ 415 I BGB) ist gescheitert, weil der Gl seine Genehmigung dazu nicht erteilt hat. In diesem Falle gilt, dass im Zweifel der Übernehmer dem S gegenüber verpflichtet ist, den Gl zu befriedigen, § 415 III BGB. Zwischen ihnen kommt also eine Erfüllungsübernahme (vgl. § 329 BGB) zu Stande. S kann von SG Zahlung an Gl verlangen, ohne gegenüber Gl frei geworden zu sein. Gl kann aber regelmäßig nur seinen ursprünglichen Schuldner S in Anspruch nehmen.

Wenn S trotz der Erfüllungsübernahme des SG seine Schulden bei Gl begleicht, erwirbt er gemäß § 1164 BGB die Hypothek, die seinen Ausgleichsanspruch gegen SG sichert.

Zahlt aber nun SG im Hinblick auf seine Abmachung mit S an Gl, so erwirbt er gemäß § 1143 I BGB den Zahlungsanspruch, den Gl gegen S gehabt hat, nicht. Im Innenverhältnis zwischen SG und S war er letztendlich dazu verpflichtet, die Zahlung zu erbringen. Regress sollte er bei S nicht nehmen dürfen, weil diese Zahlung Teil einer Kaufpreisleistung für das Grundstück sein sollte. Das Innenverhältnis wirkt sich über §§ 1143 I S. 2, 774 I S. 3 BGB auf die Legalzession aus.

Auch der Eigentümer eines mit einer Hypothek belasteten Grundstücks erwirbt die gesicherte Forderung also nur im Rahmen des Innenverhältnisses. Im Unterschied zur Bürgschaft erwirbt der SG hier auch das von ihm selbst bestellte Sicherungsmittel als Eigentümerhypothek. *340*

hemmer-Methode: Wenn Sie die Problematik bei der Bürgschaft oben verstanden haben, bereitet Ihnen die Hypothek insoweit auch keine Schwierigkeiten. Machen Sie sich auch das Verhältnis des § 1143 BGB zu § 1164 BGB klar: In beiden Fällen soll der im Innenverhältnis nicht Verpflichtete eine gesicherte Regressmöglichkeit haben. Bei § 1143 BGB geschieht dies durch eine cessio legis, bei § 1164 BGB durch einen gesetzlichen Forderungsaustausch.

III. Ablösungsberechtigung nach § 1150 BGB

Grds. steht dem Eigentümer, der nicht Schuldner ist, die Möglichkeit offen, die Zwangsvollstreckung durch Befriedigung des Gl abzuwenden (§ 1142 BGB) und dann beim S Rückgriff zu nehmen (§ 1143 BGB). § 1150 BGB erweitert mit seiner Verweisung auf § 268 BGB die Rückgriffsmöglichkeiten für Personen, denen durch die Zwangsversteigerung ein Rechtsverlust droht. *341*

Bsp.[378]***:*** *S hat bei G ein Darlehen aufgenommen. Zur Sicherung hat S sein Grundstück mit einer Briefhypothek belastet. S verkauft das Grundstück an D, zu dessen Gunsten eine Auflassungsvormerkung in das Grundbuch eingetragen wird. Wenn G nun die Zwangsversteigerung betreibt, fällt das nachrangige Recht des D nicht in das geringste Gebot (§ 44 I ZVG).*

378 Vgl. BGH, NJW 1994, 1475 = jurisbyhemmer.

Es droht dem D daher ein Rechtsverlust, vgl. § 52 I S. 1 ZVG. Die Auflassungsvormerkung ist zwar kein dingliches Recht, aber sie verleiht dem durch sie geschützten Anspruch auf Übertragung des Eigentums im beträchtlichen Umfang dingliche Wirkung, vgl. § 888 BGB.

D kann daher von G die Herausgabe des Hypothekenbriefs Zug um Zug gegen Zahlung der Schuldsumme verlangen (§§ 1150, 268 I, 1144 BGB).

Die Darlehensforderung geht nach Ausübung des Ablösungsrechts gemäß §§ 1150, 268 III BGB auf den Ablösungsberechtigten über. Für die Hypothek selbst gilt das Gleiche aufgrund der §§ 1150, 268 III, 1153 I BGB.

Nach Zahlung der Schuldsumme geht die Darlehensforderung des G gegen S auf D über, §§ 1150, 268 III BGB. Hat der Ablösungsberechtigte D den Kaufpreis für das Grundstück noch nicht bezahlt, so hat er nun die Möglichkeit, mit der Darlehensforderung aufzurechnen.

Besteht kein Ablösungsrecht, gelten die §§ 1150, 268 BGB nicht.

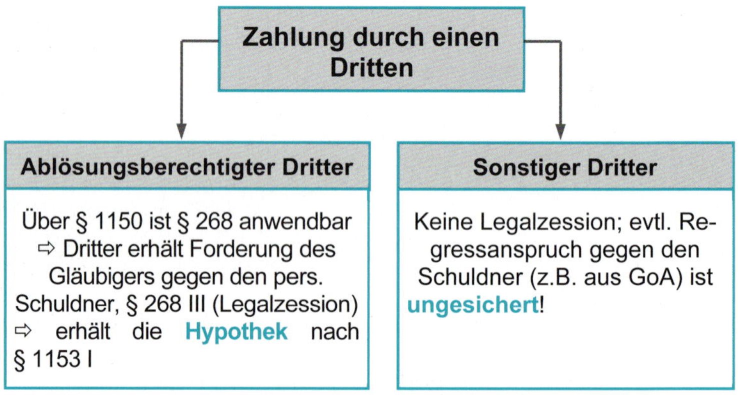

IV. Ausgleich bei der Gesamthypothek

In der Regel wird für eine Forderung eine Hypothek an einem Grund- 342
stück bestellt. Infolge des engen Zusammenhangs zwischen Forderung und Hypothek ist es nicht möglich, für eine Forderung mehrere Hypotheken zu bestellen.[379] Für eine Forderung kann aber eine Hypothek an mehreren Grundstücken bestellt werden, eine sog. Gesamthypothek (§ 1132 BGB). Der SN hat dann freie Wahl, in welches Grundstück er vollstrecken lässt. Jedes Grundstück haftet in voller Höhe, § 1132 BGB.

Ist die Gesamthypothek an den Grundstücken verschiedener Eigentümer bestellt und befriedigt ein Eigentümer den Gl, stellt sich die Frage nach Ausgleichsansprüchen gegen die anderen Eigentümer.

Die Gesamthypothek ist grds. regresslos. § 1143 I S. 2 BGB verweist ausdrücklich nur auf § 774 I BGB. Der Übergang der Nebenrechte wird durch § 1173 I S. 1 BGB ausgeschlossen. Danach erwirbt der leistende Eigentümer die Hypothek nur an seinem Grundstück. Diese wird Eigentümerhypothek (§ 1177 II BGB). Die Hypotheken an den fremden Grundstücken erlöschen.[380]

Ein Regress analog § 426 BGB kommt bei der Gesamthypothek nicht in Betracht. Die Eigentümer müssen untereinander einen Regress ausdrücklich vereinbaren.

379 Palandt, § 1113 BGB, Rn. 10 f.

380 Medicus, Bürgerliches Recht, Rn. 912.

Das folgt aus § 1173 II BGB. Dieser lässt die Hypothek am fremden Grundstück nur dann übergehen, wenn der leistende Eigentümer Ersatz verlangen kann. Er setzt damit das Bestehen eines Ersatzanspruches voraus, begründet ihn aber nicht. Ein Rückgriff ist also nur nach Individualvereinbarung möglich.

C) Das Pfandrecht

Der Rückgriff erfolgt beim Pfandrecht über § 1225 BGB.

I. Pfandrechtsübergang gem. § 1250 BGB

bei Pfandrecht § 1225 BGB

§ 1225 BGB ist die Parallelvorschrift zu §§ 1143, 774 BGB. Der Verpfänder muss die Verwertung des Pfandes nicht dulden, ihm steht ein Einlösungsrecht nach § 1223 II BGB zu. Ist der Verpfänder nicht der persönliche Schuldner, erwirbt er durch Legalzession die Forderung des Pfandgläubigers gegen diesen. Mit der Forderung geht das Pfandrecht nach §§ 1250 I S. 1 bzw. 412, 401 BGB[381] auf den Verpfänder über. 343

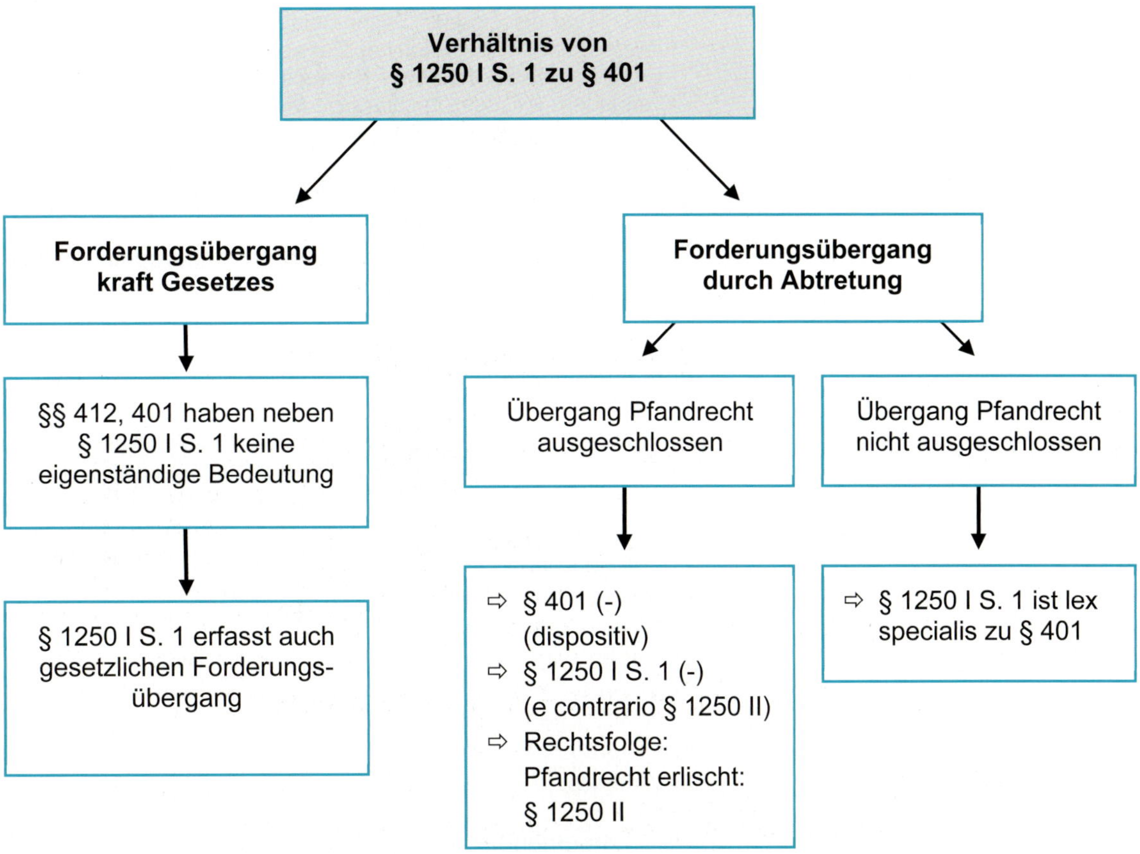

War der Verpfänder Eigentümer der Pfandsache, erlischt das Pfandrecht, § 1256 I BGB. § 1225 BGB verweist in Satz 2 auf § 774 BGB. I.R.d. Rückgriffs gelten also die gleichen Regeln, die bereits oben bei Bürgschaft und Hypothek dargestellt worden sind. Der Verpfänder erwirbt die Forderung nur in der Höhe, wie ihm im Innenverhältnis ein Ausgleichsanspruch gegen den persönlichen Schuldner zustehen würde.

381 Die Vorschriften der §§ 412, 401 BGB haben für diesen Fall keine eigenständige Bedeutung. Relevant wird das Verhältnis von § 1250 zu § 401 erst bei der rechtsgeschäftlichen Übertragung der gesicherten Forderung. § 401 BGB ist abdingbar, BGH, NJW 1991, 3025-3027 = **juris**byhemmer. Dies schlägt sodann auf die Regelung des § 1250 I S. 1 BGB durch. Rechtsfolge für das Pfandrecht ist dessen Erlöschen, vgl. § 1250 II BGB.

II. Ablösungsrecht gemäß § 1249 BGB

Einlösungs-/Ablösungsrecht

Ein Ablösungsrecht zur Abwendung der Pfandveräußerung durch den Pfandgläubiger steht den Personen zu, die durch die Veräußerung einen Rechtsverlust erleiden würden. § 1249 BGB entspricht § 1150 BGB bei der Hypothek. Wichtigster Anwendungsfall ist, dass Verpfänder und Eigentümer der Pfandsache nicht identisch sind. 344

Bsp.: *SG hat bei E einen Goldring gekauft. Er verpfändet diesen Ring später bei Gl für ein Darlehen. Dann ficht E gegenüber SG den Kaufvertrag und die Übereignung an.*

Weil die Anfechtung rückwirkend (§ 142 I BGB) die Übereignung unwirksam gemacht hat, hat SG bei der Verpfändung des Ringes als Nichtberechtigter gehandelt. Gl hat aber gemäß §§ 1207, 932 BGB gutgläubig das Pfandrecht erworben. Er kann das Verwertungsrecht an dem Ring gemäß §§ 1228 I, 1233 f. BGB ausüben. E liefe Gefahr, über § 1242 I BGB sein Eigentum zu verlieren. Deshalb gibt ihm § 1249 BGB das Recht, das Pfand gegen Befriedigung des Gl auszulösen.

Die gesicherte Forderung des Gl gegen den persönlichen S (im Beispiel mit SG identisch) geht gemäß §§ 1249 S. 2, 268 III BGB auf den zahlenden E über. S hat dem E (natürlich in vollem Umfang) Ausgleich zu leisten.

Auch das Pfandrecht kann gemäß § 1256 II BGB (als Ausnahme von Abs. 1) an der eigenen Sache bestehen bleiben, wenn E ein rechtliches Interesse am Fortbestand hat. Das kann beispielsweise der Fall sein, wenn E die Forderung mit dem Pfandrecht weiterübertragen will oder wenn er verhindern will, dass nachrangige Pfandrechte aufrücken.

III. Ausgleich unter mehreren Verpfändern

Für eine Forderung können mehrere Pfandrechte bestellt werden. Nach § 1222 BGB haftet jede Pfandsache für die ganze Forderung. Wenn die Eigentümer der Sachen verschiedene Personen und nicht Schuldner der gesicherten Forderung sind, stellt sich die Frage nach dem Innenausgleich bei Zahlung durch einen Eigentümer. 344a

Verweisung auf § 774 BGB

Aus § 1225 BGB lässt sich eine Antwort nicht direkt ableiten. § 1225 BGB verweist aber auch auf § 774 II BGB, also auf den Ausgleich unter Mitbürgen. Das drängt die Schlussfolgerung auf, dass die Verpfänder sich wie Mitbürgen als Gesamtschuldner auszugleichen haben. Für diese Lösung spricht der Vergleich mit § 1143 I S. 2 BGB bei der Hypothek, der nur auf § 774 I BGB verweist.

Dagegen wird eingewandt, dass § 774 II BGB keine Gesamtschuld begründe, sondern sie voraussetze. Die Gesamtschuldanordnung bei den Mitbürgen treffe § 769 BGB. Eine solche Vorschrift existiere für das Pfandrecht nicht. Das Pfandrecht sei daher von Gesetzes wegen regresslos.[382]

Diese Argumentation kann aber nicht überzeugen, sie führt letztendlich zu ihr selbst widersprechenden Ergebnissen. Denn wendet man § 774 II BGB nicht auf das Pfandrecht an, beschränkt er auch nicht § 774 I BGB. Damit geht nach §§ 1225 S. 1, 1250 I S. 1 bzw. 412, 401 BGB auch das Pfandrecht an den Sachen der anderen Eigentümer auf den leistenden Verpfänder über, sodass er sogar zu 100 % Regress nehmen könnte. Um unbillige Ergebnisse zu vermeiden, ist deshalb § 426 BGB anzuwenden. 344b

382 Vgl. Nachweise bei Reinicke/Tiedtke, Kreditsicherung, S. 350.

Befriedigt also ein Verpfänder den Pfandgläubiger, so erwirbt er, soweit keine abweichende Vereinbarung vorliegt, nach §§ 1225, 774 II, 426 BGB einen durch Pfandrecht gesicherten anteiligen Ausgleichsanspruch.[383]

Die Quote im Innenverhältnis ist strittig. Man wird den Ausgleichsanspruch eines Verpfänders gegen den anderen aber auf den Wert der Pfandsache des ausgleichspflichtigen Verpfänders beschränken müssen. Denn weiter als dem Gl will der Ausgleichspflichtige einem Mit-SG sicher nicht haften; er hat sein Risiko von vornherein auf den Wert der Pfandsache beschränkt.[384] *345*

IV. Ausgleich bei Aufeinandertreffen mit anderen Sicherheiten[385]

Eine Forderung kann natürlich auch mit verschiedenen Sicherungsmitteln gesichert werden. Bei Leistung durch einen SG stellt sich wieder die Frage nach dem Ausgleich. Eine gesetzliche Regelung dazu fehlt. *346*

1. Wettlauf der Sicherungsgeber?

Problem des § 401 BGB

Nach dem Wortlaut des Gesetzes scheint sich eine Lösung zu ergeben. Ist eine Forderung z.B. durch eine Hypothek und ein Pfandrecht gesichert, müsste der zuerst Zahlende eigentlich mit der Legalzession nach § 1143 BGB oder § 1225 BGB zugleich das zweite Sicherungsmittel gem. § 1153 I bzw. § 1250 I S. 1 BGB erwerben, sodass er vollständig beim anderen SG Regress nehmen könnte. Es scheint derjenige SG am besten zu stehen, der am schnellsten zahlt. Der letzte SG dagegen kann nur noch ungesichert beim Hauptschuldner Regress nehmen. Weil jeder SG diese Situation vermeiden möchte, würde es zu einem Wettlauf der Sicherungsgeber kommen. Dieses Ergebnis kann nicht richtig sein. *347*

2. Lösung über den Gesamtschuldnerausgleich

h.M.: Gesamtschuldnerausgleich

Eine Lösung des Problems muss sich aus dem gesetzlichen Leitbild des Mitbürgenausgleichs ergeben. Nach § 774 I BGB wird durch das Innenverhältnis vorgegeben, in welchem Umfang die Hauptforderung auf den leistenden SG übergeht. *348*

Diese Regelung lässt sich auch auf die die Hauptforderung sichernden Rechte anwenden. Maßgeblich für den Rückgriff der SG untereinander muss also ihr Innenverhältnis sein. Der Ausgleichsanspruch analog § 426 BGB richtet sich dann nach der internen Haftungsquote. Sofern die Beteiligten keine besonderen Vereinbarungen getroffen haben, ist davon auszugehen, dass die Sicherheiten in gleichem Maße für die gesicherte Forderung haften sollen. Dies gilt grds. für alle Sicherungsmittel untereinander.[386]

383 Palandt, § 1225 BGB, Rn. 4.

384 Finger, BB 1974, 1416.

385 Vgl. dazu Hemmer/Wüst, Rückgriffsansprüche, Rn. 519 ff.

386 Palandt, § 426 BGB, Rn. 2.

3. Privilegierung des Bürgen?

Zusammentreffen von Bürgschaft u. Pfandrecht str.

Trifft eine Bürgschaft auf eine Realsicherheit, so vertreten einige die Auffassung, der Bürge erwerbe zwar bei Befriedigung des Gl die Sicherheit über §§ 774 I, 1153 I bzw. 1250 I S. 1 BGB (bei den nichtakzessorischen Sicherheiten über einen schuldrechtlichen Übertragungsanspruch aus dem Sicherungsvertrag) in voller Höhe; umgekehrt erwerbe der zahlende SG gegen den Bürgen aber überhaupt keinen Ausgleichsanspruch. Die Begründung wird aus § 776 BGB hergeleitet: 349

Der Bürge sei schon formal besser gestellt als andere SG, weil er bei Aufgabe anderer Sicherheiten durch den Gl insoweit frei werde. Das rechtfertige sich daraus, dass der Bürge sein Haftungsrisiko nicht nur auf eine Sache beschränke, sondern mit seinem gesamten Vermögen hafte, der Verpfänder jedoch nicht mehr als die Pfandsache verlieren könne.[387]

h.M.:
Regeln der Mitbürgschaft gelten auch hier

Nach h.M. gelten auch hier die Regeln über die Mitbürgschaft (§§ 1225, 774 II, 426 BGB).[388] Jeder zahlende SG erhält demnach einen kopfteiligen Ausgleichsanspruch gegen den nicht zahlenden. Dieser Auffassung hat sich mittlerweile auch der BGH angeschlossen.[389] Sie steht zum einen mit der gesetzlichen Regressregelung in Einklang. Zum anderen überzeugt der Hinweis der Gegenmeinung auf § 776 BGB nicht. Dadurch soll wohl nur ein treuwidriges Verhalten des Gl sanktioniert werden, nicht aber das Verhältnis zwischen den verschiedenen SG geregelt werden. 350

§ 776 BGB hat also einen ganz anderen Regelungsgehalt, der nicht dazu geeignet ist, Schlüsse für die Risikoverteilung im Regress zuzulassen.[390]

Zu einem anderen Ergebnis darf man auch bei der nicht-akzessorischen Grundschuld nicht kommen. Auch hier gilt § 426 BGB entsprechend.[391]

Grundsätzlich besteht ein Wahlrecht des Gläubigers, welche Sicherheit er in Anspruch nehmen will. An eine bestimmte Reihenfolge ist der Gläubiger nicht gebunden. Sämtliche Sicherungsgeber stehen nach h.M. auf gleicher Stufe, es sei denn, es wurde eine besondere Vereinbarung zwischen ihnen oder einem von ihnen und dem Sicherungsnehmer getroffen.[392] 351

D) Der Schuldbeitritt

Schuldbeitritt

Im Verhältnis zu Gl sind S und SG hier i.d.R. völlig gleich verpflichtete Schuldner. Jeder schuldet als Gesamtschuldner die Zahlung der gesamten Schuld als eigene Verbindlichkeit. Dass letztlich ein S die gesamte Schuld tilgen soll, kann nicht gegenüber Gl geltend gemacht werden, sondern wirkt sich erst im Regress aus, nachdem S oder SG gezahlt haben.[393] 352

387 Reinicke/Tiedtke, Kreditsicherung, S. 458 ff.

388 Medicus, Bürgerliches Recht, Rn. 941; Paulus, JuS 1995, 185, (190).

389 BGH, NJW 1992, 3228-3229 = **juris**byhemmer.

390 Dazu ausführlich Hemmer/Wüst, Rückgriffsansprüche, Rn. 560 - 576.

391 Palandt, § 774 BGB, Rn. 13.

392 Palandt, § 774 BGB, Rn. 13.

393 Zum Gesamtschuldnerausgleich ausführlich Hemmer/Wüst, Rückgriffsansprüche, Rn. 178 ff.

I. Regressnorm des § 426 BGB

Regress über § 426 BGB

Die Regressnorm bei der Gesamtschuld ist § 426 BGB. Die beiden Absätze des § 426 BGB stellen zwei verschiedene Anspruchsgrundlagen dar, die voneinander zu unterscheiden sind. 353

Abs. 1
⇨ Innenforderung zwischen S und SG

§ 426 I BGB regelt die Innenforderung zwischen S und SG. Sie entsteht bereits mit dem Gesamtschuldverhältnis, nicht erst mit der Befriedigung des Gl. Der SG hat gegen den S, der den Kredit letztlich allein zurückzahlen soll, zunächst einen Anspruch auf Freistellung von der Inanspruchnahme durch den Gl. Ist SG aber doch gezwungen, an Gl zu leisten, so wandelt sich der Freistellungsanspruch um. 354

Diese Regelung ist eine „andere Bestimmung“ i.S.d. § 426 I S. 1 BGB. Der Regelfall, dass die Gesamtschuldner einander zu gleichen Teilen verpflichtet sind, ist hier dadurch ersetzt, dass S alleinverpflichtet sein soll und SG demnach vollen Ausgleich verlangen kann, wenn er den Gl des Anspruchs aus dem der Gesamtschuld zu Grunde liegenden Rechtsgeschäft befriedigt.[394]

Andere lassen diesen speziellen Anspruch dem aus § 426 I BGB als „andere Bestimmung“ vorgehen. Inhaltlich ist § 426 I BGB jedenfalls identisch mit der „anderen Bestimmung“.

Beim Schuldbeitritt hat (i.d.R.) nur der SG gegen S einen Freistellungs- bzw. Ausgleichsanspruch in voller Höhe, nicht aber der S gegen den SG.

cessio legis in Abs. 2

§ 426 II BGB ist die Legalzession des Anspruchs des Gl gegen S, der Außenforderung. Zahlt der SG, so erwirbt er also nicht nur den Aufwendungsersatzanspruch (§ 426 I BGB bzw. § 670 BGB) aus dem Innenverhältnis, sondern parallel dazu die Außenforderung. 355

Der Umfang der cessio legis richtet sich aber auch hier nach dem Umfang der Ausgleichspflicht des S, also danach, ob der zahlende Gesamtschuldner „von den übrigen Schuldnern Ausgleichung verlangen kann“ (Gesetzestext).

ohne Innen- keine Außenforderung

Ohne Innenforderung geht auch die Außenforderung nicht über, sie ist vom Umfang wie vom Inhalt völlig von dem Innenverhältnis abhängig, das zwischen S und SG besteht; beide Ansprüche sind gleich lautend.

Diese Konstellation entspricht der bei der Bürgschaft begegnet. Sie dient auch hier dem gleichen Zweck: Mit der Außenforderung sollen parallel bestehende Sicherheiten auf den ausgleichsberechtigten Gesamtschuldner übergehen, §§ 426 II, 412, 401 BGB.[395]

II. Schuldbeitritt und Bürgschaft

Aufeinandertreffen von Schuldbeitritt und Bürgschaft

Bsp.: *S erhält von der Bank Gl ein Darlehen. Dieses ist durch eine Bürgschaft des B gesichert. Später ist auf Wunsch der Bank auch noch GS der Schuld beigetreten. Als das Darlehen notleidend wird, wird B von Gl in Anspruch genommen.* 356

Ausgleichsanspruch des B gegen GS?

394 Palandt, § 426 BGB, Rn. 1.

395 Reinicke/Tiedtke, Kreditsicherung, S. 21 f.

B könnte durch die Zahlung an Gl einen Anspruch gegen GS nach §§ 774 I, 488 BGB erworben haben. Dann müsste GS Hauptschuldner i.S.d. § 774 I BGB sein, B müsste sich also auch für die Schuld des GS verbürgt haben. Hier ist GS erst später der Schuld beigetreten, sodass bei B gar kein Wille vorliegen konnte, sich auch für GS zu verbürgen. Eine Legalzession nach § 774 I BGB kommt hier also nicht in Betracht.

Forderungsübergang nach §§ 774 I, 488, 412, 401 BGB?

Die Forderung der Gl gegen S ist gemäß § 774 I BGB auf B übergegangen. Die Forderung Gl/GS aus §§ 488, 421, 427 BGB könnte wegen §§ 412, 401 BGB als Nebenrecht mit übergegangen sein. Dafür müsste die Gesamtschuldforderung aus dem Schuldbeitritt ein Nebenrecht i.S.d. § 401 BGB sein.

Schuldbeitritt Nebenrecht i.S.d. § 401 BGB?

Nach dem BGH hängt dies davon ab, ob der Gesamtschuldner, für den sich der Bürge verpflichtet hat, im Innenverhältnis zu dem anderen Gesamtschuldner ausgleichspflichtig ist. Ist dies der Fall, kann sich der Bürge nur an den Gesamtschuldner halten, für den er sich verbürgt hat. Ist der Gesamtschuldner, für den sich der Bürge verbürgt hat, jedoch in vollem Umfang ausgleichsberechtigt, so erwirbt der Bürge mit der Befriedigung des Gl neben der Forderung gegen den Hauptschuldner auch die Forderung gegen den anderen Gesamtschuldner.[396] Die Begründung dafür: Hätte der Hauptschuldner selbst gezahlt, wäre es auch für ihn wegen § 426 I BGB darauf angekommen, dass er ausgleichsberechtigt ist. Nur dann hätte er die Forderung gegen den anderen Gesamtschuldner vom Gl nach § 426 II BGB erworben.

Da im Fall S gegenüber GS ausgleichspflichtig ist, hat B auch nicht die Forderung gegen GS erworben. Ein Rückgriff wäre demnach nicht möglich.

Diese Rspr. wird bzgl. des Schuldbeitritts kritisiert.[397] Der Beitretende ist meist im Innenverhältnis ausgleichsberechtigt. Wendet man daher die von der Rspr. zur Gesamtschuld entwickelten Grundsätze auch auf den Schuldbeitritt an, so führt dies zu einer Benachteiligung der Bürgschaft. Zahlt der Bürge an den Gl, erwirbt er nur die Forderung gegen den Hauptschuldner, die Forderung gegen den Beitretenden aber erlischt. Zahlt hingegen der Beitretende, würde die Forderung des Gl gegen den Hauptschuldner nach § 426 II BGB übergehen. Gleichzeitig würde nach §§ 412, 401 BGB die Bürgschaft als Sicherungsmittel mit übergehen.

§§ 774 II, 426 I BGB analog auf Schuldbeitritt

Um diese Wertungswidersprüche zu vermeiden, ist zwischen Bürgen und Schuldbeitretendem §§ 774 II, 426 I BGB analog anzuwenden. Der Schuldbeitretende wird also wie ein Mitbürge behandelt. Im Zweifel ist hälftiger Ausgleich anzunehmen.

B hat also gemäß §§ 774 II, 426 I BGB einen hälftigen Ausgleichsanspruch gegen GS.

E) Die Sicherungsgrundschuld[398]

Sicherungsgrundschuld

Der Rückgriff bei der Sicherungsgrundschuld hängt davon ab, wie sich eine Zahlung des SG, der nicht zugleich persönlicher Schuldner ist, an den Gl auswirkt. 357

Rechtsfolgen bzgl. GS

Bezüglich des Grundpfandrechtes erwirbt der SG entweder einen schuldrechtlichen Rückübertragungsanspruch, wenn er auf die Forderung zahlt, oder die Grundschuld selbst, wenn er auf sie zahlt. 358

bzgl. Forderung strittig

Was mit der Forderung geschieht, wenn der SG zahlt, ist strittig.

396 Siehe BGH, NJW 1966, 1912 f.

397 Medicus, Bürgerliches Recht, Rn. 942.

398 Lesen Sie zur Vertiefung des Falls des BGH **Life&Law 05/2007, 310 ff.**

h.M.:
kein Erlöschen, Willen des Leistenden maßgeblich

Nach h.M. erlischt die gesicherte Forderung nicht, denn der Eigentümer will im Zweifel nur auf die sein Grundstück belastende Grundschuld und nicht zugleich auf die fremde persönliche Schuld leisten.[399] Es entsteht eine Eigentümergrundschuld. Der Eigentümer kann dann Berichtigung des Grundbuchs verlangen. Der BGH stellt hierbei auf den Willen des leistenden Eigentümers ab, der gerade nicht auf die fremde persönliche Schuld leisten will. 359

§ 1143 BGB greift nicht, aber schuldrechtlicher Anspruch auf Abtretung

Die Forderung geht dann nicht kraft Gesetzes auf den Eigentümer über. § 1143 BGB greift nicht zugunsten des Eigentümers ein, da dieser von der Akzessorietät von Sicherungsmittel und Forderung ausgeht.

Es besteht jedoch ein Anspruch auf Abtretung der Forderung aus dem Sicherungsvertrag gegen den SN, wenn der Eigentümer einen Rückgriffsanspruch gegen den persönlichen S hat. Begründung: Der Schuldner aus einer Grundschuld hat ein Recht darauf, durch Abtretung einer Forderung gegen den persönlichen S ebenso gestellt zu werden wie der in der gleichen Lage befindliche Hypothekenschuldner, dem § 1143 BGB hilft.[400]

a.A.: § 364 II BGB

Nach a.A. ergibt sich aus dem Sicherungsvertrag, dass die Grundschuldbestellung erfüllungshalber erfolgt, § 364 II BGB; bei der Leistung erfüllungshalber tritt Erfüllung erst ein, wenn der Gl sich befriedigt hat (anders als bei Erfüllungs Statt, vgl. § 364 I BGB). Wenn Befriedigung erfolgt ist, ist die Forderung erloschen. Sie ist dann nicht mehr abtretbar. 360

Der Eigentümer muss sich aus dem Grundgeschäft an den S halten, im Regelfall ist er auch dadurch geschützt, z.B. aus § 670 BGB.

hemmer-Methode: Es gilt also wieder: Die Vorschriften für akzessorische Sicherungsmittel sind für nicht-akzessorische zwar nicht (analog) anwendbar, soweit aber die gleiche Interessenlage besteht, muss durch Auslegung des Sicherungsvertrags und Abtretung dasselbe Ergebnis gewonnen werden. Das gilt auch, wenn der SG im Innenverhältnis dem S gegenüber zur Zahlung verpflichtet ist (s.o.): Bei der Hypothek ergibt sich dies aus §§ 1143 I S. 2, 774 I S. 3 BGB, bei der Sicherungsgrundschuld wird man den Sicherungsvertrag in solchen Fällen so auszulegen haben, dass auch keine Forderungsabtretung geschuldet ist, sondern die Forderung erlischt.

F) Die Sicherungsübereignung und die Sicherungszession

SiÜ und SiZ

Die Rückgriffsprobleme spielen bei der Sicherungsübereignung und der Sicherungszession i.d.R. keine große Rolle, weil in den meisten Fällen der SG und der S identisch sein werden; der S übereignet zur Sicherung eines Kredits Waren an den Kreditgeber oder er tritt ihm Ansprüche gegen etwaige Drittschuldner ab. Denkbar ist aber auch folgender Fall: 361

__Bsp.:__ S schuldet dem Gl die Rückzahlung eines Darlehens, das Gl wie folgt hat sichern lassen: Erstens hat er sich von S einen Teil von dessen Forderungen gegen verschiedene Kunden abtreten lassen, zweitens hat ihm SG, der Vater des S, zwei Maschinen aus seiner Fabrik zur Sicherheit übereignet. Da S säumig wird, verlangt Gl von SG die übereigneten Maschinen heraus.

399 BGH, NJW 1987, 838-840 = **juris**byhemmer.

400 Palandt, § 1191 BGB, Rn. 36.

Verlust des Besitzrechts

Wenn der Sicherungsfall eingetreten ist, kann Gl seinen dinglichen Herausgabeanspruch gegenüber dem SG durchsetzen, § 985 BGB. Wann dies genau der Fall ist, regelt der Sicherungsvertrag (z.B. Zahlungsrückstand von drei Monaten). Mit Eintritt des Verwertungsrechtes verliert der SG sein Besitzrecht, auf das er sich zuvor gemäß § 986 I S. 1 BGB berufen konnte. 362

Ablösungsrecht des SG, ggf. ergänzende Vertragsauslegung

Dem SG, der nicht mit dem persönlichen S identisch ist, ist aber in aller Regel das Recht zuzugestehen, das Herausgabeverlangen des Gl durch Zahlung abzuwenden. Wenn der Sicherungsvertrag ein solches Ablösungsrecht nicht ausdrücklich vorsieht, wird man ihn im Wege der ergänzenden Vertragsauslegung dahin vervollständigen können. 363

Zahlung durch SG

Es fragt sich, was nach der Zahlung des SG mit der Forderung gegen den S geschieht. 364

§ 267 BGB: Nachteil, dass andere Sicherheiten erlöschen

Eine Möglichkeit wäre, die Zahlung als Leistung eines Dritten auf die Darlehensschuld i.S.d. § 267 I BGB anzusehen. Damit hätte SG die Schuld des S getilgt, ein Forderungsübergang fände nicht statt,[401] denn das Ablösungsrecht des SG ist keines i.S.d. § 268 I BGB, einer Sondervorschrift zum Schutze eines am Gegenstand der Zwangsvollstreckung berechtigten Dritten, die in Abs. 3 einen gesetzlichen Forderungsübergang enthält. Das hätte den Nachteil für den SG, dass parallel bestellte Sicherheiten erlöschen würden.

h.M.: Forderungskauf

Sinnvoller und dem Willen der am Sicherungsvertrag beteiligten Parteien eher entsprechend wäre die Lösung, nach der die Zahlung des SG an Gl wie ein Forderungskauf zu behandeln wäre.

Aufwendungsersatz des SG mögl.

SG hat dann einerseits seinen Aufwendungsersatzanspruch aus dem Innenverhältnis zu S (§ 670 BGB), andererseits ist Gl ihm gegenüber verpflichtet, ihm die Forderung gegen S einschließlich der dafür bestellten Sicherheiten abzutreten, soweit im Innenverhältnis S/SG der S zum Ausgleich verpflichtet ist.

Diese Lösung entspricht dem bei der Sicherungsgrundschuld gewonnenen Ergebnis. Sie führt auch zu der Rechtsfolge, die § 1225 BGB für die akzessorische Mobiliarsicherheit, das Pfandrecht, angeordnet hat. 365

> Im Ergebnis kann SG im Fall daher das Herausgabeverlangen des Gl durch Zahlung der Darlehenssumme abwenden. Gl ist dann aus der Sicherungsabrede heraus verpflichtet, dem SG die Forderung gegen S sowie die zur Sicherheit abgetretenen Ansprüche gegen die Kunden des S zu übertragen.

G) Der Eigentumsvorbehalt

Eigentumsvorbehalt

Beim Eigentumsvorbehalt entstehen Regressprobleme praktisch überhaupt nicht, weil hier der SG i.d.R. mit dem persönlichen S identisch ist. 366

401 Palandt, § 267 BGB, Rn. 6.

WIEDERHOLUNGSFRAGEN: RANDNUMMER

1. Unterscheiden Sie Personal- von Realsicherheiten! 2-4
2. Zwischen welchen Beteiligten wird ein Bürgschaftsvertrag geschlossen? 10
3. Für welche Elemente des Bürgschaftsvertrags ist die Schriftform notwendig? Wie ist es beim Vorvertrag? 12, 17
4. Was besagt die Andeutungstheorie? Was spricht gegen sie? 15
5. Wie ist zu entscheiden, wenn der Schuldner eine unvollständige Bürgschaftserklärung abredewidrig ausfüllt? 19
6. Welche Grenzen der Anfechtbarkeit bestehen im Hinblick auf Bürgschaftsverträge? 22
7. Welche Frage stellt sich bei einer Bürgschaft, zu der mittellose nahe Angehörige des S vom Gl gedrängt werden? .... 24 ff.
8. Unterscheiden Sie Bürgschaft, Schuldbeitritt und Garantie! .... 30 ff.
9. Muss der Bürge zahlen, wenn die Hauptforderung z.B. nach §§ 134, 138 BGB nichtig ist? Wie ist es beim formunwirksam abgeschlossenen Vertrag über die Hauptforderung? .... 34 ff.
10. Wie können sich Änderungen der Hauptforderung auf die Bürgschaft auswirken? 40
11. Welche Rechte hat der SN gegen den SG bei der Hypothek? 49
12. Nennen Sie die vier Grundvoraussetzungen der Hypothek! .... 50 ff.
13. Welchen Zweck hat die notarielle Beurkundung der Einigung bei der Hypothek? 50
14. Welche Folgen ergeben sich für die Hypothek bei qualitativer bzw. quantitativer Abweichung der Eintragung von der Einigung? 56
15. Wie ist es, wenn entgegen der Einigung anstatt einer Brief- eine Buchhypothek bzw. statt einer Buch- eine Briefhypothek eingetragen wird? 56
16. Können Hypothek und Bürgschaft auch künftige bzw. bedingte Forderungen sichern? 59
17. Erstreckt sich die Hypothek auch auf die Zinsen der zu sichernden Forderung? 59
18. Nennen Sie die Voraussetzungen des Pfandrechts an beweglichen Sachen und Rechten! .... 63 ff.
19. Ist bei der Verpfändung die Vereinbarung eines Besitzkonstituts möglich? 65
20. Erläutern Sie die Problematik bei der "Verpfändung einer Hypothek"! 74
21. Wie ist es bei der Verpfändung einer durch eine GS gesicherten Forderung? 76
22. Wie erfolgt die Verpfändung eines AWR an einer beweglichen Sache? 77
23. Zwischen welchen Beteiligten kann ein Schuldbeitritt geschlossen werden? Ist er genehmigungspflichtig? .... 79 ff.
24. Welche Rechtsfolge tritt mit der kumulativen Schuldübernahme ein? 90
25. Nennen Sie die Voraussetzungen der Sicherungsgrundschuld (SiGS)? .... 91 ff.
26. Die SiGS ist in ihrem Bestand grundsätzlich unabhängig von der zu sichernden Forderung. Können SiGS und Forderung über eine auflösende Bedingung verknüpft werden? 96
27. Welche Vorteile hat die SiGS gegenüber der Hypothek? 97
28. Wie erfolgt i.d.R. die Sicherungsübereignung (SiÜ)? .... 100 ff.
29. Worin kann bereits das für die SiÜ erforderliche konkrete Besitzkonstitut liegen? 102
30. Wie erfolgt die SiÜ von Warenlagern und Sachgesamtheiten? .... 103 ff.
31. Welche besondere Bedeutung kommt i.R.d. SiÜ § 138 BGB zu? 108
32. Was ist Inhalt des Sicherungsvertrags bei der Sicherungszession (SiZ)? 117
33. Woraus wird die Zulässigkeit der Einziehungsermächtigung hergeleitet? 118
34. Kann Gegenstand der Sicherungsabtretung auch ein zukünftiger Anspruch sein? 120
35. Welchem anderen Sicherungsmittel ähnelt insbesondere der Eigentumsvorbehalt (EV)? 131

36. Welche Auslegungsregel enthält § 449 BGB? *134*

37. Was erwirbt der Käufer beim EV bis zum Eintritt der Bedingung? Welche Rechtsstellung hat der Verkäufer bis zum Bedingungseintritt? *135*

38. Umschreiben Sie die Rechtsposition des Anwartschaftsberechtigten! .... *136 ff.*

39. Welche Folge hat das nachträgliche Wegfallen des schuldrechtlichen Verpflichtungsgeschäfts für das AWR? *136*

40. Wie wird das AWR übertragen? *138*

41. Ist ein nachträglicher EV möglich? *140*

42. Was versteht man unter einem verlängerten EV? Welche Voraussetzungen hat er? .... *142 ff.*

43. Lösen Sie noch einmal den examenswichtigen Fall unter Rn 107!

44. Welche Auswirkungen hat die Unwirksamkeit der Sicherungsabrede auf Bürgschaft und Schuldbeitritt? Wie ist es bei Hypothek und Pfandrecht bzw. bei SiÜ, SiGS, SiZ? .... *147 ff.*

45. Welche Auswirkungen hat die Nichtvalutierung auf Bürgschaft und Hypothek? *160, 161*

46. Wann nur besteht der Löschungsanspruch aus § 1179a BGB? Welche Wirkung hat der Löschungsanspruch? Welche Einwendungen werden dem SG durch diese Wirkung abgeschnitten? .... *162 ff.*

47. Unter welchen Voraussetzungen gilt das Schweigen auf die Aufforderung zur Genehmigung einer Schuldübernahme als Zustimmung? *164*

48. Was würden Sie einem Bauherrn raten, der nicht weiß, wie er ein Bauvorhaben zwischenfinanzieren soll? *166*

49. Bei der Hypothek besteht vor Valutierung der zu sichernden Forderung eine EGS (§ 1163 BGB). Wie ist es beim Pfandrecht? *167*

50. Welche Möglichkeiten hat der SG einer nicht akzessorischen Sicherheit, wenn der SN versucht das Sicherungsmittel zu verwerten, bevor die zu sichernde Forderung entstanden ist? .... *172 ff.*

51. Wieso spielt das Problem der Nichtvalutierung beim EV keine Rolle? *180*

52. Welche Auswirkungen hat das Erlöschen der zu sichernden Forderung auf die verschiedenen akzessorischen und nicht-akzessorischen Sicherungsmittel? .... *181 ff.*

53. Grenzen Sie Schuldumwandlung und Schuldabänderung voneinander ab! Welche Bedeutung hat die Unterscheidung im Hinblick auf die Sicherungsmittel? *185*

54. In welchen Fällen hat § 1164 BGB besondere Bedeutung? *191*

55. Welche praktische Bedeutung hat die Differenzierung zwischen der Zahlung des SG auf die GS oder die zusichernde Forderung? Was ist im Zweifel anzunehmen? .... *196 ff.*

56. Erlischt die zu sichernde Forderung bei der SiZ bzw. SiÜ, können die Rechtsfolgen unterschiedlich sein. Welche verschiedenen Alternativen bestehen? Welche Ansicht vertritt die neuere Rechtsprechung zu diesem Problemkreis? .... *208 ff.*

57. Bleibt die Bürgschaft bestehen, wenn gegenüber der Hauptforderung eine Einrede des Schuldners besteht? *219*

58. Kann der Bürge sein Geld zurückverlangen, wenn er trotz Verjährung der Hauptschuld an den Gläubiger gezahlt hat? *220*

59. Im Gegensatz zu Einwendungen sind Einreden nur dann zu berücksichtigen, wenn sie der Schuldner tatsächlich geltend macht. Wie ist der Bürge geschützt, wenn der Schuldner die Einrede gleichwohl nicht erhebt? *222*

60. Welchen Zweck hat die Regelung des § 770 BGB? *223*

61. Erläutern Sie den Streit bzgl. der Frage, ob der Bürge auch dann ein Leistungsverweigerungsrecht hat, wenn nur der Schuldner (und nicht der Gläubiger) zur Aufrechnung befugt ist: *226*

62. Welche Fälle entsprechender Anwendung von § 770 BGB kennen Sie? *226*

63. Welche Auswirkungen können Urteile im Dreipersonenverhältnis Bürge, Gläubiger und Schuldner haben? *227*

64. Welche Unterschiede bestehen im Hinblick auf das Erheben von Einreden durch den SG bei Bürgschaft, Hypothek und Pfandrecht? .... *230 ff.*

65. Erläutern Sie die unterschiedliche Bedeutung der §§ 422 ff. BGB beim Schuldbeitritt! *233*

66. § 1137 BGB gilt nicht bei der Sicherungsgrundschuld. Ist der dingliche SG gleichwohl berechtigt, schuldnerbezogene Einreden zu erheben? *242*

67. Warum stellt sich diese Problem i.d.R. nicht bei der ebenfalls nicht-akzessorischen Sicherungszession? *244*

68. Können SG und SN vereinbaren, dass ein gutgläubiger Erwerb des Sicherungsmittels nicht möglich ist? .... *245 ff.*

69. Können Forderung und Bürgschaft nach ihrer Entstehung getrennt werden? *248*

70. Bei der Übertragung einer hypothekarisch gesicherten Forderung sind die §§ 1153, 1154 BGB zu beachten; welche Fallgruppen gilt es bei der Frage, ob der Dritte die Hypothek gutgläubig erworben hat, auseinander zu halten? .... *249 ff.*

71. Unter welchen Voraussetzungen ist ein gutgläubiger Pfandrechtserwerb möglich? *266*

72. Welche Besonderheiten gilt es diesbezüglich beim Schuldbeitritt zu beachten? *269*

73. In welchem Umfang findet § 1154 BGB auf die Abtretung einer durch eine Sicherungsgrundschuld gesicherten Forderung Anwendung? *273*

74. Sicherungsgrundschuld und Sicherungsübereignung sind nicht-akzessorisch. Inwieweit ist bei diesen Sicherungsmitteln ein gutgläubiger Erwerb möglich? *277, 283*

75. Die SiGS ist nicht-akzessorisch. SiGS und Forderung können folglich auseinanderfallen. Was gilt dann, wenn der Gläubiger Forderung und SiGS unbefugt trennt? *315*

76. Wie ist der SG bei der SiÜ vor Verfügungen des Gl geschützt? Worauf bezieht sich dieser Schutz lediglich; wovor wird der SG jedoch nicht geschützt? *317*

77. Welche Rückgriffsmöglichkeiten hat der Bürge gegen den Schuldner, wenn er vom Gläubiger in Anspruch genommen wurde? .... *327 ff.*

78. Welche Schutzwirkung entfaltet § 776 BGB für den Bürgen? *332*

79. Bei der Hypothek verweist § 1143 BGB auf § 774 I BGB. Wonach richtet sich folglich der Umfang der Legalzession? *339*

80. Was gilt nach h.M. beim Aufeinandertreffen von Hypothek und Pfandrecht? *346*

81. Welche Regressmöglichkeiten bestehen im Verhältnis von Schuldner und Schuldbeitretendem? *352*

82. Was geschieht mit der Forderung, wenn der SG auf die durch eine SiGS gesicherte Forderung zahlt? .... *357 ff.*

83. Welches Schicksal erfährt die Forderung, wenn der SG bei der SiÜ bzw. SiZ an den Gl zahlt? .... *361 ff.*

Die Zahlen verweisen auf die Randnummern des Skripts

U

V

Z

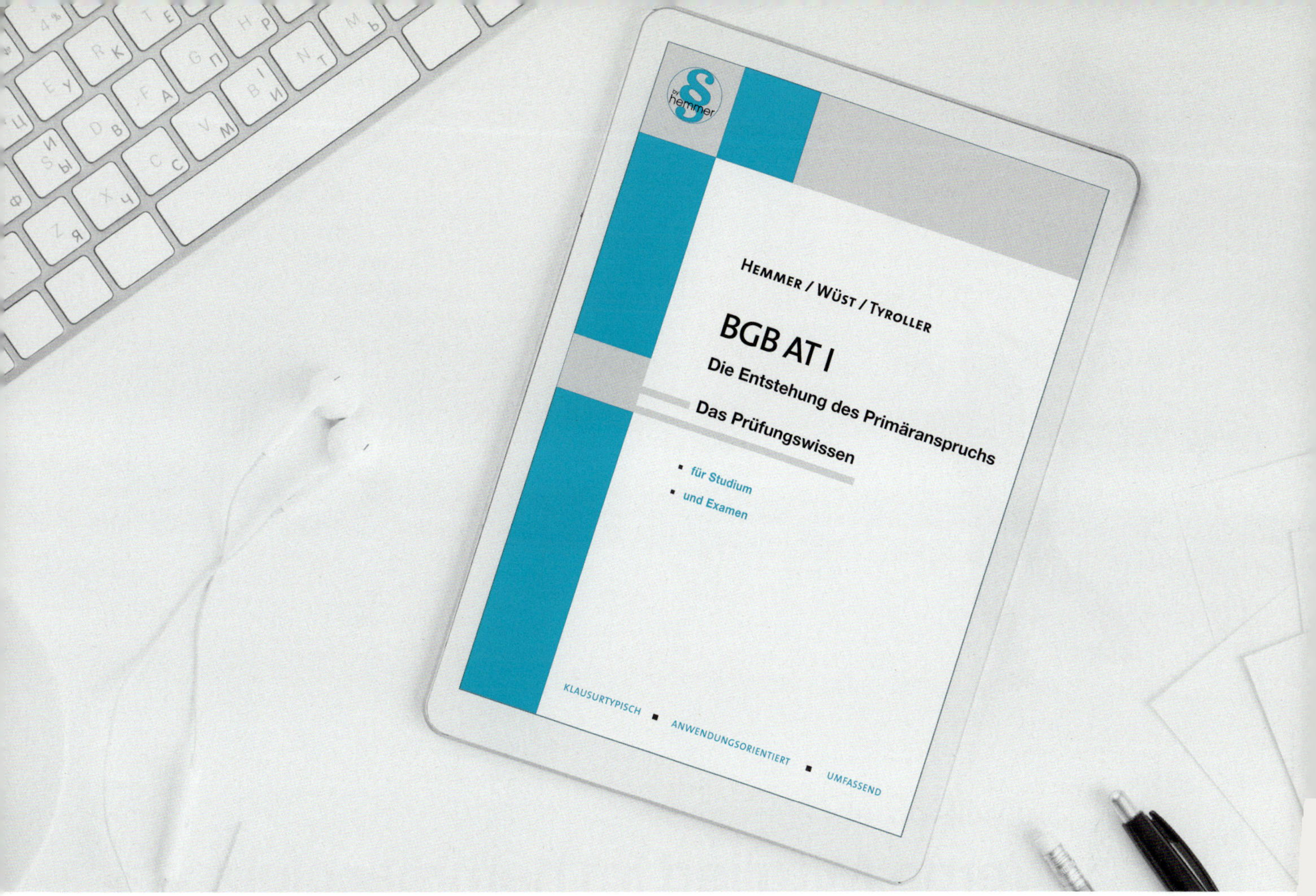
hemmer
Hemmer / Wüst / Tyroller
BGB AT I
Die Entstehung des Primäranspruchs
Das Prüfungswissen
für Studium
und Examen
Klausurtypisch
Anwendungsorientiert
Umfassend